荘子 全現代語訳（上）

池田知久

講談社学術文庫

始めに

『荘子《そうじ》』という書物は、まことに魅力的である。魅力の秘密は文章にあるが、『荘子』の全体は、重厚な文章と軽妙な文章との複雑な交錯から成っているように思われる。

自己の内に向かう沈潜

「重厚」というのは、『荘子』の作者が、重大な問題――例えば、「我」（わたし）という人間が（人間と自然とから成る）この世界の中で生きていくことに一体いかなる意味があるのか、あるいは、意味を持つようにするには一体どのようにすればよいのか、などといった人間としての真の生を定立することにまつわる重大な問題――を、自己の内面に向かって沈潜しつつ思索しているところから来る重さであるが、同時にそれは（作者の思索の行く手にある）あの真の世界「道」それ自体の有する重さでもあろう。

『荘子』の中の重厚な文章と言えば、まず斉物論篇に指を屈しなければならない。その斉物論篇の第一章は、「我」（わたし）という人間がこの世界の中で受動的にではなく主導的に生きるには、すなわち世界の客体として他によって生を与えられるのではなく主体として自らの生を生きぬくには、一体どうすればよいのか、という問題を解こうとした文章である。そ

して、そのトーンは、たまさか現れる軽妙な文章、

何をか朝三と謂う。曰わく、「狙《そ》公《こう》芧《とち》を賦《あた》えんとして曰わく、『朝《あした》は三にして莫《くれ》は四にせん。』衆狙《しゅうそ》皆な怒《いか》る。曰わく、『然らば則ち朝は四にして莫は三にせん。』衆狙皆な悦ぶ。」と。

などを例外として除けば、始めから終わりまで重厚そのものである。

斉物論の哲学

ここで、逍遥遊篇と並んで『荘子』の最も重要な思想の一つを表現している、斉物論篇の内容を、第一章に即して簡単に紹介しておこう。

作者、荘周にとって最大の関心事は、上述のとおり、「我」（わたし）という人間の主体性に関する問題を解くことであった。作者によれば、あらゆる存在者の中で最も主体的であるはずの人間が実はそうでなく、逆にひどく没主体的で疎外された存在者である。そのことを抉剔《けってき》する作者の文章は重厚で、いい加減な妥協や曖昧なごまかしによる救いは一切存在しない。例えば、人間が主体的であるかのように見える原因・理由は、人間が知識「知」と言葉「言」を持っていることにあるが、

大知《だいち》は閑閑《かんかん》たり、小知《しょうち》は間間《かんかん》たり。大言《たいげん》は炎炎《えんえん》たり、小言《しょうげん》は詹詹《せんせん》たり。其の寐《い》ぬるや魂《たましい》交わり、其の覚《さ》むるや形開き、与《とも》に接して構えを為し、日に心を以て闘う。縵《まん》（慢）なる者あり、窖《こう》なる者あり、密《みつ》なる者あり。小恐《しょうきょう》は惴惴《ずいずい》たり、大恐《だいきょう》は縵《まん》（慢）縵《まん》（慢）たり。

とあるように、それらを用いて人間はどこに行くのかと言えば、帰着する地点はただ恐怖でしかないと言う。また、人間の主体性の原因・理由を世界の主宰者（主体）の中に探求して、人間それぞれの有する「我」（わたし）が世界の主宰者であるかもしれないとする作業仮説を立てて論ずる個所では、

一たび其の成形《せいけい》を受くれば、亡《ほろ》びずして以て尽《つ》くるを待つ。物と相い刃《き》り相い靡《きし》（礳）り、其の行くゆく尽くること馳《は》するが如くして、之を能《よ》く止《とど》むる莫《な》し。亦た悲しからずや。終身役役《しゅうしんえきえき》として、其の成功を見ず。茶《でつ》（薾）然《ぜん》として疲役《ひえき》して、其の帰《かえ》る所を知らず。哀しまざる可《べ》けんや。人は之を不死と謂《い》うも、奚《なん》の益かあらん。其の形化すれば、其の心之《これ》と然《しか》り。大哀《たいあい》と謂わざる可《べ》けんや。人の生くるや、固《もと》より是の若《ごと》く芒《ぼう》たるか。其れ我独り芒たりて、人には亦た芒たらざる者有るか。

とあるように、人間の「我」（の身体「形」と精神「心」）の実態はまことに悲しく哀れなものでしかなく、これが世界の主宰者であることなどは期待すべくもないと説く。

以上の前置きの後、作者は方向を転換し、世界の主宰者をいわゆる「道」の中に求めて、次々に重厚な思索を展開していくのであるが、窮極的な目標が人間としての真の生を定立すること、すなわち人間が自己疎外を克服して世界の主宰者となることに置かれている点は、我々読者もまた重厚に受けとめなければならない。

さて、作者は世界の主宰者を求めて、哲学史の上に現れた既存の「道」とそれに関する「知」「言」とを次々に批判的に検討していく。探求の過程は以下のとおり。

まず第一に、「愛」や「喜怒」などといった感情的判断を、真の「道」を覆い隠す役割しか果たしていないが故に論外であると言って否定・排除（撥無）する。

次に第二に、あれ「彼」とこれ「是」の間に好い「可」と悪い「不可」の区別を認める価値的判断をも、誤りであると考えて否定・排除する。

さらに第三に、あれとこれが事実の上で異なると認める事実的判断をも、「偽り」であると見なして否定・排除する。その結果生じた世界が「万物斉同」であり、この段階の「知」を作者は「天地は一指《いっし》なり、万物は一馬《いちば》なり。」と表現している。

しかし第四に、「万物」が「斉同」であるためには、それが「有」であることは許されず「無」でなければならないとして、ついに存在の判断をも否定・排除し、世界の真の姿を「斉同」なる「無」すなわち「一つ」の（混沌たる）非存在と認めるに至る。このことが可能になるのは「我」（わたし）の完全な「無知」「無言」によってであり、この時「我」は世界と「一つ」になっているが、このようにして定立された「斉同」なる「無」こそが「道」

と呼ばれるものであった。そしてまた作者は、このようにして世界そのものとなった「我」のあり方は、自己疎外を克服して世界の主宰者となった、人間の最も主体的な生き方でもあると考えるのである。

以上の斉物論篇の内容は、自己の内面に向かって根源的に沈潜して思索することが生み出した『荘子』の重厚さの代表例、と言うことができよう。

自己の外に向かう飛翔

「軽妙」というのは、作者が以上のような世界の真の姿を把えることのできない世間的な知識と言葉を批判する際、それらを乗り越えていく行く手に真の世界があると予感されるところから来る軽さであり、また自己の外面に向かって飛翔しつつ人間としての自由や独立を獲得していくことの中にある軽さである。

『荘子』中の軽妙な文章の代表例は逍遥遊篇であり、この篇には「遊」の思想を表した文章がいくつか集めてある。「遊」という言葉は、中国古代以来の諸文献の中にしばしば現れる重要な概念であり、この言葉を含む「遊」の思想は『荘子』の最も中心的な思想の一つであると言ってよい。

「遊」の基本的な意味は、世間的な知識と言葉の描く現実の世界「万物」から出て、人間としての自由・独立を可能にするあの真の世界「道」に向かって進んでいくための根源的な飛翔であるが、この飛翔には絶えず批判的な軽妙さが伴っている。とは言うものの、『荘子』

においても後の時代（前漢時代）に著作された文章になると、「道」を自己の外に向かって求める必要などはさらさらなく、現実の社会の中に身を置いていても「遊」を行うことはできるとする主張が現れるようになる。例えば、『荘子』外物篇第八章に、

荘子《そうじ》曰わく、「人能《よ》く遊ぶ有れば、且《は》た遊ばざるを得んや。人にして遊ぶ能《あた》わざれば、且た遊ぶを得んや。」夫《そ》れ流遁《りゅうとん》の志《こころざし》、決絶《けつぜつ》の行いは、噫《ああ》、其れ至知厚徳《しちこうとく》の任《にん》に非《あら》ざるかな。覆墜《ふくつい》して反《かえ》らず、火馳《かち》して顧《かえり》みず。相《あ》い与《とも》に君臣と為ると雖《いえど》も、時《とき》なり。世を易《か》うれば以て相い賤《いや》しむ无《な》し。故に曰わく、「至人《しじん》は行うを留《や》めず。」夫《そ》れ古《いにしえ》を尊びて今を卑《いや》しむは、学者の流なり。……唯《た》だ至人《しじん》のみ乃《すなわ》ち能く世に遊びて僻《かたよ》らず、人に順《したが》いて己《おのれ》を失わず。

とあるとおりである。

逍遥遊の世界

ここで、「遊」を表した文章として古来最も有名な逍遥遊篇の第一章を簡単に紹介しておきたい。

北冥《ほくめい》に魚有り、其の名を鯤《こん》と為す。鯤の大いさ、其の幾千里《いくせんり》なるを知らず。化して鳥と為

り、其の名を鵬《ほう》と為す。鵬の背は、其の幾千里なるを知らず。怒《ど》して飛べば、其の翼は垂《すい》天《てん》の雲の若《ごと》し。是《こ》の鳥や、海運《めぐ》るとき、則《すなわ》ち将《まさ》に南冥《なんめい》に徙《うつ》らんとす。……

風の積むや厚からざれば、則ち其《の》の大翼《たいよく》を負うに力無し。故に九万里なれば、則ち風は斯《これ》下に在り。而《しか》る後乃《すなわ》ち今 風に培り背に青天を負いて、之を夭閼《ようあつ》する者莫《な》し。而る後乃ち今 将に南を図《はか》らんとす。……

斥鴳《せきあん》之を笑いて曰わく、「彼且《まさ》に奚《いずく》に適《ゆ》かんとするや。我騰躍《とうやく》して上るも、数仞《すうじん》を過ぎずして下り、蓬蒿《ほうこう》の間《かん》に翺翔《こうしょう》す。此《これ》も亦た飛ぶことの至りなり。而るに彼且《まさ》に奚《いずく》に適かんとするや。」此《これ》小大の辯《べん》（辨）なり。

故に夫《か》の知は一官に効《こう》あり、行いは一郷《いちきょう》に比《あ》い、徳は一君に合《がっ》して、一国に徴《め》さるる者の、其の自《みずか》ら視るや、亦た此《かく》の若し。

而《しこ》うして宋栄子《そうえいし》猶然《ゆうぜん》として之を笑う。且《か》つ世を挙げて之を誉《ほ》むれども、勧むるを加えず。世を挙げて之を非《そし》れども、沮《はば》むを加えず。内外の分《ぶん》を定め、栄辱《えいじょく》の竟《さかい》を辯（辨）ずる斯《これ》のみ。彼 其の世に於《お》いて、未だ数数然《さくさくぜん》たらざるなり。然《しか》りと雖《いえど》も、猶《な》お未だ樹《た》たざるもの有り。

夫《か》の列子《れっし》は風を御《ぎょ》して行き、冷然《れいぜん》として善し。旬有五日《じゅんゆうごにち》にして後反る。彼 福を致《いた》す者に於いて、未だ数数然たらざるなり。此《これ》行くを免《まぬか》ると雖も、猶お待つ所の者有り。

夫《か》の天地の正《せい》に乗りて、六気《りくき》の辯《へん》（変）を御し、以て無窮《むきゅう》に遊ぶ者の若きは、彼且《まさ》に悪《いずく》にか待たんとする。故に曰わく、「至人《しじん》は己《おのれ》無く、神人《しんじん》は功《こう》無く、聖人《せいじん》は名無し。」

この途方もなく巨大な「鵬」の「遊」は軽妙そのものである。おおとり「鵬」は、現実の世界の空間「九万里・数仞」と時間「小年・大年」に縛られた「小さ」な人間（うずら「斥鴳」はその比喩）として生きるのではなく、ここから飛翔して「大き」な人間として自由・独立に生きることを可能にする、時間と空間に縛られないあの真の世界に向かって飛んでいこうと試みている。この軽妙さは、疑問の余地なく、「鵬」の「遊」が、この「万物」から出てあの「道」に向かって進んでいくための根源的な飛翔であるところから来ているのだ。

もっともこの「遊」も、作者が理想として求めている真の「大き」さというわけではない。なぜなら、この文章の後半には、「小大」という基準から見た四つの人間類型が描かれている。

一、「夫の知は一官に効あり、行いは一郷に比い、徳は一君に合して、一国に徴さるる者」という官僚
二、世俗を越えた思想家である宋栄子
三、風に乗って飛翔する神仙である列子
四、「夫の天地の正に乗りて、六気の辯《へん》（変）を御し、以て無窮に遊ぶ者」という「至人・神人・聖人」

以上の四つの人間類型は、「一、小→二、やや小→三、やや大→四、大」のように序列づけられており、「鵬」は三に相当していて、四に相当してはいないからである。「鵬」が風に

乗って飛ぶのと列子が風に乗っていくのとが、決して偶然の一致でないことに賢明な読者は気づかれたにちがいない。

作者が「鵬」つまり列子をなぜ真の「大き」さと認めないのかと言えば、作者の理想として求めている真の「大き」さが、一方で、時間と空間に束縛されている「万物」の相対の「大き」さを越えた、世界の主宰者である「道」の絶対の「大き」さだからである。また他方で、「鵬」や列子の場合にはまだ欠けている、いかなる他者にも依存しない主体性の確立、あるいは自由・独立の獲得（「樹つ」「待つ所無し」）であり、具体的には「夫の天地の正に乗りて、六気の辯《へん》（変）を御し、以て無窮に遊ぶ者」のように、無限に拡がるあの「道」の中に進出していくことを通じて、「道」の「万物」を存在・変化させるなどの能力を獲得し、その結果自分自身がついに世界の主宰者となることだからである。

重厚と軽妙との交錯

逍遥遊篇が最終的に求めている真の「大き」さと、斉物論篇にとっての最大の関心事とは、実はほぼ同じものであった。逍遥遊篇第一章は、その末尾に次のようなアフォリズム、「故に曰わく、『至人《しじん》は己《おのれ》無く、神人《しんじん》は功《こう》無く、聖人《せいじん》は名無し。』」を書きこんで終わっているが、我々読者もよく耳をすませてここに斉物論篇と同じような重厚な響きが鳴っているのを聞き取りたいものだ。

このように『荘子』の文章の「重厚」と「軽妙」は、上に引いた斉物論篇の「朝三莫

（暮）四」の寓話をも含めて、同一の個所において相互に交錯しあって現れる。その原因・理由は、重厚の源である自己の内に向かって沈潜していく下方向と、軽妙の源である自己の外に向かって飛翔していく上方向が、結局のところ、全く同一のポイントに向かって進んでいる、言い換えれば、同じ窮極的根源的な「道」を目指している、ことから来るように思われる。

『荘子』の魅力の秘密は、人間としての真の生を定立するという目標に到達するために、さまざまの方向から「道」を探求していることそれ自体の中にある、と言うことができるかもしれない。

『荘子』の作者とされる荘周

老子と並んで重要な道家の思想家で『荘子』の著者とされる荘子について、最初にまとまった伝記を書いたのは前漢時代、武帝期の歴史家司馬遷《しばせん》の著した『史記』老子韓非列伝である。ちなみに、荘子について、その思想のまとまった紹介は少し前の『荘子』天下篇でなされているが、それには荘子の姓名・出身地・職業・活動年代などの記述が一つもなく、まだ本格的な伝記とはなっていない。

『史記』荘周列伝

まず『史記』老子《ろうし》韓非《かんぴ》列伝の中に収められている、荘周列伝を引用しよう。

荘子は、蒙人《もうひと》なり、名は周。周嘗《かつ》て蒙の漆園《しつえん》の吏と為り、梁《りょう》の恵王《けいおう》・斉《せい》の宣王《せんおう》と時を同じくす。

其の学は闚《うかが》わざる所無し。然《しか》れども其の要《よう》は老子の言に本帰《ほんき》す。故に其の著書十余万言は、大抵率《たいていおおむ》ね寓言《ぐうげん》なり。漁父《ぎょほ》・盗跖《とうせき》・胠篋《きょきょう》を作りて、以て孔子の徒を詆訿《ていし》し、以て老子の術《みち》を明らかにす。畏累虚《いるいきょ》・亢桑子《こうそうし》の属は、皆な空語にして事実無し。

然れども善く書を属《つら》ね辞を離《なら》べ、事を指し情を類し、用《もっ》て儒墨《じゅぼく》を剽剝《ひょうはく》すれば、当世の宿学《しゅくがく》と雖《いえど》も、自ら解免《かいめん》する能わざるなり。其の言は洸洋《こうよう》として自ら恣《ほしい》ままにして以て己《おのれ》に適《こころよ》くす。故に王公大人自《よ》り之を器とすること能わず。

楚《そ》の威王《いおう》、荘周の賢なるを聞き、使いをして幣《へい》を厚くして之を迎えしめ、許すに相《しょう》と為すを以てす。荘周笑いて楚の使者に謂いて曰わく、「……子は独り郊祭《こうさい》の犠牛《ぎぎゅう》を見ずや。……以て大廟《たいびょう》に入《い》る。是の時に当たりて、孤豚《ことん》と為《な》らんと欲すと雖も、豈《あ》に得可《うべ》けんや。子亟《すみや》かに去れ、我《われ》を汚《けが》す無かれ。我寧《むし》ろ汚瀆《おとく》の中に游戯《ゆうぎ》して自ら快《こころよ》くし、国を有する者の羈《つな》ぐ所と為ること無く、終身仕《つか》えず、以て吾が志を快くせん。」

この文章には荘子の姓名・出身地・職業・活動年代・著書・思想など、凡《およ》そ思想家の伝記として不可欠と思われる全ての事項が、手際よくまとめて記されている。そのために、『荘子』研究の通説はこの記述を荘子に関する史実と信じ、これに従って荘子の伝記を描いてきた。確かに『史記』老子列伝と比べて、ここには荘子の誰であるかが不明であるといったようなアイデンティティーの不確実性はないし、老子が「百有六十余歳」「二百余歳」の長寿を保ったなどという著しい不合理も含まれていない。それ故、この記述は老子の伝記よりも信用できるものであって、以下に指摘する諸点を除いて疑う必要はないように感じられる。ただし、詳細に検討してみると、やはり問題が存在している。

というのは、司馬遷がこれを書いたのは紀元前一〇〇年頃のことであるが、戦国時代後期からこの時までの百数十年間に、相当多くの荘子物語が作られており、彼はそれらを材料として荘周列伝を書いているからである。荘子物語の作者たち（すなわち道家の思想家たち）はそれらを荘子に関する歴史的事実として書いたわけではなく、それどころか反対に自らの思想の表現のために荘子に仮託して、意識的に「寓言《ぐうげん》・重言《じゅうげん》・卮言《しげん》」（『荘子』寓言篇第一章の言葉）として作ったのである。司馬遷が思想家たちの作ったフィクションを材料にして書いた荘子の伝記に、問題があるのは当然と言わなければならない。

荘子の職業

荘子の職業については、列伝は「周嘗《かつ》て蒙の漆園《しつえん》の吏と為る」と言う。この記述は、下文で荘子が楚の威王の招聘を、「我寧《むし》ろ汚瀆《おとく》の中に游戯《ゆうぎ》して自ら快《こころよ》くし、国を有する者の羈《つな》ぐ所と為ること無く、終身仕《つか》えず、以て吾が志を快くせん。」と言って断っているのとバッティングするけれども、実は後者の方が『荘子』秋水篇・列御寇篇などにもある古くからの荘子像である。したがって、禄仕することに肯んじなかった自由な知識人ということになる。

前者は『史記』以前には見えず、何に基づくか不明であるが、恐らく前漢初期に創作された物語であろう。前漢に入って武帝期に至るまでの間、司馬遷の父の司馬談を含む多くの道家の思想家たちが禄仕するようになっていた（直不疑《ちょくふぎ》・許昌《きょしょう》・田叔《でんしゅく》・汲黯《きゅうあん》・鄭当時《ていとうじ》等々）という状況の変化が、ここに反映していると解釈されるからである。

その楚の威王の招聘を断ったというエピソードは、司馬遷が『荘子』秋水篇と列御寇篇から材料を取り、二つの物語を合わせて一つの物語に構成したものと思われる。秋水篇第五章には、

荘子《そうじ》 濮水《ぼくすい》に釣《つり》す。楚《そ》王《おう》 大夫《たいふ》二人をして往《ゆ》き先んぜしむ。曰わく、「願わくは竟内《けいだい》を以て累《わずら》わさん。」……荘子曰わく、「往《ゆ》け。吾将《まさ》に尾を塗中《とちゅう》に曳《ひ》かんとす。」

とあり、列御寇篇第八章には、

或《ある》ひと荘子《そうじ》を聘《へい》す。荘子其の使いに応《こた》えて曰わく、「子《し》は夫《か》の犠牛《ぎぎゅう》を見たるか。……其の牽《ひ》かれて太廟《たいびょう》に入《い》るに及びては、孤犢《ことく》為《た》らんと欲すと雖《いえど》も、其れ得《う》可《べ》けんや。」

とあって、両篇ともに戦国時代後期～末期の作のようである。秋水篇の「楚王」を荘周列伝が「楚の威王」（前三三九～前三二九在位）としたのは、両篇に見えないことであるが、多分、司馬遷が荘子の生きていた時代を列伝の上文で「梁《りょう》の恵王《けいおう》・斉《せい》の宣王《せんおう》と時を同じくす」のように想定したのに合わせて、同時代の「楚王」は「威王」であると推測したのであろう。そして、後者二つの物語に史実性があるか否かという問題となると、やはり疑問とせざるをえない。

荘子の活動年代

列伝は荘子の活動年代を梁の恵王（前三七〇～前三三五在位）、斉の宣王（前三一九～前三〇一在位）と同時としていた。ところで、荘子についての記述が最も豊富な文献は何と言っても『荘子』であり、『荘子』中には彼についての記事や言葉が合計三十一条含まれている。三十一条はどれもみな上述したような物語であって、荘子に関する史実性に乏しいのは勿論であるけれども、司馬遷が荘周列伝を書いた際、材料の大部分はそれらから取ったと考えられるので、それらを検討してみると、――最も早い時期に現れた荘子は、魯《ろ》の哀公《あいこう》（前四九四～前四六八在位）と会見し（田子方篇第五章）、最もおそく現れた荘子は、公孫竜《こうそんりゅう》（前二八四～前二五七以降）と魏牟《ぎぼう》（前二六六乃至二五五～前二五一以降）の問答の中に彼らの同時代人として登場している（秋水篇第四章）。これらの材料から活動年代の上限と下限を最大に取ると、前四九四年〜前二五一年以降という結果を得る。

　こういう放埒な状態にあるので、三十一条の材料を全て史実と信じて生かすことは明らかに不可能である。ただ、荘子物語の中では荘子と名家の思想家恵子との問答が数量の上で最も多く、その恵子の活動年代が前三四三年〜前三一四年乃至三一〇年であるのによれば、荘子物語の作者たちの多くは前四世紀後半に想定していたと推測することができる。そして、司馬遷はこれを採用したのである。

　筆者は、物語としての荘子の活動年代ではなく史実としての荘子の活動年代を把えるためには、検討する材料の範囲をさらに広げて三十一条の荘子についての記述にとどまらず、『荘子』三十三篇全体を精読してその中から最古の部分を推測し、それを荘子その人の作と認めてその部分の著作年代を決定するという方法によるべきではないかと思う。その方法によって得られた結論だけをここに記すならば、――『荘子』全体の中の最古の部分は、初めて「道」という窮極的根源的な主宰者を思索の中心にすえた斉物論篇第一章であるが、この問答が著作されこれをもって荘子が思想界に登場した時、恵子はすでに卒しておりその息子の代になっていた（斉物論篇第一章）。したがって、荘子の活動年代は前三〇〇年を中心とする戦国後期に設定するのがよいと考える。司馬遷の想定は三十年〜四十年早すぎたのだ。

荘子と老子の関係

　荘子と老子の関係については、列伝は「其の要《よう》は老子の言に本帰《ほんき》す」「老子の術《みち》を明らかにす」、すなわち荘子は老子を祖述したと述べていた。しかしながら、この叙述の底辺に流れる司馬遷の、「老子を開祖とし彼から源を発した道家という思想上の一学派」という考えは、前漢、武帝期になって始めて道家の諸思想を整理するために生み出された全く新しいアイデアなのである。考えてみれば、列伝の荘子祖述説はこの概念を構成する肝腎な要素の一つである。だから、それが史実であるか否かには、誰しも関心を抱かざるをえない。もし本当に荘子が老子を祖述したのであれば、上に言及した『荘子』中の荘子についての三十一条の記述の中で、老子は同じ学派の開祖または先輩または老師として、尊敬をもって遇されてしかるべきであろう。それにまた荘子の記述の中に『老子』の語句が、権威ある聖人、老子の語った言葉として、あるいは権威ある経典『老子』に見える経文として多く引用されてしかるべきであろう。

ところが、この二点は予期に反して全然そのようになっていないのだ。あまつさえ、『荘子』の中には、養生主篇第四章の、

老聃《ろうたん》死す。……曰わく、「然《しか》り。……窮《きわ》まりを薪為《たきぎた》るに指《ゆびさ》すも、火の伝わるや、其の尽《つ》くるを知らざりしなり。」

のように、老聃（老子のこと）をまだ死生の理に達していない未熟者として批判する文章さえある。そして、この文章は、老子をテーマとするものの中では比較的早出の戦国後期の作

と考えられる。それ故、荘子物語の作者たちは、老子と荘子の関係を老子↓荘子という開祖と後学、先輩と後輩、老師と弟子のような、思想上の繋がりのあるものとは把えておらず、荘子は自ずから荘子であり、老子とは別個の独立した思想家であると考えていることになる。そして、こちらの方が前漢、武帝期を迎える前のより古くかつ正しい荘子像であった。

『荘子』という書物の成立

道家の諸思想を盛りこんだ書物は、相当多数に上る。だが、最初の思想家たちの最も重要視されるべきテキストで、かつ現存している思想書の主なものは、『老子』と『荘子』、それに『淮南子《えなんじ》』である。これらの中で、通行本と同じような形態のテキストとしての成書が最も早かったのは、戦国末期～前漢初期に編纂された『老子』であるが、しかし、『荘子』の一部はもっと早く戦国後期に書かれ始めている。『淮南子』の編纂は武帝期の初年である。

戦国時代末期までの『荘子』と荘子

訳者（池田）は、『荘子』中の最古の部分は斉物論篇第一章であり、その著作年代は前三〇〇年を中心とする戦国後期であろうと考えている。ほぼ同じ年代に著作された文献としては斉物論篇第三章・第四章・第五章を挙げることができ、また戦国後期のやや後の文献として逍遥遊篇第一章などを挙げることができる。しかし、荘子の人物と思想は、当時の思想界にまだ広く知られてはいなかった。例えば、戦国初期〜前漢初期に成った墨家の文献である『墨子』や、戦国中期の代表的な儒家の思想を載せる『孟子』には、荘子の人物や思想はまだ登場していない。それが広く知られるようになるには、戦国末期まで待たなければならない。

『荘子』を除く現存の諸文献の中で最も早く荘子の人物や思想に言及しているのは、『荀子』解蔽《かいへい》篇と『呂氏春秋《りょししゅんじゅう》』去尤《きょゆう》篇・必己《ひつき》篇である。『荀子』解蔽篇には、

荘子《そうじ》は天に蔽《おお》われて、人を知らず。

とあり、『呂氏春秋』去尤篇には、

荘子《そうじ》曰わく、「瓦《かわら》を以て投《ちゅう》（戭）する者は翔《かけ》り、鉤《こう》を以て投（戭）する者は戦《おのの》き、黄金《おうごん》を以て投（戭）する者は殆《あや》うし。其の祥《たく》みなるは一《いつ》なれども、殆うき所有る者は、必ず外に重んずる所の者有ればなり。外に重んずる所の者有れば、蓋《けだ》し内掘《つたな》（拙）し。」

とあり、同じく必己篇には、

荘子《そうじ》山中を行き、木の甚だ美にして長大なるを見る。木を伐《き》る者、其の旁《かたわ》らに止《とど》まれど

も取らず。其の故を問う。曰わく、「用う可《べ》き所無し。」荘子曰わく、「此不材《これふざい》を以て其の天年《てんねん》を終《お》うるを得たり。」……

とある。

荀子という儒家の思想家は、前三一四年頃～二三三年頃の人であるが、彼が荘子の人物や思想を知ったのは、五十歳で斉に遊学した前二六四年以降のことであろう。『呂氏春秋』去尤篇の引用は『荘子』達生篇第四章に、

「……瓦《かわら》を以て注《ちゅう》（投）する者は巧《たく》みに、鉤《こう》を以て注（投）する者は憚《はばか》り、黄金《おうごん》を以て注（投）する者は殙《くら》（惛）む。其の巧《たく》みなるは一《いつ》なれども、矜《お》しむ所有れば、則《すなわ》ち外を重んずるなり。凡《およ》そ外重き者は内拙《つたな》し。」

のように同じ文章が見え、また必己篇の引用は『荘子』山木篇第一章に、

荘子《そうじ》 山中を行き、大木の枝葉《しよう》の盛茂《せいぼ》せるを見る。木を伐る者、其の旁《かたわ》らに止《とど》まれども取らざるなり。其の故を問う。曰わく、「用う可《べ》き所无《な》し。」荘子曰わく、「此《こ》の木は不材《ふざい》を以て其の天年《てんねん》を終《お》うるを得たり。」……

のように、同じ文章が見えている。
それ故、『呂氏春秋』が『荘子』の原型つまり原『荘子』を目観《もくと》していることは確実であるが、その『呂氏春秋』は戦国末期、前二三九年の成書である。こういう事実から判断して、荘子の人物と思想は戦国末期には広く知られるようになっていたと思われる。

『史記』荘周列伝に現れた十余万言本『荘子』

時代が降って前漢に入ると、『荘子』からの引用の数量は次第に増加してくる。例えば、武帝即位後二年（前一三九）に劉安《りゅうあん》が編纂した『淮南子《えなんじ》』には、合計百一条もの引用があり、道家の思想家たちの書いた『荘子』を構成する文章が、時の経過とともに増加していく様子が窺われる。

また、『淮南子』の編纂に先立つ文帝期（前一八〇～前一五七在位）乃至《ないし》景帝期（前一五七～前一四一在位）に書かれたと認められる『荘子』天下篇に収められている荘周論は、荘周の「書」について論及している最も早い文章であるが、これによれば、当時『荘子』はまがりなりにも「書」と呼ぶことができる程度の、文章の数量と体裁を具えるようになっていた。

さらに時代が降《くだ》って、前一〇〇年頃の『史記』荘周列伝になると、上に引いたとおり、

其の著書十余万言は、大抵率《たいていおおむ》ね寓言《ぐうげん》なり。漁父《ぎょほ》・盗跖《とうせき》・胠篋《きょきょう》を作りて、以て孔子の徒を詆《てい》

誕《し》し、以て老子の術《みち》を明らかにす。畏累虚《いるいきよ》・亢桑子《こうそうし》の属は、皆な空語にして事実無し。と述べている。この中の「漁父・盗跖・胠篋・畏累虚・亢桑子」は、いずれもみな篇名であろうと思われるが、漁父・盗跖・庚桑楚の三篇は現在の三十三篇本の雑篇にあり、胠篋篇は三十三篇本の外篇にある。したがって、この時代になっても、まだ内篇・外篇・雑篇などの区別はなかったのだ。なぜなら、当時すでに内篇・外篇・雑篇などの区別があったとすれば、司馬遷が内篇の篇名を一つも挙げずに、外篇・雑篇の篇名ばかりを挙げることなど、あるはずがないからである。

いずれにしても、この間、すなわち『荘子』天下篇・『淮南子』諸篇の時代から『史記』荘周列伝の時代までの七、八十年間に、荘子に関係づけられるさらに多量の文章が新たに書き下ろされたり、あるいは集められたりしたことであろう。その結果、前一〇〇年の司馬遷当時になると、『荘子』と呼ばれる文献が大して整理もされずに雑然と堆積しており、その数量は「十余万言」の多きに達していた。ちなみに、現在の三十三篇本は約六万五千言である。

五十二篇本『荘子』の完成

次に現れる『荘子』のテキストに関する記述は、班固《はんこ》『漢書』芸文志「諸子略」の「道家」の項目であって、その前半の老子系列の中に、荘子五十二篇。(名は周、宋人なり。)

とある。『漢書』芸文志の内容は、劉向《りゅうきょう》・劉歆《りゅうきん》父子に由来しているから、この五十二篇本の『荘子』は、前漢末期の劉向が整えたテキストであろうと推測される。こうして、司馬遷が眼にしていた「十余万言」の雑然たる堆積は、八、九十年後に行われた劉向の図書整理を通じて、ついに五十二篇本の『荘子』となって一応の完成を見たわけである。

その後、後漢時代にも『荘子』は五十二篇本が通行していたことは、班固より約百年後の高誘《こうゆう》の『呂氏春秋』必己篇の注によって確かめることができる。その注には、

荘子　名は周、宋の蒙人なり。天下を軽んじ、万物を細しとし、其の術は虚無を尚ぶ。書を著すこと五十二篇、之を名づけて荘子と曰う。

とある。そして、唐代初期の陸徳明《りくとくめい》の『経典釈文』の『荘子』斉物論篇第二章の部分に「夫道未始有封」を掲出して、

崔云わく、「斉物は七章なり。此は上章に連ぬれども、班固は外篇に在るべしと説く。」

とあるのによれば、班固の見た五十二篇本『荘子』は間違いなくすでに「外篇」その他に分かれていた。

唐代初期の時点で確認することのできる、『荘子』のテキストについての一層具体的で確実なデータは、今引いた『経典釈文《けいてんしゃくもん》』である。その序録の「荘子」の項には、

崔譔《さいせん》注十巻二十七篇。（清河の人、晋の議郎。内篇七、外篇二十。）

向秀《しょうしゅう》注二十巻二十六篇。（一に二十七篇に作り、一に二十八篇に作る。亦た雑篇無し。音《おん》を為すこと三巻。）

司馬彪《しばひょう》注二十一巻五十二篇。（字は紹統《しょうとう》、河内《かだい》の人、晋の秘書監。内篇七、外篇二十八、雑篇十四、解説三。音を為すこと三巻。）

郭象《かくしょう》注三十三巻三十三篇。（字は子玄、河内の人、晋の太傅《たいふ》主簿。内篇七、外篇十五、雑篇十一。音を為すこと三巻。）

李頤《りい》集解《しつかい》三十巻三十篇。（字は景真、潁川《えいせん》襄城《じょうじょう》の人、晋の丞相参軍、自ら玄道子と号す。一に三十五篇に作る。音を為すこと一巻。）

孟氏《もうし》注十八巻五十二篇。（何《いずこ》の人なるかを詳《つまび》らかにせず。）

王叔之《おうしゅくし》義疏《ぎそ》三巻。（字は穆夜《ぼくや》、瑯邪《ろうや》の人、宋の処士。亦た注を作る。）……

と記されている。これに基づいて推測すれば、司馬彪と孟氏の使用した五十二篇本の『荘

子』は、劉向→劉歆→班固→高誘と次々に受け継がれてきた由緒正しいテキストであって、それが「内篇七、外篇二十八、雑篇十四、解説三」から成るのは、単に班固の見た『荘子』のテキストがそうなっていただけでなく、さらに遡って劉向の整理したテキストに始まったことではなかろうか。

晋代における『荘子』編纂の歴史——五十二篇本・二十七篇本・三十三篇本

晋代におけるテキスト編纂の歴史の中で、重要なものは以下の三種である。——司馬彪と孟氏の五十二篇本、崔譔と向秀の二十七篇本、そして郭象の三十三篇本。五十二篇本は、上述のように、前代から引き継がれたテキストであって、当時はこれが広く流布していた。内篇七、外篇二十八、雑篇十四、解説三、から成る。司馬彪と孟氏はこの構成には手をつけず、そのまま注を施したと思われる。これを基にして崔譔と向秀が二十七篇本を編纂し注を施したが、内篇七、外篇二十、雑篇なし、から成る。編纂の主な内容は、彼らが不要と考える部分を大幅に削ることであった。

これらに対して郭象（二五二頃〜三一二）は、崔譔と向秀の二十七篇本の編纂作業を参考にしながら、やはり五十二篇本から不要と考える部分を削って三十三篇本を定め、また特に向秀の注を利用して注を施したが、内篇七、外篇十五、雑篇十一、から成る。

このあたりの事実経過については、『経典釈文』序録に、然れども荘生《そうせい》の宏才《こうさい》は世に命（名）あり、辞趣《じしゅ》は華深に、正言は反するが若《ごと》し、故に能《よ》く其の弘致《こうち》を暢《の》ぶるもの莫《な》し。後人《こうじん》増足し、漸《ようや》く其の真を失う。故に郭子玄《かくしげん》云わく、「一曲の才、妄《みだ》りに奇説を竄《ざん》す。閼弈《あつえき》・意脩《いしゅう》の首、危言《きげん》・游鳧《ゆうふ》・子胥《ししょ》の篇の若く、凡諸の巧雑なるものは、十分に三有り。」漢書芸文志の「荘子五十二篇」は、即ち司馬彪・孟氏の注する所是れなり。言に詭誕《きたん》多く、或いは山海経《せんがいきょう》に似たり、或いは占夢書《せんぼうしょ》に類す、故に注する者 意を以て去取す。其の内篇は衆家並びに同じく、自余は或いは外有りて雑無し。唯だ子玄の注する所のみ、特に荘生の旨に会い、故に世の貴《たっと》ぶ所と為る。

とあるように、郭象は五十二篇本から十分の三を削ったのである（日本の高山寺《こうざんじ》本の郭象『荘子注』跋文《ばつぶん》はより詳しい）。それらが鄙近《ひきん》にすぎ荒誕《こうたん》にすぎた巧雑な、荘子の意に合わない奇説であるという理由によって。具体的には、『山海経』や「占夢書」に類似しているもの、『淮南子』から取ったものや「形名」を辯じているもの、閼弈・意脩・危言・游鳧・子胥の凡そ五篇を削っている。

テキスト編纂の歴史のアウトラインを大雑把に押さえれば、五十二篇本↓二十七篇本↓三十三篇本のように展開したことになるが、このような経過を経て、『荘子』のテキストは、郭象の編纂した三十三篇本だけが広く通行して生き残り、それ以前の五十二篇本や二十七篇本などは全て散佚《さんいつ》して今に伝わらない。

『荘子』の内篇・外篇・雑篇

現在本『荘子』三十三篇の中で、内篇は荘子の自著であり、外篇・雑篇は荘子の門弟・亜流の作である。だから、内篇は成立が最も早く価値も高く、外篇は成立がやや新しく価値も低くなり、雑篇ともなれば成立が最も新しく価値も低いと、このように今日の通説は考えている。しかし、この通説は正しくない。

なぜなら、第一に、『荘子』からの引用によって見る限り、古い戦国末期～前漢、武帝期には、そもそも内篇・外篇・雑篇などの区別はまだなかったからである。『荀子』正論篇の引用した秋水篇、『呂氏春秋』去尤篇・必己篇の引用した達生篇・山木篇は全て三十三篇本の外篇にあり、『韓非子』難三篇の引用した庚桑楚篇は雑篇にある。『史記』荘周列伝の挙げた漁父篇・盗跖篇・庚桑楚篇は雑篇にあり、胠篋篇は外篇にある。もし当時すでに内・外・雑などの区別があったとすれば、彼らが内篇の文章や篇名を一つも挙げずに、外篇・雑篇の文章や篇名だけを挙げることなど、あるはずがない。『史記』より約四十年前に編纂された『淮南子』には、合計百一条もの引用があるけれども、内・外・雑から満遍なく引用しており、特に内篇だけを重視している事実はない。

第二に、司馬遷の「十余万言」の雑然たる堆積を初めて五十二篇本に整理したのは前漢末期の劉向であったが、その五十二篇本を初めて「内篇七、外篇二十八、雑篇十四、解説三」に分けたのも、他ならぬ劉向であったと考えられるからだ。——劉向は、秘府の内に蔵されていた「十余万言」を中心にし、外から集めてきた材料をも加えて、それらを整理して五十二篇本に編纂したのであるが、その際初めて内篇・外篇・雑篇などの区別を設けた他、三文字から成る内篇七篇の篇名を始めとして外篇・雑篇の多くの諸篇の篇名をも着想し、その上それらの篇名の下に、雑然たる堆積の中から適当な文章をそれぞれいくらかずつピックアップしてほどよく案配した、というわけである。

編纂者の劉向が内篇を外篇・雑篇よりも重要と考えたことは確かであろう。だが、それは前漢末期の劉向がそう考えたというだけのことであって、戦国後期の思想家荘子の自著であることを保証するものでは全くない。このような形式上の枠組みは、実はただ前漢末期の思想界やそれに属する一人の知識人劉向の、『荘子』像または荘周像を示す思想史の資料の一つとして、何がしかの意味を持つだけのものでしかない。

第三に、劉向が『荘子』を内篇・外篇・雑篇などに分けた時、彼はまたそれらの間に初めて価値的な差別をも持ちこんだのであった。つまり、内篇は価値が高く、外篇はそれに次ぎ、雑篇は価値が低いと見るのであるが、しかし、この劉向にしても内篇・外篇・雑篇などの全てを荘子の自著と信じていたからである。

劉向だけではない、唐代の韓愈《かんゆ》、宋代の蘇軾《そしょく》が新説を唱えるまでは、誰もがみな内篇・外篇・雑篇などの全てを荘子の自著と信じていたのだ。例えば、『漢書』芸文志の、

　荘子五十二篇。（名は周、宋人なり。）

や、高誘の『呂氏春秋』必己篇注の、

荘子、名は周、宋の蒙人なり。……書を著すこと五十二篇、之を名づけて荘子と曰う。

は、ともに内篇・外篇・雑篇などを含む五十二篇全体を荘子が著したと見なしている。また、五十二篇本を基にして二十七篇本や三十三篇本を編纂した崔譔・向秀や郭象の場合は、『経典釈文』序録に、

……故に能く其の弘致を暢ぶるもの莫し。後人増足し、漸く其の真を失う。故に郭子玄云わく、「一曲の才、妄りに奇説を竄す。閼弈・意脩の首、危言・游凫・子胥の篇の若く、凡諸の巧雑なるものは、十分に三有り。」漢書芸文志の「荘子五十二篇」は、即ち司馬彪・孟氏の注する所是れなり。言に詭誕多く、或いは山海経に似たり、或いは占夢書に類す、故に注する者 意を以て去取す。

とあったとおり、五十二篇本の中に「後人増足し、漸く其の真を失」ったり「妄りに奇説を竄」したりした部分を見出して、それを荘子の自著でないとして削っている。

それ故、崔譔・向秀・郭象の眼から見るならば、五十二篇本には荘子の自著でない文章が

含まれていたけれども、自らの編纂した二十七篇本や三十三篇本は、全てみな保存するに価する荘子の自著であったのである。

さらに、唐代初期の道教の思想家成玄英（六〇〇頃～六六〇頃）の場合は、その著『南華《なんか》真経疏《しんきょうそ》』の序で内篇・外篇・雑篇の関係について、

内篇は理本《りほん》を明らかにし、外篇は其の事迹《じせき》を語り、雑篇は雑《まじ》えて理・事を明らかにす。内篇は理本を明らかにすと雖《いえど》も、事迹无《な》くんばあらず。外篇は事迹を明らかにすと雖も、甚だ妙理有り。但だ教えを立つるに篇を分かつは、論多きに拠るのみ。

と論じている。内篇は「理本」、外篇は「事迹」、雑篇は「理本」と「事迹」の両者、をそれぞれ明らかにするという風に任務分担を設けてはいるが、成玄英がそれらの全てを荘子の自著と考えていたことに、疑問の余地はない。

『荘子』外篇・雑篇に対する疑問の発生

第四に、『荘子』の外篇・雑篇を荘子の自著でないと言って疑ったり批判したりするのは、唐代の韓愈や宋代の蘇軾・蘇轍に始まる新しい議論であって、『荘子』の歴史全体の中では決して古くからの伝承ではないからである。すなわち、歴史上初めて雑篇の中の盗跖・説剣・漁父の三篇を疑ったのは韓愈（七六八～八二四）であり、これを受け継いだのは譲

王・盗跖・説剣・漁父の四篇を疑った蘇軾（一〇三六～一一〇一）、および兄に追随して同じ四篇を疑った蘇轍《そてつ》（一〇三九～一一一二）である。

蘇軾が「荘子祠堂記《しどうき》」を書いて四篇を『荘子』から削った理由は、一つには、荘子は孔子を助けようとしていた人であるから、それとは反対に孔子を「真に詆《そし》っ」ている「浅陋《せんろう》にして道に入らざ」る内容の四篇は、荘子自身の作ではありえないということであり、二つには、寓言篇の末章と列御寇篇の首章は同じテーマを取り扱った一つの文章で、荘子の言葉も寓言篇の末尾では完結しておらず、だから両者の中間にある四篇は、後世の愚か者が自分の文章を竄入《ざんにゅう》させたものであるということである。

以上の理由を挙げて蘇軾が四篇を削った以後は、今日に至るまで追随者・支持者が陸続《りくぞく》と世に現れて、右の四篇を後世の偽作とする評価が定まり、さらに疑問が新たな疑問を呼び批判が新たな批判を招いて、最後には内篇以外は雑篇だけでなく外篇も全て例外なく荘子の自著でないとする通説が形作られるに至った。そのような意味で、蘇軾の後世に対する影響はまことに大きかったと言わなければならない。しかしながら、二つの理由がいずれも今日では到底学問的な検討にたえられないものであることは、詳説するまでもなく明らかである。

もし蘇軾のこの議論にプラスの意義があるとすれば、それはこれが外篇・雑篇だけでなく内篇に対する我々の批判をも培ってくれたことであろうか。訳者（池田）は、「内篇は荘子の自著、外篇・雑篇は荘子の門弟・亜流の作」とする今日の通説に不賛成であるけれども、だからといって、内篇・外篇・雑篇全体を荘子の自著と信じているのではない。というのは、『荘子』という書物が、一人もしくは少数の思想家が一時もしくは短時に書き上げたものではなく、多数の道家の思想家たちが戦国後期〜前漢、武帝期の約二百年間、書き継いで成った全集の一種であることは、今日すでに十分に明らかだからである。

訳者は、どの部分を荘子の自著と信じるかといった狭い世界に跼蹐《きょくせき》するのではなく、韓愈・蘇軾以来の批判精神を徹底させることのできる位置にいる現代の読者として、劉向乃至郭象の設定した内篇・外篇・雑篇などの区別、とりわけ韓愈・蘇軾以来形成されてきた外篇・雑篇に対する軽視、内篇・外篇・雑篇を構成する逍遥遊・斉物論・駢拇・庚桑楚などの篇立て、などといった旧来の枠組みの全てを自由に批判の対象としつつ、各篇各章の内容を可能な限り正確に読解・分析することを通じて、それらに代わって新たにこの学派の淵源・発生・系統・類別・展開などを体系的総合的に論じたいと思う。

『荘子』内篇・外篇・雑篇の具体的内容

晋代におけるテキスト編纂の歴史は、上述のとおり、司馬彪と孟氏の五十二篇本↓崔譔と向秀の二十七篇本↓郭象の三十三篇本のように展開した。この展開を通じて、三種のいずれにも内篇・外篇（さらに雑篇）の区別が設けられており、またその内篇が七篇であるので、内篇は逍遥遊・斉物論……の各三文字から成る篇名と、その篇名の下に編まれた諸章の文章は、基本的に変わらなかったものと認められる。『経典釈文』序録は、其の内篇は衆家並びに同じく、自余は或いは外有りて雑無し。

と言っていた。

次に、三種のテキスト間の外篇・雑篇などの移動を推測してみよう。二十七篇本の外篇二十篇の篇名は、武内義雄「荘子攷《こう》」によって突きとめられている。――駢拇・馬蹄・胠篋・在宥・天地・天運・繕性・秋水・至楽・達生・山木・知北遊の十二篇が三十三篇本の外篇、庚桑楚・徐无鬼・則陽・外物・寓言・盗跖・列御寇・天下の八篇が三十三篇本の雑篇。言い換えれば、二十七篇本の外篇二十篇は、三十三篇本の外篇十二篇と三十三篇本の雑篇八篇に分けられたのである。郭象は三十三篇本を編んだ時、いかなる基準を用いて二十七篇本の外篇を外篇と雑篇に分けたのであろうか。それは郭象『荘子注』のどこにも説明されていない。ということは、彼が独自の基準を立てたのではないことを意味していようから、用いた可能性の最も高い基準はやはり五十二篇本のそれであろう。

したがって、郭象は、五十二篇本の外篇二十八篇の中から二十七篇本にも重複して含まれている上記の十二篇を取り出し、それらに五十二篇本の外篇にある天道・刻意・田子方の三篇を加えて、凡そ十五篇から成る外篇を定めた。また、五十二篇本の雑篇十四篇の中から二十七篇本にも重複して含まれている上記の八篇を取り出し、それらに五十二篇本の雑篇にある譲王・説剣・漁父の三篇を加えて、凡そ十一篇から成る雑篇を定めた。――ざっと以上のように推測することができる。

なお、郭象が三十三篇本を編纂した後、五十二篇本の外篇・雑篇・解説の凡そ四十五篇の中から十九篇が亡佚《ぼういつ》した。その十九篇は、司馬貞《しばてい》『史記索隠』・洪邁《こうまい》『容斎続筆』・王応麟《おうおうりん》『困学紀聞』などによって畏累虚・閼弈・意脩・危言・游凫・子胥・恵施の篇名が復元され、後に孫志祖《そんしそ》『読書脞《ざ》録《ろく》続編』・翁元圻《おうげんき》『困学紀聞注』によって馬棰《ばすい》の篇名が加えられた。

目次

荘子　全現代語訳　(上)

【下巻目次】

雑篇

凡　例

一、本書は、拙著『荘子　全訳注』上・下（講談社学術文庫、二〇一四）の「読み下し」・「注釈」を割愛し、『荘子　全現代語訳』上・下としたものである。

二、本書の各篇は、総説・現代語訳・原文・解説から成っている。

「総説」は、まず、内篇・外篇・雑篇について、やや詳細な書誌学的説明を行っているが、煩瑣と感じられる読者は読み飛ばしても差し支えない。

次に、各篇の顕著な特徴や重要なトピックなどを、分かりやすく述べた。

三、「現代語訳」は、分かりやすい現代日本語に訳することに努めた。

現代語訳において、使用する漢字の字体は、基本的に常用漢字であるが、あえて正漢字（旧漢字）を使用した場合もある。

文意を明瞭にするために文章を補って訳した部分があるが、それが長い場合には括弧「（　）」に入れた。

四、「原文」は、テキストの底本として、現存する諸テキストの中で最古かつ最善と考えられる、続古逸叢書本『宋刊南華真経』を採用した。

その経文（中国古典の本文）を他のテキストと対校し、また多くの注釈・研究書などに眼を通して、可能な限り正確な原文と正確な現代語訳を求めるように努めた。

原文において、使用する漢字の字体は、基本的に正漢字（旧漢字）である。

底本の中に現れる異体字・省字（ある漢字の一部を省略して、書き方を簡略化したもの）は、基本的に正漢字に改めたが、事情によって改めなかった場合もある。

錯字（誤字）は修正したが、その錯字の下に正字を山括弧「〈　〉」に入れて示した。また、脱字・欠字は補足したが、補足した文字は亀甲「〔　〕」に入れて示した。また、衍字（誤って入った不必要な文字）は削除した。文字などを改めた場合は、原文の当該個所に★印を付けた。

仮借字（発音が同じ〔あるいは近い〕別の漢字を、転用したもの）はそのままとして改めない。

五、「解説」は、各篇についての研究史の簡単な総括、各篇の構成や特徴の解説、篇内の各章の内容や成立年代の推測、などを記した。

六、現代語訳・原文などにおいて、各篇の第一章・第二章・第三章などという章分け、また段落の区切りを行っている。これらはもともと底本に存在せず、訳者において定めたものである。

七、総説・解説などにおいて引用する参考文献は、初出の際に著者名・書名を（現代書の場合は出版社名・刊行年をも）記したが、再出以下は著者名もしくは書名だけを掲げた。ただし、同じ著者に二冊以上の参考文献がある場合は、必要に応じて著者名・書名を掲げた。

荘子　全現代語訳（上）

内《ない》篇《へん》

内篇　総説

現在の『荘子』は郭象《かくしょう》の刪定した三十三篇本であるが、その前身は崔譔《さいせん》・向秀《しょうしゅう》の注した二十七篇本であり、それ以前には司馬彪《しばひょう》の五十二篇本が行われていた（『経典釈文』序録）。晋代におけるこのテキスト編纂の変遷を通じて、三種のいずれにも内篇・外篇（さらに雑篇）の区別が設けられており、またその内篇が七篇であるので、逍遥遊・斉物論……などの三字から成る篇名とその下に編まれた諸章は、基本的に変わらなかったものと考えられる。この点に関して、『経典釈文』序録は「其の内篇は衆家並びに同じ」と証言している。武内義雄『老子と荘子』（『武内義雄全集』第六巻、角川書店、一九七八）、王叔岷《おうしゅくびん》『荘子校釈』（台聯国風出版社、一九七二）は、郭象本内篇が司馬彪本内篇の旧をあまり残していないと主張するが、その根拠や証明には不適切な点が少なくない。この五十二篇本は、『漢書』芸文志に著録されており、約一世紀後の後漢時代の高誘『呂氏春秋注』によっても『荘子』は五十二篇である。そして斉物論篇の『経典釈文』崔譔によれば、班固の見たこのテキストは内篇・外篇などに分かれていたから、同じ事態は『漢書』芸文志にまで確実に遡ることができる。

その三十三篇の中で、内篇は荘子（荘周）の自著であり、外篇・雑篇は荘子の弟子・後輩あるいは亜流の作である。それ故、内篇は成立が最も早く価値も最も高く、外篇は成立がやや新しく価値も低くなり、雑篇ともなれば成立が最も新しく価値も最も低いと、このように今日の通説は考えている。これは、明代の朱得之『荘子通義』、焦竑『荘子翼』、李贄『続焚書』読南華あたりから始まって、近くは劉爾輯『南華因是』、姚鼐『荘子章義』、蘇輿（王先謙『荘子集解』所引）、張士保『南華外雑篇辨義』などの賛同を経て通説化した説であって、現代の羅根沢「『荘子』外雑篇探源」（同『諸子考索』所収、学林書店、一九七七）、関鋒「荘子外雑篇初探」（同『荘子内篇訳解和批判』附編、新華書店、一九六一）、張徳鈞「『荘子』内篇是西漢初人的著作嗎？」（『荘子哲学論文集』所収、中華書局、一九六二）、金谷治「『荘子』内篇について」（『日本中国学会報』第五集、一九五三）、福永光司『荘子内篇』（朝日新聞社、一九六六）解説なども同じ。しかし、この通説は正しくない。

なぜかと言えば、第一に、『荘子』からの引用によって見る限り、古い戦国末期〜前漢、武帝期には、そもそも内篇・外篇・雑篇などの区別がまだなかったからである。『荀子』・『呂氏春秋』・『韓非子』が引用した諸篇は全て三十三篇本の外篇・雑篇にある。また『史記』荘周列伝中でも「其の著書十余万言」と言って、漁父・盗跖・胠篋・畏累虚・亢桑子（現在本の庚桑楚篇に相当する）の五篇を挙げている。前漢時代の司馬遷の頃までは、『荘子』と呼ばれる文献が雑然と十余万言堆積しており（現在本は約六万五千言）、その内のある部分はすでに後の五十二篇本の篇名の下にまとめられていたけれども、しかしまだ内篇・外篇・雑篇などの区別は設けられず、また三字の内篇七篇の篇名もつけられず、ましてそれらの下に諸章が集められることもなかったのである（木村英一「荘子妄言一則」〔『石濱先生古稀記念東洋学論叢——荘子の書の変遷から見た内篇と外・雑篇との関係について』、一九五八）を参照）。『史記』荘周列伝が挙げた漁父篇・盗跖篇・庚桑楚篇は三十三篇本の雑篇にあり、胠篋篇は外篇にある。仮りにもし当時すでに内篇・外篇・雑篇などの区別があったとすれば、以上の諸書が内篇の文章や篇名を一つも挙げずに、外篇・雑篇の文章や篇名だけを挙げることなどあるはずがない。『史記』より約四十年前に編纂された『淮南子』には、合計百一条もの引用があるけれども、内篇・外篇・雑篇から満遍なく引用されており、特に内篇だけが重視されている事実はない。

第二に、司馬遷の見た十余万言の雑然たる堆積を初めて五十二篇本に整理したのは、前漢末期の劉向《りゅうきょう》であった（唐蘭「老聃的姓名和年代考」〔『古史弁』第四冊、上海古籍出版社影印本、一九八二〕・木村英一「荘子妄言一則」）が、その五十二篇本を初めて内篇七、外篇二十八、雑篇十四、解説三に分けたのも、他ならぬ劉向であったと考えられるからだ。すなわち、劉向は、秘府の内に蔵されていた十余万言を中心にし、外から集めてきた材料をも加えて、それらを整理して五十二篇本に編纂したのであるが、その時初めて内篇・外篇・雑篇などの区別を設けた他、三字から成る内篇七篇の篇名を始めとして、外篇・雑篇の多くの諸篇の篇名をも着想し、その上それらの篇名の下に、雑然たる堆積の中から適当な文章をそれぞれいくらかずつピックアップしてほどよく案配したのである。ちなみに、劉向の編纂したテキストの内、他に『晏子』は内篇と外篇に分かれており、『管子』は経言・外言・内言・雑篇などの八類に分かれているが、これらの分類も劉向の行った仕事である。

第三に、劉向が『荘子』を内篇・外篇・雑篇などに分けた時、彼はまたそれらの間に初めて価値的な差別をも持ちこんだのであった。つまり、内篇は最も価値が高く、外篇はそれに次ぎ、雑篇は価値が最も低いと見たのであるが、しかし、この劉向にしても内篇・外篇・雑篇などの全てを荘周の自著と信じていたからである。

劉向だけではない。唐代の韓愈《かんゆ》、宋代の蘇軾《そしょく》が新説を唱える（後述）までは、誰もがみな内篇・外篇・雑篇などの全てを荘周の自著と信じていたのだ。例えば、『漢書』芸文志や高誘『呂氏春秋注』は、ともに内篇・外篇・雑篇などを含む五十二篇全体を、荘周自身が著したと見なしている。また、五十二篇本をもとにして二十七篇本や三十三篇本を編纂した崔譔・向秀や郭象の場合は、五十二篇本の中に「荘生の旨に会わ」ない文章を発見して、それを荘周の自著でないとして削っている（『経典釈文』序録）。したがって、崔譔・向秀・郭象の目から見るならば、五十二篇本には荘周の自著でない文章が含まれていたけれども、自らの編纂した二十七篇本や三十三篇本は、全てみな保存するに価する荘周の自著であったはずである。

さらに、唐代初期の道教の思想家成玄英《せいげんえい》の場合は、その著『南華真経疏』の序で内篇・外篇・雑篇の関係について論じ、内篇は「理本」、外篇は「事迹」、雑篇は「理本」と「事迹」の両者、をそれぞれ明らかにするというように任務分担を設けてはいるが、それらの全てを荘周の自著と考えていたことに疑問の余地はない。

校讐者《こうしゅうしゃ》の劉向が内篇を外篇・雑篇よりも重要と考えていたことは確実である。しかし、それは前漢末期の劉向がそのように考えたというだけのことであって、内篇が戦国後期の思想家たる荘周の自著であることを保証するものでは全くない。このような形式上の枠組みは、実はただ前漢末期の思想界や劉向の、『荘子』像または荘周像を示す思想史の資料として、何がしかの意味を持つだけでしかない。現代の読者としては、劉向乃至郭象の設定した内篇・外篇・雑篇の区別、逍遥遊・斉物論……の七篇の分篇といった枠組みをも自由に批判の対象としつつ、各篇各章の内容をできるだけ正確に読解・分析して、それらに代わって新たにこの学派の淵源・発生・系統・類別・展開などを体系的総合的に論ずべきであろう（津田左右吉『道家の思想と其の展開』〈『津田左右吉全集』第十三巻、岩波書店、一九六四〉・木村英一「荘子の卮言」〈『東方宗教』第十三・第十四号合併号、日本道教学会、一九五八〉を参照）。なお、これらの諸問題についての訳者（池田）の具体的な見解は、各篇の「総説」・「解説」の中に示しておいた。

逍遥遊《しょうようゆう》　第一

総説

「遊《ゆう》」という言葉は、『荘子』の中にしばしば現れる最も重要な思想概念の一つであり、この言葉を含む「遊」の思想は、道家の最も中心的な思想の一つである。それ故、逍遥遊篇が本書の劈頭《へきとう》を飾っているのは、当然と言わなければならない。「遊」の意味するところは、思想家によって異なり、書物によって異なり、時代によって異なる。『荘子』の中にあっても、篇によって異なり、章によって異なっている。なかなか厄介な言葉なのである。

ここに、「遊」の代表的な意味を挙げてみると、以下の四点にまとめることができようか。すなわち、「遊」とは、

一、あそぶこと、ひいては何らかの目的意識に導かれることのない行為である。

二、世間的な人間社会から外に出ていき、その狭小な視座を超越することである。

三、作為的人為的なものを棄て去って、自然に従って伸びやかに生きることである。

四、「万物」の一つである人間が、「万物」の世界から越え出て根源の「道」へと高ま

っていくことである。

以上は、やや軽小な意味から始めて重大な意味に至る代表的な意味を列挙したのであるが、どの場合にも思想家たちの人間の自由・自立に対する強いあこがれが表現されていることに、我々は刮目《かつもく》すべきであろう。そして、本篇逍遥遊篇には、以上の四点が全て顔を現している。

現代西欧の哲学者や社会学者には、「遊び」についての論著が少なくない。しかし、それらの中に本書『荘子』の「遊《ゆう》」に触れているものがあることを聞かない。例えば、ホイジンガの『ホモ・ルーデンス――人類文化と遊戯』（高橋英夫訳、中央公論社、一九六三）は、特に「シナ語における『遊戯』の表現」という章を設けているけれども、しかしその章においても『荘子』の「遊」を採用しなかった。一体、これはなぜなのだろうか。

第一章　高く遠く事物の世界から飛び出していこう

北の彼方《かなた》、暗い海に魚がいる、その名を鯤《こん》（はらご）と言う。鯤の大きさのほどは、何千里（一里は約四〇〇メートル）あるのか計り知ることができない。やがて変身して鳥となり、その名を鵬《ほう》（おおとり）と言う。鵬の背平《せびら》は、何千里とも計り知ることができないほどだ。一度《ひとたび》奮《ふる》い立って飛び上がると、広げた翼は天空《てんくう》深く垂れこめた雲のよう。この鳥が、海のうねり初《そ》める頃、南の彼方、暗い海に渡っていこうとする。南の暗い海とは、天の果ての池である。

斉諧《せいかい》という人は、不可思議《ふかしぎ》に通じた者であるが、彼も次のように言っている。「鵬が南の暗い海に渡っていくありさまは、三千里（約一二〇〇キロメートル）に及ぶ海面を激しく羽《は》撃《う》ち、つむじ風を羽ばたき起こして九万里（約三万六五〇〇キロメートル）の高みに舞い上がり、ここを去って六カ月飛び続け、そうして始めて一息つくのである。」

空中に揺らぎ立つ陽炎《かげろう》や塵埃《ちりほこり》などは、地上の生き物が気息《いき》で吹きあっているものだ。それらの向こうにある天空が蒼蒼《あおあお》としているのは、本当の色であろうか。遠く果てしないために、そう見えるのであろうか。鵬が地上を視《み》下ろす時も、やはりこんな風に見えているに違いない。

また、そもそも水を湛《たた》える厚さが十分でないと、大舟《おおぶね》を浮かべるだけの力は出ない。一杯の水を堂（表座敷）の窪《くぼ》みに空《あ》けただけでは、芥《あくた》が舟となって浮かぶのがせいぜいで、杯《さかずき》をこの上に置けば底が着いてしまう。水が浅くて舟が大きいからだ。同じように、風を蓄《たくわ》える厚さが十分でないと、大翼《たいよく》を浮かべるだけの力は出ない。だから、九万里もの高みに舞い上がって、始めて風が翼の下に十分蓄えられるのだ。かくして今こそ、風に乗り青空を背負えば、最《も》早《はや》行く手を阻《はば》む者もいない。かくして今こそ、南を目指そうとする。

蜩《せみ》と鷽鳩《いかるが》がこれを嘲笑《あざわら》って言う。「俺たちは勢いこんで飛び立ち、楡《にれ》・枋《まゆみ》に止《と》まろうとするけれど、そこまで届かず地面に引き戻《もど》されてしまう時だってある。九万里もの高みに舞い上がり、さらに南を目指すなんてことをして、何になるのだろう。」

草深い近郊の野に出かける者は、合計三度の食事を取って帰ってくるが、腹はまだ一杯である。百里（約四〇キロメートル）の先に出かける者は、一晩米を臼づいて食糧を備える。千里（約四〇〇キロメートル）先に旅行する者は、三ヵ月かけて食糧を集めるものだ。この二匹の小動物《こもの》に一体何が分かろうか。

小さな知恵は大きな知恵に及ばないし、短い寿命は長い寿命に及ばない。何でそれが分かるのかと言えば、朝菌《ちょうきん》（茸《きのこ》の一種）は一ヵ月を知らないし、蟪蛄《けいこ》（蟬の一種）は一年を知らない。これが短い寿命の例である。楚《そ》（南方の国名）の南に冥霊《めいれい》という木があり、五百年を春とし、五百年を秋としている。大昔には大椿《だいちん》という木があって、八千年を春とし、八千年を秋としていたとか。ところが今日、人間界では長寿と言うと彭祖《ほうそ》（伝説上の長寿者）ばかりが名を知られ、大衆はこれにあやかりたいと願う。悲しいことだ。

その昔、殷《いん》（王朝の名）の湯王《とうおう》（殷の初代の王）が臣下の棘《きょく》から聞いたのも、この話に他ならない。「荒遠な不毛地帯の北に、暗黒の海がありまして、それは天の果ての池であります。そこに魚がおり、横幅は数千里ありますが、身《み》の丈《たけ》については誰一人《だれひとり》知る者がおりません。名を鯤《こん》と申します。鳥もおり、名を鵬《ほう》と申します。鵬の背平《せびら》は、あたかも泰山《たいざん》（斉《せい》の名山、高さ一五二四メートル）のよう、広げた翼は天空《てんくう》深く垂れこめた雲のよう。この鳥は、つむじ風を羽ばたき起こし、旋回しながら九万里の高みに舞い上がり、雲気の上に越え出て、青空を背にいたします。そうして始めて南を目指し、その彼方《かなた》の暗い海に渡っていこうとするのであります。斥鴳《うずら》がこれを嘲笑《あざわら》って、『彼《あれ》は一体、どこまで行くつもりなのだろう。俺などは躍《おど》り上がって飛び立っても、せいぜい数仞《すうじん》（約七、八メートル）の高さを限度に降りてきて、蓬木立《よもぎこだち》の間を飛び回る。これでもう飛翔としては十分なのだ。それなのに、彼《あれ》は一体、どこまで行くつもりなのだろう。』と言ったのであります。」これが小物《こもの》と大物《おおもの》の違いである。

こういうわけで、あの方々――一つの官職に任ぜられて功績を挙げるに足る知を持つ人たち、一つの郷村《きょうそん》を治めるのに適《ふさ》わしい行いのある人たち、一国の君主の思し召しに適《かな》い、臣下として召し出されるだけの徳のある人たち――が、満足しきって自己を視上げるありさまは、この斥鴳《うずら》と違わない。

ところが、宋栄子《そうえいし》（戦国時代の思想家）はゆるりと構えてこれを笑う。また、彼は世間こぞって誉めてくれようと、別に気負い立ちはしないし、こぞって貶《けな》してくれようと、別にやる気を失いはしない。内なる自己と外なる世間との区別を確立し、名誉と恥辱との境界を辨別しているからに他ならない。世間の評価に対して、彼はさばさばとしたものだ。しかしながら、まだ自己確立していない欠陥がある。

あの列子《れっし》（春秋時代の鄭《てい》の思想家）は風を操《あやつ》って虚空《こくう》を飛行し、さわやかにも巧みなもの、十五日経《た》ってやっと戻《もど》ってくる。彼は世間の評価に対しては言わずもがな、幸せを摑《つか》むということに関しても、さばさばとしたものである。この人は、足で歩く煩《わずら》わしさから解放されてはいるけれども、まだ何かに依存して生きている者である。

世界全体である天地の真正《まこと》の姿に乗り、その森羅万象《しんらばんしょう》を六種の気の変化において操って、時空を越えた無限の宇宙に遊ぶ、という者になると、彼は一体何に依存するであろうか。そこで、「至人《しじん》（道に到達した人）には自己が無く、神人《しんじん》（霊妙な能力の人）には功績が無く、聖人《せいじん》（最高の境地の人）には名誉が無い。」と言うのである。

原文

北冥有魚、其名爲鯤。鯤之大、不知其幾千里也。化而爲鳥、其名爲鵬。鵬之背、不知其幾千里也。怒而飛、其翼若垂天之雲。是鳥也、海運、則將徙於南冥。南冥者、天池也。

齊諧者、志怪者也。諧之言曰、鵬之徙於南冥也、水擊三千里、摶扶搖而上者九萬里、去以六月息者也。

野馬也、塵埃也、生物之以息相吹也。天之蒼蒼、其正色邪。其遠而無所至極邪。其視下也、亦若是則已矣。

且夫水之積也不厚、則負大舟也無力。覆杯水於坳堂之上、則芥爲之舟、置杯焉則膠。水淺而舟大也。風之積也不厚、則其負大翼也無力。故九萬里、則風斯在下矣。而後乃今培風背負青天、而莫之夭閼者。而後乃今將圖南。

蜩與學鳩笑之曰、我決起而飛、搶楡枋、時則不至而控於地而已矣。奚以之九萬里而南爲。

適莽蒼者、三湌而反、腹猶果然。適百里者、宿舂糧。適千里者、三月聚糧。之二蟲又何知。

小知不及大知、小年不及大年。奚以知其然也。朝菌不知晦朔、蟪蛄不知春秋。此小年也。楚之南有冥靈者、以五百歲爲春、五百歲爲秋。上古有大椿者、以八千歲爲春、八千歲爲秋。而彭祖乃今以久特聞、衆人匹之。不亦悲乎。

湯之問棘也是已。窮髪之北有冥海者、天池也。有魚焉、其廣數千里、未有知其脩者、其名爲鯤。有鳥焉、其名爲鵬。背若泰山、翼若垂天之雲。摶扶搖、羊角而上者九萬里、絶雲氣、負青天、然後圖南、且適南冥也。斥鴳笑之曰、彼且奚適也。我騰躍而上、不過數仞而下、翱翔蓬蒿之閒。此亦飛之至也。而彼且奚適也。此小大之辯也。

故夫知效一官、行比一鄕、德合一君、而徵一國者、其自視也、亦若此矣。而宋榮子猶然笑之。且擧世而譽之、而不加勸。擧世而非之、而不加沮。定乎内外之分、辯乎榮辱之竟斯已矣。彼其於世、未數數然也。雖然、猶有未樹也。

夫列子御風而行、泠然善也。旬有五日而後反。彼於致福者、未數數然也。此雖免乎行、猶有所待者也。

若夫乘天地之正、而御六氣之辯、以遊無窮者、彼且惡乎待哉。故曰、至人無己、神人無功、聖人無名。

第二章　天下を譲られても使い道がなくて困る

上古の聖天子の堯《ぎょう》が、有徳者の許由《きょゆう》（上古の隠者）に天下を譲ろうとして言った。「日も月も出て十分明るいのに、かがり火を燃やし続けて、さらに明るくしようと努めるのは、何とも難儀《なんぎ》なことだ。折よく恵みの雨が降っているのに、なお水を注ぎかけて、田畑を潤そうと努めるのは、何ともしんどいことだ。先生が立たれれば天下は治まるのに、なお私が天下の統治を主《つかさど》っているのは、我ながら飽き足らぬ思いである。どうか天下をお受け取りいただきたい。」

許由が答えて言った。「あなたが天下を治め始めて以来、天下はもうすでに治まっている。それなのに、私があなたに代わるというのは、何のためであろうか。天子という名誉を得るためだとするならば、名誉というものは実体のお客でしかない。その実体を求めての故だとするならば、鷦鷯《みそさざい》は深林の中のわずか一枝に巣づくるにすぎず、偃鼠《もぐら》は黄河《こうが》の水の内、己《おのれ》の腹一杯分を飲むにすぎない。帝よ、帰って休まれよ。天下を禅譲されても、私には使い道がないのだよ。それに、庖人《いたまえ》が厨房《くりや》をうまく取りしきれないからと言って、神子《みこ》・巫覡《かんなぎ》が祭祀に用いる酒樽《さかだる》・三方《さんぼう》を踏み越えて、代役を務めるなどはないことだね。」

原文

堯讓天下於許由曰、日月出矣、而爝火不息、其於光也、不亦難乎。時雨降矣、而猶浸灌、其於澤也、不亦勞乎。夫子立而天下治、而我猶尸之、吾自視缺然。請致天下。

許由曰、子治天下、天下既已治也。而我猶代子、吾將爲名乎、名者實之賓也。吾將爲賓★〈實〉乎、鷦鷯巣於深林、不過一枝。偃鼠飲河、不過滿腹。歸休乎、君。予無所用天下爲。庖人雖不治庖、尸祝不越樽俎而代之矣。

第三章　藐姑射《はこや》の山の神人は天下の政治などに無関心

肩吾《けんご》（伝説上の人物）という人が、連叔《れんしゅく》（伝説上の人物）に問うて言った。「私はある話を接輿《せつよ》（楚《そ》の隠者）から聞いたのですが、大きいばかりで事実に合わず、広がるばかりで取りとめがありません。その話の銀河《ぎんが》のような野放図《のほうず》振りに、私は驚いて恐ろしくなりました。あまりにアブノーマルで、人間の実際とかけ離れているのです。」

連叔、「その話とはどういうのだね。」

肩吾、「『藐姑射《はこや》の山（神話上の山）に、神人《しんじん》が住んでいる。肌は氷や雪のように白く、体のしなやかさは乙女《おとめ》のようだ。穀物は一切食べず、ただ風を吸い露を飲み、雲気に乗り、飛竜を操って、世界の外に遊び出ていく。彼の霊妙なエネルギーが凝結すると、あらゆる物は傷病《しょうびょう》なく成長して、五穀も豊かに実るのだ。』などと言います。こんな具合ですので、私は精神錯乱かもしれないと考えて、信じる気になれないのですが。」

連叔、「そのとおり。目廃《めしい》は綾錦《あやにしき》の綺麗《きれい》を観る手段《すべ》がなく、耳廃《みみしい》は管弦の音曲《おんぎょく》を聞く手立てがない。だが、聾盲《ろうもう》の不自由は身体だけにあるものではなく、そもそも心知にもやはり同じことがある。というこの言葉は、ちょうど今の君にぴったりだね。この人はその徳でもって、ありとあらゆる事物を大きく包容して、一つにしようとしている。世間は彼が天下を統治してくれることを願うけれども、誰《だれ》が齷齪《あくせく》として天下などを政《まつりごと》とうとするものか。この人は、いかなる物にも傷つけられない。天に届くほどの大洪水《だいこうずい》にも溺《おぼ》れはしないし、金石が溶け土山《つちやま》が焦げるほどの大干魃《だいかんばつ》にも焼けはしない。その爪の垢からすら、尭《ぎょう》・舜《しゅん》といった聖天子ぐらいは鋳造《ちゅうぞう》しようという人なのだ。天下の政治は言わずもがな、誰《だれ》があれこれの事物などを相手にする気になるものかね。」

ある宋《そう》（国名）の住人が、先祖の殷人《いんひと》が礼装に用いていた章甫《しょうほ》の冠を仕入れて、越《えつ》（国名）に売りに行った。しかし、越《えつ》の人々はざん切り頭・刺青《いれずみ》の風習であったので、章甫《しょうほ》の冠はさっぱり役に立たなかったという。さて、尭は天下の民を治め、世界に平和をもたらしつつあった。ある日、藐姑射《はこや》の山に出向いて四人（肩吾・連叔・接輿・神人）の方々にお目にかかったところ、その感化を受けて、汾水《ふんすい》（山西省の河）の北まで帰り着くと、ぼうっと天下の政治のことを忘れてしまったという。

原　文

肩吾問於連叔曰、吾聞言於接輿、大而無當、往而不反。吾驚怖其言、猶河漢而無極也。大有逕庭、不近人情焉。

連叔曰、其言謂何哉。

曰、藐姑射之山、有神人居焉。肌膚若冰雪、淖約若處子。不食五穀、吸風飲露、乘雲氣、御飛龍、而遊乎四海之外。其神凝、使物不疵癘、而年穀熟。吾以是狂而不信也。

連叔曰、然。瞽者無以與乎文章之觀、聾者無以與乎鍾鼓之聲。豈唯形骸有聾盲哉。夫知亦有之。是其言也、猶時女也。之人也、之德也、將旁礴萬物以爲一。世蘄乎亂、孰弊弊焉以天下爲事。之人也、物莫之傷。大浸稽天而不溺、大旱金石流土山焦而不熱。是其塵垢粃糠、將猶陶鑄堯舜者也。孰肯以物爲事。

宋人資章甫而適諸越。越人斷髮文身、無所用之。堯治天下之民、平海內之政。往見四子藐姑射之山、汾水之陽、窅然喪其天下焉。

第四章　大きいばかりで役に立たないように見えるけれど

有名な論理学者にして政治家の恵子《けいし》（戦国時代の名家の思想家）が、荘子《そうじ》（戦国時代の思想家、本書の作者）に向かって言った。「魏王《ぎおう》が私に大瓠《おおひさご》の種を贈って下さった。これを播《ま》いたところ大きく育って、五石《ごこく》（約九五リットル）はあろうかという実がなりました。しかし、これに飲み物を注ごうにも、皮質が脆《もろ》くて自身の重さに耐《た》えられない。二つに切り裂いて割《わ》り瓢《ひさご》にしようにも、ぺらぺらで何も容れることができません。でーんと大きいことは大きいのですが、役に立たないので、打ち砕いてしまいましたよ。」

荘子がこれに応じて言った。「君は大きな物を用いるのが本当に下手だね。昔、宋《そう》（国名）の人に手のあかぎれ止めの薬を上手に作る者がおり、一族はそれを用いて代々真綿《まわた》を水でさらすことを生業《なりわい》としていたという。ある時、外国人がこれを聞きつけて、薬の製法を百金（金約二二五キログラム）で買いたいと願い出た。そこで、真綿さらしは一族を集めて相談に及んだ。『わしらは代々真綿さらしをやって来たが、揚がりは数金にすぎなかった。ところが、この度《たび》は一朝の内に薬の製法《わざ》が百金で売れるそうな。この際、一つ売ろうではないか。』外国人はこれを手に入れて、呉《ご》（国名）の王の所に説きに行った。折しも呉では越《えつ》（国名）との間に戦難が起こったので、呉王は彼を将軍に任命して、冬を選んで越軍と水上で戦い、越軍を大敗させた。呉王は土地を割き与えて、彼を領主に取り立てた、とまあ、こういう話だ。あかぎれ防止ができる点では同じだけれども、一方がこれで領主に取り立てられ、他方が真綿さらし業から抜け出せないというのは、これを何に用いるかの用い方が異なるからだね。今、君は五石の瓠《ひさご》を持っている。どうしてこれで大きな酒樽《さかだる》でも作って、大川《たいせん》・広湖《こうこ》に浮かんで遊ぼうとは考えずに、ぺらぺらで何も容れることができない、などと愚痴をこぼすのだね。してみると、君にも小さくいじけた蓬《よもぎ》の心があるのかな。」

原　文

惠子謂莊子曰、魏王貽我大瓠之種。我樹之成、而實五石。以盛水漿、其堅不能自擧也。剖之以爲瓢、則瓠落無所容。非不呺然大也、吾爲其無用而掊之。

莊子曰、夫子固拙於用大矣。宋人有善爲不龜手之藥者、世世以洴澼絖爲事。客聞之、請買其方百金。聚族而謀曰、我世世爲洴澼絖、不過數金。今一朝而鬻技百金、請與之。客得之、以說吳王。越有難、吳王使之將、冬與越人水戰、大敗越人。裂地而封之。能不龜手一也、或以封、或不免於洴澼絖、則所用之異也。今子有五石之瓠、何不慮以爲大樽而浮乎江湖、而憂其瓠落無所容。則夫子猶有蓬之心也夫。

第五章　虚無の村里、実在の荒野でぶらぶらと無為に過ごせば

恵子《けいし》（戦国時代の名家の思想家）が荘子《そうじ》（戦国時代の思想家、本書の作者）に向かって、「私の所に大木があって、人々はこれを樗《にわうるし》と呼んでいる。太い根本《ねもと》は節《ふし》くれ立って墨縄《すみなわ》の当てようがなく、小枝《こえだ》はかがまってコンパス・定規《じょうぎ》にかからない。道端《みちばた》に立っているのだが、通りかかる大工《だいく》は振り向きもしない。さて、あなたの学説だが、大きいばかりで役に立たず、大衆の誰一人《だれひとり》として振り向かない代物《しろもの》ですな。」

荘子が応じて、「君もきっと狸狌《やまねこ》を見たことがあるだろう。地に伏せて低く身構え、出歩く獲物《えもの》を窺《うかが》い、それを追って東に西に跳《は》ね回り、木の上、穴の下を物ともしないが、最後は罠《わな》にはまるか、網にかかって死んでしまう。ところが、あの犛牛《からうし》は、大きさが天空《てんくう》深く垂れこめた雲のよう。これにできる能と言えば、ただ大きいだけで、鼠一匹《ねずみいっぴき》も取るではない。ところで、君はそんな大木を持ちながら、役に立たないと悩んでいる。万物の根源たる虚無の村里《むらざと》、果てしなく広がる実在の荒野《こうや》にこれを植えて、その傍《かたわ》らでぶらぶらと無為に過ごし、その下でゆうゆうと昼寝でもされてはどうだろう。斧《おの》・斤《まさかり》で伐られもせず、凶害を加える物もないのだから、いかに役立たずであっても、何の困ることもあるまい。」

原文

恵子謂荘子曰、吾有大樹、人謂之樗。其大本擁腫而不中縄墨、其小枝巻曲而不中規矩。立之塗、匠者不顧。今子之言、大而無用、衆所同去也。

荘子曰、子獨不見狸狌乎。卑身而伏、以候敖者、東西跳梁、不避高下、中於機辟、死於罔罟。今夫斄牛、其大若垂天之雲。此能爲大矣、而不能執鼠。今子有大樹、患其無用。何不樹之於無何有之郷、廣莫之野、彷徨乎無爲其側、逍遙乎寢臥其下。不夭斤斧、物無害者。無所可用、安所困苦哉。

解説

「逍遥」は、唐代の陸徳明『経典釈文』は「逍、音銷、亦作消。遥、如字、亦作揺。」と言っていた。これに基づいて郭慶藩『荘子集釈』・朱桂曜『荘子内篇証補』・馬叙倫『荘子義証』は、もと「消揺」に作っていたと唱える。しかし、畳韻の連緜詞であるので色々に表記されるのであろう（王念孫『広雅疏証』を参照）。その意味については、向秀・郭象の説、それを批判した支道林の説（劉義慶『世説新語』文学篇・劉孝標注を参照）、成玄英『南華真経疏』序の紹介する三釈（顧桐柏・支道林・王穆夜の説）などの六朝時代の解釈から始まって、今日に至るまで夥《おびただ》しい数の解釈が存在している。筆者の考えでは、『釈文』の「逍遥者、篇名、義取間放不拘、怡適自得。」でよいが、蔣錫昌『荘子哲学』の「逍遥二字、与彷徨互文同誼、乃無為間適往来自由之貌、所以形容遊字者也。」が優れている。また、林希逸『荘子鬳斎口義』の「言優游自在也」、羅勉道『南華真経循本』の「神遊寥廓、無所拘礙、是謂逍遥遊。」、陸樹芝『荘子雪』の「徜徉自得、高遠而無拘束也。」も悪くないと思う。「遊」は、『釈文』の「如字」でよい。『釈文』によれば「游」に作るテキストもあった。なお、「逍遥」は本篇第五章から、「遊」は第一章・第三章から、それぞれ採って篇題としたのであろう（前漢末期の『荘子』編纂時のこと）。

「北冥《ほくめい》に魚有り、其の名を鯤《こん》と為す。」に始まる第一章は、人間の真に偉大な生き方が、時間と空間に縛られた「物」としての存在様式の中になく、「万物」をその根底においてコントロールすることを通じて「物」であることから超出した、自由・独立の境地にあることを説く。その章末の「至人《しじん》は己《おのれ》無く、神人《しんじん》は功《こう》無く、聖人《せいじん》は名無し。」は、本書編纂時の加筆であろうけれども、以下これに沿って、「名無き」聖人の許由を描いた第二章、「功無き」藐《は》姑射山《こや》の神人を描いた第三章を配し、終わりに最も優れた「己無き」至人の荘子を描いた第四章・第五章を置いて結びとする。各章の成立は、比較的早いものが多く、戦国後期〜前漢初期に収まると考えられる。

「遊」の思想は、斉同なる万物への沈潜から転じ始めた斉物論篇第三章の齧欠・王倪問答（紀元前三世紀初めの成立）あたりに萌芽し、やがて「無用の用」・養生思想などとも結びついて、道家の中心思想の一つとなっていった。

斉物論《せいぶつろん》 第二

総説

本篇の第一章は、中国古代における道家の思想の歴史的展開の開幕を告げる、モニュメンタルな問答である。この問答は、『荘子』を始めとする道家の諸文献の中で最も早く成立し、したがって、その最も重要な文章の一つである。同時にまた、道家の諸文献の中で、いやそれどころか中国古代のあらゆる文献の中で、最も難解な思想の表現である。本篇本章の思想内容を理解することができたならば、『荘子』の諸思想、さらには道家の諸思想は、その過半を理解できたと言っても言い過ぎではないほどである。「道」は、中国古代の道家にとって最重要のものである。その「道」が「一」であり、また結局は「無」であり、人間の知恵によっては決して把えられない何ものかであるという、この学派にとっての根本テーゼは、ここに始めて定立されたわけであるが、これを継承した後代の諸文章とは異なって、ここには右のテーゼの内容や成立の根拠が、一切の手練《てだ》れた既存の予備知識なしに、極めて明瞭に論じられている点が注目される。

これを直接の起源として、道家の諸思想は、以後多方面に展開していく。――例えば、根源の実在「道」を中心にすえた形而上学・存在論、「一」の「無」から「多」の「有」の形成を述べる宇宙生成論、「万物」の法則・質料因としての「気」を論ずる自然論、太初の「混沌」からの人間の知恵による堕落を説く退歩史観、アナキスティックな「至徳《しとく》の世」に戻ろうと訴えるユートピア思想、等々。このような意味において、本篇は、まことに実り豊かな起源だったのである。

第一章　一なる無へ深く沈潜していく

南郭子綦《なんかくしき》（架空の哲学者）は、脇息《おしまづき》にもたれて坐っていた。天を仰《あお》いで静かな息を吐《は》いていた。とろりとして身体と精神の両者を失ったかのようであった。

弟子の顔成子游《がんせいしゆう》が、前に立ち控《ひか》えていてたずねた。「一体どうされたのですか。身体は本当に枯れ木のようにすることができ、精神は本当に死《し》に灰《ばい》のようにすることができるのでしょうか。今日、脇息《おしまづき》にもたれる坐り方は、以前と違っていらっしゃいますが。」

子綦《しき》、「偃《えん》（顔成子游の名）よ、大変結構だね、君の質問は。今、私は我を失っていたのだが、君にそこまでは分かるまい。ところで、君は人籟《じんらい》（人間の吹く簫《しょう》の音）を聞いたことがあっても、地籟《ちらい》（大地の吹く簫の音）を聞いたことはあるまい。たとえ地籟を聞いたことがあったとしても、よもや天籟《てんらい》（天の吹く簫の音）を聞いたことはあるまいな。」

子游《しゆう》、「どうか、その道をお教え下さい。」

子綦、「そもそも大地の吐き出すおくび、これを名づけて風と言う。この風が一旦吹き起こるとなると、大地に開いた無数の竅穴《あな》が一斉《いっせい》に叫び始める。君もきっと、びゅうびゅうという唸《うな》り声を聞いたことがあるだろう。山林の高低のうねりが作り出す隈《くま》や、百抱《ひゃくかか》えの大木にできた虚《うろ》穴などの形は、人間の鼻に似ており、口に似ており、耳に似ている。あるいは、枡形《ますがた》に似、曲げ物に似、臼《うす》に似ている。また、大池に似たものもあれば、小池に似たものもある。風がこれらの竅穴《あな》に吹きつけて、さまざまな音を奏でると、ばしゃと水の石走《いわばし》る音があり、ぴゅうと鏑矢《かぶらや》の唸《うな》りがあり、しっと叱《しか》る声があり、ひゅうと息を吸いこむ音があり、きゃあと叫ぶ声があり、わあと泣き叫ぶ大声があり、ぼうと深くこもった音があり、ちゅっと哀しい小鳥の鳴き声がある。前の竅穴《あな》がおうと鳴りかければ、後の竅穴《あな》がぐうと返す。竅穴《あな》どもは、微風にはピアノで応じ、疾風にはフォルテで応ずるが、やがて烈風も静まれば、もとの虚《うつろ》に返っていく。君もきっと、山林や大木が残《のこ》んの風でざわざわと揺らぎ、さわさわとそよぐのを見たことがあるだろう。」

子游、「地籟は、大地の風が竅穴《あな》どもに吹きつけて出す音声であるにすぎず、人籟は、人間が竹を並べて作った簫《しょう》を奏でる楽曲であるにすぎません。どうか天籟についてお教え下さい。」

子綦はこれに答えて言うのであった。「そもそも大地と人間の吹き出す音声は、無数に異なるけれども、何者かがそれらに自《みず》ら音声を出させており、そのために、大地も人間も全て自《みず》ら主体的にあれこれの音声を選び取っているのだ。そのように仕向《しむ》けているのは、一体誰であろうか。

原　文

南郭子綦隱几而坐、仰天而噓。嗒焉似喪其耦。

顏成子游立侍乎前曰、何居乎。形固可使如槁木、而心固可使如死灰乎。今之隱几者、非昔之隱几者也。

子綦曰、偃、不亦善乎、而問之也。今者吾喪我。汝知之乎。女聞人籟而未聞地籟、女聞地籟而未聞天籟夫。

子游曰、敢問其方。

子綦曰、夫大塊噫氣、其名爲風。是唯无作、作則萬竅怒呺。而獨不聞之翏翏乎。山林之畏佳、大木百圍之竅穴、似鼻、似口、似耳。似枅、似圈、似臼。似洼者、似汚者。激者、謞者、叱者、吸者、叫者、譹者、宎者、咬者。前者唱于、而隨者唱喁。泠風則小和、飄風則大和。厲風濟、則衆竅爲虛。而獨不見之調調、之刁刁乎。

子游曰、地籟則衆竅是已。人籟則比竹是已。敢問天籟。

子綦曰、夫吹萬不同、而使其自己也、咸其自取。怒者其誰邪。

さて、人間の主体性の原因である知と言について述べれば、大きな知はゆうゆう、小さな知はこそこそであり、大きな言はぺらぺら、小さな言はくどくどである。人間という存在は、寝ては霊魂が事物と絡《から》みあい、覚めては身体が外界を待ち設けるので、互いに他者と触れあって関係を取り結び、日々精神を働かせて闘争しあう。その場合、身体と精神の働き方は、ゆったりと大らかなタイプもあれば、鋭く穿《うが》つタイプもあり、また密《ひそ》かで慎《つつ》ましいタイプもある。しかし、最後に行き着くのは、小さな恐れはびくびく、大きな恐れはふらふら、のいずれかである。

人間の一生を考えてみると、仕掛け弓のように敏活であるとは、世の是非・善悪を決めてやろうと意気ごむ青年期のありさまを言う。神々に盟《ちか》いでも立てたかのように頑固になるとは、人生における獲得物を保守しようとする壮年期の心境を言う。物みな枯れる秋冬のように衰えるとは、日々の衰弱が始まる中年期の様子を言う。衰弱が蓄積した果ての老年期には、最早《もはや》もとに戻《もど》すことはできないのである。封緘《ふうかん》でもしたかのように身体・精神の働きが停止するとは、老いさらばえた結果を言う。そして、死に近づいた臨終期の精神は、もう二度と蘇《よみがえ》らせる手段《すべ》はないのだ。

また、人間の感情や態度というものは、喜び・怒り・哀しみ・楽しみ、慮《はか》り・嘆き・心変わり・頑《かたく》な、軽はずみ・気まま・あけすけ・取り繕《つくろ》い、等々の種々さまざまが、あたかも楽《がく》の音《ね》が簫《しょう》の虚穴《うつろ》から生まれ、蒸《む》せた気が茸《きのこ》になるように、日に夜に前の状態と交替しあっている。だが、人間のこうした窮まりない変転がどこから萌《きざ》したのか、その根源を知る者はいない。もう止めだ、止めだ。それは昨日の今日といった短時では、到底《とうてい》把えられはしないのだ。

原　文

大知閑閑、小知閒閒。大言炎炎、小言詹詹。其寐也魂交、其覺也形開、與接爲構、日以心鬭。縵者、窖者、密者。小恐惴惴、大恐縵縵。其發若機栝、其司是非之謂也。其留如詛盟、其守勝之謂也。其殺如秋冬、以言其日消也。其溺之所爲之、不可使復之也。其厭也如緘、以言其老洫也。近死之心、莫使復陽也。喜怒哀樂、慮嘆變慹、姚佚啓態。樂出虚、蒸成菌、日夜相代乎前、而莫知其所萌。已乎、已乎。旦暮得此其所由以生乎。

以上の問題提起に対して、名家の思想家たちが答えている。『世界が存在するからこそ我もあり、我が存在するからこそあれこれの状況を選取するのだ。』という自我主宰説は、真理に近いことは近い。しかしこの説は、我をしてあれこれの状況を選取させている根源者の実在を理解していない。真宰《しんさい》（真の主宰者《しゅさいしゃ》）は存在するようであるが、その現れは一向に把えられない。それが作用しているのは甚だ確実であるけれども、姿形《すがたかたち》は見えない。つまり、存在と作用の事実はあるが、形姿《けいし》はないということだ。

そのような真宰を求めて、身体主宰説を検討してみよう。人間の身体には、百の骨節、九つの穴、六つの内臓など、色々の器官が具わっている。第一に、私は、これらの内のどれを最も大切であると考えようか。君は、全てを一様に大切だと考えて、主宰者の存在を認めないのだろうね。第二に、反対に、依怙《えこ》贔屓《ひいき》して大切だと考える主宰の器官が、時に応じてあるのかもしれない。この場合、全ての器官が臣妾《しんしょう》の地位に就《つ》いて、被宰者となることがあるのだろうね。しかし、臣妾の器官だけでは、互いに主宰するには不十分でなかろうか。第三に、互いに交替しあって、君主となり臣下となっているのであろう。しかし、そこには、そのようにさせている真君《しんくん》（真の君主）が存在するはずだ。真君の実際を求めてそれを把握しているか否かは、その存在の真実性を増減できるものではない。

一度《ひとたび》人間として形成された身体を受け取ると、すぐに死亡することはないまでも、段々と尽き果てていく。他者と押しあい圧《へ》しあい、次第に朽ち果てていく勢いは、あたかも馬車馬を走らせるかのようで、誰もそれを止めることはできない。何とも悲しいことだ。身を終えるまでこつこつと勤めながら、ついに成功を見ることもない。ぐったりと働き疲れて、行き着く先も分からない。哀しまないでいられようか。この身体を不死だと主張して、それに真宰を充てる思想家もいるが、何の益もない議論である。この思想家の身体が死ねば、彼の精神も一緒に死に絶えるのだ。大きな哀しみと言わずにいられようか。人間が生きるとは、まことにこのような暗闇の中にいることなのか。それとも私だけが暗闇の中で、暗闇から抜け出した人もいるのだろうか。

真宰は、人間の精神の中に求められるかもしれない。一体、身体の誕生とともに形成された精神を先生として、これを真宰に充てるならば、人間は誰でも自分の内に真宰を持っていることになる。しかし、状態の疎《うと》ましい交替をちゃんと知っていながら、精神が自《みずか》らそれを選び取っている、などということがあるだろうか。あるとすれば、真宰ではなく、愚か者の精神に他ならない。次に、あれこれの人間の精神にまだ形成されていない、普遍的精神を真宰としてみると、それが行う是非の判断は、例えば、（恵施《けいし》の有名な）『今日《きょう》、越《えつ》（南方の国名）に旅立って昨日《きのう》着いた。』といった、時空を無視した詭辯《きべん》となるだろう。ありもしない普遍的精神などを、あると見なしたからだ。ありもしないものをあるとするのは、神《かみ》のような知恵者の禹《う》（夏王朝《かおうちょう》の創始者）でも、まず理解できるはずがない。一体、私などにどうすることができようか。

原　文

非彼無我、非我無所取。是亦近矣、而不知其所爲使。若有眞宰、而特不得其眹。可行已信、而不見其形。有情而無形。

百骸九竅六藏、賅而存焉。吾誰與爲親、汝皆說之乎。其有私焉。如是皆有爲臣妾乎、其臣妾不足以相治乎。其遞相爲君臣乎、其有眞君存焉。如求得其情與不得、無益損乎其眞。

一受其成形、不亡以待盡。與物相刃相靡、其行盡如馳、而莫之能止。不亦悲乎。終身役役、而不見其成功。苶然疲役、而不知其所歸。可不哀邪。人謂之不死、奚益。其形化、其心與之然。可不謂大哀乎。人之生也、固若是芒乎。其我獨芒、而人亦有不芒者乎。

夫隨其成心而師之、誰獨且無師乎。奚必知代而心自取者有之。愚者與有焉。未成乎心而有是非、是今日適越而昔至也。是以無有爲有。無有爲有、雖有神禹、且不能知。吾獨且奈何哉。

かくして、私は真の主宰者《しゅさいしゃ》を、いわゆる道の中に求めることにしたいと思う。そもそも言葉というものは、あの人籟《じんらい》や地籟《ちらい》の吹き出す音声とは異なって、言う人がいて彼が言葉を言うという現象である。ところが、同じ言葉でもって言う対象が人によってまちまちであるために、全然一定していないとするならば、果たして人間の言葉が存在しているのだろうか。それとも全然存在していないのだろうか。それは雛鳥《ひなどり》の鳴き声とは違うと考えられているが、やはり違うのだろうか、それとも違わないのだろうか。

思想界においては、真の道が何かに隠《かく》されたためにその真偽《しんぎ》の対立が生まれているが、何に隠されたのだろうか。道を内容とする真の言葉が何かに隠《かく》されたためにその是非《ぜひ》の論争が生まれているが、何に隠されたのだろうか。真の道は、本来どこへ行っても存在するはずだし、真の言葉は、どこに存在しても可《よ》いはずだ。察するに、真の道は小さく成就された道の蔭《かげ》に隠され、真の言葉は浮ついた華々しい言葉の蔭に隠されてしまったのである。

そのために、儒家《じゅか》と墨家《ぼっか》の是非《ぜひ》の論争が生まれている。彼らは、自学派の是非で他学派の非《ひ》とするものを是《ぜ》とし、他学派の是とするものを非として、論争を続けている。彼らの非とするものを是とし、彼らの是とするものを非として、全てひっくり返そうと思うならば、それには明知を用いるのが最上である。

是と非という価値を撥無《はつむ》すると、そこには価値なき世界、彼《あれ》と是《これ》の区別だけを認める事実の世界が切り開かれる。あらゆる物は彼《あれ》と呼びうるし、あらゆる物はまた是《これ》とも呼びうる。彼《あれ》の立場からは見えない物であっても、その物自身の立場に立てば知ることができて、それは是《これ》と呼ばれる。したがって、両者の関係は、『彼《あれ》という判断は是《これ》が存在することから発生し、是《これ》という判断も彼《あれ》があることに因《よ》って存在する。』となる。彼是方《かれこれなら》びに生ずるの説（彼《あれ》と是《これ》が相互に規定しあって同時に発生するという学説）である。しかしながら、この学説に従うならば、生があると同時に死があり、死があると同時に生があり、また可《か》があると同時に不可《ふか》があり、不可があると同時に可があり、さらに是《ぜ》があるのに因《よ》って非《ひ》があり、非があるのに因《よ》って是がある、というように、再び是非の論争に戻ってしまうであろう。こういうわけで、理想的人物たる聖人は、この学説に従わず、これを天（物それ自体）の明るみに照らし出す。なぜなら、これもまた、これを正しいと認める自己の内なる是《ぜ》に因《よ》って打ち出した学説だからである。

さらに、主観の立場の取り方によって、是《これ》という判断はまた彼《あれ》という判断でもあり、逆に彼《あれ》はまた是《これ》でもある。その上、彼《あ》の儒家と墨家も一つの是非であるが、此《こ》の彼是方《かれこれなら》びに生ずるの説も一つの是非なのである。相互規定的な事実関係としての彼《あれ》と是《これ》は、果たして一体存在するのであろうか。果たして一体存在しないのであろうか。ここに、彼《あれ》という判断と是《これ》という判断がペアーを組まず、彼《あれ》は彼《あれ》として是《これ》は是《これ》として、個別的に存在すると見る学説が生まれる。この学説は道枢《みちのとぼそ》と呼ばれている。だが、道枢《みちのとぼそ》を抱いてありとあらゆる判断の環の真っただ中にポジションを占めるにしても、私は無限の個別的な判断に応じなければならない。是《ぜ》の価値判断も無限の一つであり、非《ひ》の価値判断も無限の一つである。したがって、この道枢《みちのとぼそ》学説に対処するにも、『明知を用いるのが最上。』なのだ。

以上の道枢《みちのとぼそ》学説の根拠は矛盾律であるが、それを批判的に検討しよう。さて、指《ゆび》という物に自己の立場を取って、指《ゆび》が指《ゆび》でないことを証明するのは、指《ゆび》でない物の一つに自己の立場を取って、指《ゆび》が指《ゆび》でないことを証明するのに及ばない。馬《うま》という物に自己の立場を取って、馬《うま》が馬《うま》でないことを証明するのは、馬《うま》でない物の一つに自己の立場を取って、馬《うま》が馬《うま》でないことを証明するのに及ばない。こうして、指《ゆび》が指《ゆび》でないことの正しさが証明され、馬《うま》が馬《うま》でないことの正しさが証明された結果、天地という全体世界は一つの指であり、万物という全体世界は一つの馬である、という万物斉同《ばんぶつせいどう》に達するのである。

そもそも道路というものが、人間がそこを通ることによって道路となるように、個々の物という存在も、人間が然《それ》であると謂《い》うことによって判断された然《それ》の事実となる。それでは一体、主観は何を然《それ》であると謂うのであろうか。然《それ》と思うものを然《それ》と謂うのである。何を不然《それでない》と謂うのであろうか。不然《それでない》と思うものを不然《それでない》と謂うのだ。何を可《よい》と謂うのであろうか。可《よい》と思うものを可《よい》と謂う。何を不可《よくない》と謂うのであろうか。不可《よくない》と思うものを不可《よくない》と謂う。そうだとすれば、個別的な物の中には本来然《それ》と認められる性質が具わっており、本来可《よい》と認められる性質が具わっていることになる。のみならず、いかなる物も然《それ》でないものはなく、いかなる物も可《よい》でないものはないのだ。

原文

夫言非吹也、言者有言。其所言者、特未定也、果有言邪、其未嘗有言邪。其以爲異於鷇音、亦有辯乎、其無辯乎。

道惡乎隱而有眞僞、言惡乎隱而有是非。道惡乎往而不存、言惡乎存而不可。道隱於小成、言隱於榮華。

故有儒墨之是非、以是其所非、而非其所是。欲是其所非、而非其所是、則莫若以明。

物無非彼、物無非是。自彼則不見、自知則知之。故曰、彼出於是、是亦因彼。彼是方生之說也。雖然、方生方死、方死方生、方可方不可、方不可方可、因是因非、因非因是。是以聖人不由、而照之于天。亦因是也。

是亦彼也、彼亦是也。彼亦一是非、此亦一是非。果且有彼是乎哉、果且無彼是乎哉。彼是莫得其偶、謂之道樞。樞始得其環中、以應無窮。是亦一無窮、非亦一無窮也。故曰、莫若以明。以指喩指之非指、不若以非指喩指之非指也。以馬喩馬之非馬、不若以非馬喩馬之非馬也。天地一指也、萬物一馬也。

道行之而成、物謂之而然。惡乎然、然於然。惡乎不然、不然於不然。〔惡乎可、可乎可。惡乎不可、不可乎不可。〕物固有所然、物固有所可。無物不然、無物不可。

こういうわけで、小さな草の茎《くき》と大きな屋柱《だいこくばしら》の相異、ハンセン氏病患者と美人の西施《せいし》の相異などを含めて、訝《いぶか》しくも不思議にも、道は全てを通じて斉同《せいどう》（一つ）にしている。物が分解するとは成立することであり、成立するとは毀壊《きかい》することである。一切の万物には成立も毀壊もないが、真宰《しんさい》たる道こそが全てを通じて斉同にしているのである。

道が万物を通じて斉同にしていることを知っているのは、ただ道に到達した者だけである。彼はそれ故に、この万物斉同の思想をも用いず、この思想を世界のあるがままの姿の中に放り出す。世界があるがままにあることは、この思想を真に用いていることであり、この思想を用いていることは、彼が世界の万物に通じていることであり、万物に通じていることは、その真実態を把えていることである。このように、万物斉同を無意識の内に把えるならば、それでもう完全だ。何となれば、万物斉同の思想も、これを正しいとする内なる是《ぜ》に因《よ》って構築したものだからである。実際に万物斉同を把えていながら、そのことに無意識である状態、これをしも道と謂《い》うのだ。

精神を働かせて世界が斉同であると考えても、実際には斉同を理解できていないことを朝《ちょう》三《さん》と謂う。朝三《ちょうさん》とはどういうことか。――『ある狙使《さるつか》いの親方が芧《とち》の実《み》を与えようとして、〝朝は三つで暮は四つにするぞ。〟これを聞いて、狙たちはみな怒った。狙使《さるつか》いの親方、〝それでは、朝は四つで暮は三つにしよう。〟すると、狙たちはみな喜んだ。』合計七つという約束の名《な》にも、与えられた実《じつ》にも、欠けた点はなかったにもかかわらず、喜怒の感情が作用してしまった。それは、狙たちが朝四つ暮三つが是《ぜ》だとする、目先の価値判断に因ったからである。そこで聖人は、この万物斉同の思想にも含まれる是と非を融和して、天鈞《てんきん》（自然の均斉化作用）の中に休息する。このことを、この思想を撥無した聖人と、それにより定立された斉同の世界の両者をともに生かすこと、と謂うのである。

原　文

故爲是擧莛與楹、厲與西施、恢恑憰怪、道通爲一。其分也成也、其成也毀也。凡物無成與毀、復通爲一。
唯達者知通爲一、爲是不用、而寓諸庸。庸也者用也、用也者通也、通也者得也。適得而幾矣。因是已。已而不知其然、謂之道。
勞神明爲一、而不知其同也、謂之朝三。何謂朝三。曰、狙公賦芧曰、朝三而莫四。衆狙皆怒。曰、然則朝四而莫三。衆狙皆悅。名實未虧、而喜怒爲用。亦因是也。是以聖人和之以是非、而休乎天鈞。是之謂兩行。

ここで、今まで進めてきた思索の中間的総括をしておこう。上古《じょうこ》の人は、知がある究境《きゅうきょう》に到達していた。その到達していた境地とは、根源において、物は存在しないと考える境地である。それは究境に達しており、あらん限りを尽くしていて、最早《もはや》何も追加することのできない、最高ランクの知である。

次のランクは、物は存在するけれども、根源において、封《ほう》（彼《あれ》と是《これ》の区別）は存在しないと考える知である。

さらに次のランクは、封《ほう》（彼是《あれこれ》の事実）は存在するけれども、根源において、是非《ぜひ》（価値の区別）は存在しないと考える知である。

一層下って、是非《ぜひ》の価値が姿を彰《あきら》かに現すと、それは道が虧《そこ》なわれる原因となった。これは最早《もはや》知と認めることのできないものである。

最後に、この道が虧《そこ》なわれる是非《ぜひ》がそのまま原因となって、自己の小成《しょうせい》や栄華《えいか》への愛好などの感情が形成されたのである。そして、今まで進めてきた思索とは、最後の感情判断の批判から出発して、最高ランクの知に向かっていく、段階的な前進のプロセスであった。

原　文

古之人、其知有所至矣。悪乎至。有以爲未始有物者。至矣、盡矣。不可以加矣。
其次以爲有物矣、而未始有封也。
其次以爲有封焉、而未始有是非也。
是非之彰也、道之所以虧也。
道之所以虧、愛之所以成。

上述した中間的総括を逆に遡行して、『道を成し遂げ、愛を虧《そこ》なう』ことは果たしてできるのであろうか、それとも本当にはできないのであろうか。

確かに『道を成し遂げ、愛を虧《そこ》なう』ことはできる、だからこそ、昭氏《しょうし》（昭文《しょうぶん》、古代の琴の名手）は琴を演奏したのだ。『道を成し遂げ、愛を虧《そこ》なう』ことができなければ、昭氏《しょうし》は琴を演奏しなかったはずである。昭文《しょうぶん》の琴の演奏と、師曠《しこう》（春秋時代の晋《しん》の楽官長）の琴柱《ことじ》を立てて行う音の調節《チューニング》と、恵子《けいし》（戦国時代の名家の思想家）の梧桐《あおぎり》の脇息《おしまづき》にもたれて行う辯論《べんろん》の場合、三先生の知はもう完全だ。いずれも道を成し遂げた人たちである。それで、彼らの道の成就は後世にまで書き伝えられたのである。

ただ彼らは、自己の道を愛好したばかりに、あの真の道から遠ざかってしまった。彼らがこれを愛好するに至ったのは、その道を正しいものとして明らかにしたいと欲したからである。あの道は明らかにすべきものではないのに、明らかにしようとした。だから、彼らは意に反して堅白論《けんぱくろん》（堅さと白さの概念分析）の暗闇《くらやみ》に陥《おちい》って終わったし、恵子の子供たちも昭文《ぶん》レベルで終わってしまい、結局のところ一生かけても道を成就することはできなかったのである。このようなものを、道の成就と謂《い》ってよいとすれば、私でもすでに成就している。このようなものは、道の成就と謂《い》うわけにはいくまい、とすれば、私も他の人々も道を成就することはできないのだ。

こういう次第で、正しいとして明らかにすることの撥無《はつむ》を通じた、乱れた疑わしさの彼方《かなた》に現れる光耀《こうよう》こそが、聖人の目指すものである。そのために、聖人は、道を成就しうるとする三先生の知をも用いず、この知を世界のあるがままの姿の中に放り出す。これこそが今まで述べてきた、明知を用いることの真の内容なのである。

原　文

果且有成與虧乎哉、果且無成與虧乎哉。

有成與虧、故昭氏之鼓琴也。無成與虧、故昭氏之不鼓琴也。昭文之鼓琴也、師曠之枝策也、恵子之據梧也、三子之知幾乎。皆其盛者也、故載之末年。

唯其好之也、以異於彼。其好之也、欲以明之。彼非所明而明之、故以堅白之昧終。而其子又以文之綸終、終身無成。若是而可謂成乎、雖我亦成也。若是而不可謂成乎、物與我無成也。
是故滑疑之耀、聖人之所圖也。爲是不用、而寓諸庸。此之謂以明。

こうして、いよいよ上古の人の最高ランクの知へと飛躍していく運びとなった。仮りにここで、言葉であることを表現してみよう。これは先に到達した、乱れた疑わしさの彼方《かなた》の光《こう》耀《よう》と同類であるのか、同類でないのか、私には分からない。同類と見なすのも同類でないと見なすのも、互いに同類の思考であるから、今までずっと批判してきた、あの諸見解と異ならないに違いない。しかしながら、どうか試みに、一つ言わせてもらいたい。

一体、物には根源というものが有る。この『根源』がまだなかった、これ以前の根源というものが有る。また、その『この〝根源〟がまだなかった、これ以前の根源』もまだなかった、それ以前の根源というものが有る。そしてさらに、……の根源というものも有る、であろう。斉同世《せいどうせ》界《かい》の有の根源遡《こんげんそ》及《きゅう》には、このようなどこまで行っても悪無《あくむ》限《げん》する有の根源遡及ではなく、もっと別のやり方を考えなければならない。そもそも有というものが有る。その根源としての無というものが有る。また、この『無』がまだなかった、これ以前の根源としてより純粋の無というものが有る。また、その『この〝無〟がまだなかった、これ以前の根源としてより純粋の無』もまだなかった、それ以前の根源として一層純粋の無というものも有る、であろう。けれども最後に突如《とつじょ》として、……一層純粋の無というものが有る。そしてさらに、無限の徹底した無の否定の彼方に現れてくる、真に純粋の無というものが有るに違いない。

　しかし、こうして有ることになった斉同世界としての真の無が、果たしてまだ有であるのか、それとも果たして真の無であるのか、私には分からない。それに、私は今すでに斉同世界の無という判断（謂《い》う）を持ったのであるが、しかしながら、私の判断した内容が本当に依然として判断に止《とど》まるのか、それとも最早《もはや》判断ではなく斉同世界の無という実在であるのか、それも私には分からない。

　これによって、無である斉同世界の真実態を描き直すことができる。天下に秋の獣《けもの》の毛先《けさき》よりも大きなものはなく、泰山《たいざん》（斉《せい》の名山）は小さい。若死にした子供よりも長寿の者はおらず、彭祖《ほうそ》（七、八百歳の長寿者）は夭逝した。と、このように大小・寿夭の差異を無視することができる。天地と私とは一緒になって存在しており、万物と私とは一つ（斉同）になっているのだ。

　この真に根源的な無の世界は、確かにすでに一つ（斉同）である。とすれば、それをそうだと表現（言う）することができようか。とはいうものの、確かにすでに一つ（斉同）であると判断（謂う）したのだから、それをそうだと表現（言う）しないわけにはいくまい。そうすると、実在の斉同世界（一）は、表現の斉同世界（言）とで合わせて二つとなってしまう。この二つというのも私の表現であるから、表現された二つが、実在の斉同世界（一）とで合わせて三つとなってしまう。また、同様に……という風に、これより先は、いかに優れた計算の名人であっても、数えることができない多数を将来してしまう。まして凡人の場合はなおさら、斉同世界（一）の定立に失敗してしまうのである。

こういうわけで、私は無に止《とど》まらずそれを表現することを通じて有へと向かって適《ゆ》き、それでそのまま三にまで適《い》ったのであった。まして『物が有る』とする万物斉同（一）を出発点に取り、それを表現することを通じて多の有に向かって適《ゆ》くならば、斉同世界の定立などは到底《とうてい》期待すべくもないのである。したがって、斉同世界の定立に成功するためにこの無に止《とど》まって、ここから有へと向かって適《ゆ》くことを止《や》めよう。なぜなら、私のこの無の斉同世界も、我が内なる正しさ（是《ぜ》）に因《よ》って打ち出した思想に他ならないからである。」

原文

今且有言於此。不知其與是類乎、其與是不類乎。類與不類、相與爲類、則與彼無以異矣。雖然、請嘗言之。

有始也者。有未始有始也者。有未始有夫未始有始也者。有有也者。有無也者。有未始有無也者。有未始有夫未始有無也者。俄而有無矣。

而未知有無之果孰有孰無也。今我則已有謂矣。而未知吾所謂之其果有謂乎、其果無謂乎。

天下莫大於秋豪之末、而大山爲小。莫壽乎殤子、而彭祖爲夭。天地與我竝生、而萬物與我爲一。

既已爲一矣、且得有言乎。既已謂之一矣、且得無言乎。一與言爲二、二與一爲三。自此以往、巧歴不能得。而況其凡乎。

故自無適有、以至於三。而況自有適有乎。無適焉。因是已。

第二章　不言の辯こそ真の辯、不道の道こそ真の道

一体、道は、もともと区別される事実を含んでいないし、言葉は、もともと一定の指す対象を有していない。そこで、人間の実際生活のために、事物の区別が生まれたのである。それを言わせてもらえば、――左と右の相反、親疎《しんそ》と貴賤《きせん》の相異、本分と地位の差別、競合と闘争の区別である。これを人間の八つの能力と言う。

この世の外（形而上《けいじじょう》の世界）のことは、聖人《せいじん》はそのままにしておいて、筋道立てて論じない。この世の内（形而下《けいじか》の世界）のことは、聖人は筋道立てて論ずるが、是非《ぜひ》をあげつらわない。『春秋《しゅんじゅう》』に見える諸侯の政治や、先王《せんのう》たちの事跡については、聖人は是非《ぜひ》をあげつらうが、功罪を決めつけはしない。だから、人間の区別する能力には区別できないものがあり、差別する能力には差別できないものがあるのだ。なぜかと言えば、以上のことを聖人は心中に蔵《おさ》めておくが、大衆は功罪を取り裁《さば》き、それを互いに見せびらかすからである。そこで言う、「差別するのでは、大切なもの（道）は見えてこない。」

そもそも、大いなる道は言い表すことができず、大いなる辯論《べんろん》は黙して言わず、大いなる仁愛《じんあい》はせせこましい仁徳ではなく、大いなる廉直《れんちょく》は小さな廉潔ではなく、大いなる勇猛は他人を害さない。反対に、道は明らかにすると道でなくなり、言葉は差別に用いられると物を把えられず、仁愛は特定の者だけに注がれると成就せず、廉直は潔癖であると嘘になり、勇

ような ものである。

猛は他人を害すると成立しない。以上の五つは、丸を画こうとしながら、四角を作っている

ようなものである。

したがって、知というものは、それ以上知ることのできない限界で止《とど》まるのが、最上である。誰か、もの言わずなされる大いなる辯、道だと言って明《あき》らめない大いなる道を、知っている者はいないだろうか。もしこれを知ることができたなら、その境地を天の宝庫と言う。いくら注ぎこんでも一杯にならず、いくら汲み出しても枯れることがない。その上、どうしてそうなのか、その原因も分からないのである。これを含《く》もれる光と言う。

そこで、昔、聖天子の堯《ぎょう》が、有徳者の舜《しゅん》にたずねた。「私はまつろわぬ宗《そう》・膾《かい》・胥敖《しょごう》（堯の時の国名）の三国を征伐したいと思う。しかし帝王の位に即《つ》いていながら、こんなありさまでは、どうも気分がすっきりしないのだが、なぜであろうか。」舜が答えた。「あの三国の君主は、今なお蓬生《よもぎう》の未開地に住まう者である。それを、あんたが気分が優《すぐ》れないとは、どういうわけだ。大昔、十個の太陽が一時に天空に現れて、万物はみな輝かしく照らし出されたという。まして太陽よりも優れた徳によるならば、世界は一層明るく輝くはずではなかろうか。」

原　文

夫道未始有封、言未始有常。爲是而有畛也。請言其畛。有左有右、有倫有義、有分有辯、有競有爭。此之謂八德。

六合之外、聖人存而不論。六合之內、聖人論而不議。春秋經世、先王之志、聖人議而不辯。故分也者、有不分也。辯也者、有不辯也。曰、何也。聖人懷之、衆人辯之、以相示也。故曰、辯也者、有不見也。

夫大道不稱、大辯不言、大仁不仁、大廉不嗛、大勇不忮。道昭而不道、言辯而不及、仁常而不成、廉清而不信、勇忮而不成。五者园而幾向方矣。故知止其所不知、至矣。孰知不言之辯、不道之道。若有能知、此之謂天府。注焉而不滿、酌焉而不竭、而不知其所由來。此之謂葆光。

故昔者堯問於舜曰、我欲伐宗膾胥敖。南面而不釋然、其故何也。舜曰、夫三子者、猶存乎蓬艾之閒。若不釋然、何哉。昔者十日竝出、萬物皆照。而況德之進乎日者乎。

第三章　対立する仁義・是非・利害を全て棄て去って

齧欠《げつけつ》（架空の人物）という者が、ある時、知者として有名な王倪《おうげい》（架空の人物）に向かってたずねた。「先生は全ての者が一様に正しいと認めるものをご存じでしょうか。」

王倪、「私がどうして知っていよう。」

「先生はご自分が知らないということをご存じでしょうか。」

王倪、「私がどうして知っていよう。」

「そうだとするならば、全ての者は知を持っていないのでしょうか。」

王倪、「私がどうして知っていよう。ではあるが、一つ試しに話してみようか。そもそも、私の知と言っているものが本当は無知であるかもしれず、無知と言っているものが本当は知であるかもしれないのだ。

また、試しに君にたずねてみよう。人は、湿地に寝起きしていると、腰痛を病んだり半身不随で死んだりするが、鰌《どじょう》はそうはならない。樹上《じゆじょう》に住むとすれば、びくびくと恐れぶるぶると震えるが、猨猴《さる》はそうはならない。この三者の内、どれが正しい処を知っていることになるのだろうか。人は牛肉・豚肉を食べ、麋《おおしか》・鹿《しか》は甘草《あまくさ》を食い、蝍且《むかで》は蛇をうまいと言い、鴟《とび》・鴉《からす》は鼠《ねずみ》を好む。この四者の、どれが正しい味を知っていることになるのだろうか。猨《さる》の雌《めす》は猵狚《いぬざる》の雄《おす》が追いかけ、麋《おおしか》は鹿《しか》と親しく交わり、鰌《どじょう》は魚と遊び戯れる。毛嬙《もうしょう》や麗姫《りき》は、人が誰しも美しいと思うところである。しかし、彼女らを目にするや、魚は水底深く隠れ、鳥は空高く舞い上がり、麋《おおしか》・鹿《しか》はさっと逃げ出してしまう。この四者の、どれが天下の正しい美を知っているのだろうか。

私の目から見れば、仁義の条理だの、是非《ぜひ》の筋道だのは、ごてごてと入り乱れているばかりで、私にもそれらの区別がつかないほどだ。」

齧欠、「とすると、先生は利益と損害についてもご存じないのでしょうが、至人《しじん》（道に達した人）は本当に利害を知らないのでしょうか。」

王倪、「至人《しじん》は霊妙《れいみょう》な力の持ち主だ。たとえ大きな藪沢《そうたく》が焼けても、至人を熱がらせることはできず、黄河《こうが》・漢水《かんすい》といった大河が凍りつく気候でも、彼を寒がらせることはできず、烈《はげ》しい雷が山を打ち砕き、大風が海を揺るがす事態も、彼を驚かすことはできない。このような人は、大空の雲気に乗り、太陽と月に跨《また》がり、この事物の世界を越えて、その外に遊び出ていくのだ。生死といった重大問題ですら、自己を変えることはない。まして利害の端くれなど、心にかかるものかね。」

原　文

齧缺問乎王倪曰、子知物之所同是乎。

曰、吾惡乎知之。

子知子之所不知邪。

曰、吾惡乎知之。

然則物無知邪。

曰、吾惡乎知之。雖然、嘗試言之。庸詎知吾所謂知之非不知邪、庸詎知吾所謂不知之非知邪。且吾嘗試問乎女。民溼寢則腰疾偏死、鰌然乎哉。木處則惴慄恂懼、猨猴然乎哉。三者孰知正處。民食芻豢、麋鹿食薦、蝍且甘帶、鴟鴉耆鼠。四者孰知正味。猨猵狙以爲雌、麋與鹿交、鰌與魚游。毛嬙麗姬、人之所美也。魚見之深入、鳥見之高飛、麋鹿見之決驟。四者孰知天下之正色哉。

自我觀之、仁義之端、是非之塗、樊然殽亂。吾惡能知其辯。

齧缺曰、子不知利害、則至人固不知利害乎。

王倪曰、至人神矣。大澤焚而不能熱、河漢沍而不能寒、疾雷破山風振海而不能驚。若然者、乘雲氣、騎日月、而遊乎四海之外。死生无變於己、而況利害之端乎。

第四章　自然の均斉化作用によって是と非の区別を融和しよう

孔子《こうし》の弟子の瞿鵲子《くじゃくし》（架空の人物）が、長梧子《ちょうごし》（架空の思想家）に質問した。「私が先生の孔子から聞いたことですが、『聖人という者は、仕事にたずさわらず無為である。利益を求めず損害を避けず、それらを超越している。（道を）求め得たといっても喜ばず、ことさら道に従おうともしない。何ごとも言わないことによって真に語っており、色々と語ることによって実は無言である。そうこうした後、汚《けが》れたこの世を越えて、その外に遊び出ていくのである。』という説。孔子先生は取りとめのない理論と言われるのですが、私には妙《たえ》なる道の実践と思われます。あなたはどうお考えになられますか。」

長梧子が答えて言った。「それはあの黄帝《こうてい》（人類最古の帝王）でさえ、聴いて判断に困《くる》しむほどの難題だ。孔丘《こうきゅう》如きに分かるものか。それに、君も随分早とちりだね。卵を見ただけで、早時《はや》を告げる鶏を求めたり、弾《はじ》き丸《だま》を見ただけで、もう焼き鳥が食いたいだなんて。

一つ私がそこはかとなく話してみるから、君もそこはかとなく聴いていたまえ。よいかな。聖人という者は、太陽と月を膝元《ひざもと》に並べ、宇宙の一切を小脇《こわき》に抱えて、それらを隙間なく一つに合わせ、それらの織りなすカオスの中に身を置きながら、己《おのれ》は奴隷の身分と心得て、全ての存在を尊ぶのだ。大衆はこつこつと勤めるけれども、聖人はぼんやりと愚かである。永遠の時間の中の出来事をこき雑ぜて、ひたすら世界を純粋さへと高めていき、万物を全て然《しか》りと言って斉同化《せいどうか》して、万物を尽《ことごと》く是《ぜ》と見なして包みこむ。

私にとっては、人々の生を喜ぶ感情は、先入観に拘《とら》われたものとしか思えないし、死を嫌う気持ちは、郷里《ふるさと》に帰ることを忘れた若い旅烏《たびがらす》としか思えない。蛮族《ばんぞく》の出で、玉の輿《こし》に乗ったあの麗姫《りき》は、もと艾《がい》（古代の地名）という土地の関守《せきもり》（国境を守る役人）の娘であった。晋《しん》の国王が初めて彼女を手に入れた時、悲しみの涙がしとど襟《えり》を沾《うるお》した。しかし、王宮に一歩足を踏み入れ、楽しく王とベッドをともにし、豪華な肉料理を食べるに及んで、あの時泣かなければよかったと後悔したという。あの死者たちも、かつてはもっと生きたいと生に執着したことを今後悔していないと、私には思えないのである。

夢の中で楽しく酒を飲んでいた者が、一夜明けると身内の不幸のために哭泣《こっきゅう》したり、夢で不幸に出会って哭泣していた者が、翌朝には勇んで狩りに出かけて行ったり。よくあることだが、夢を見ている最中には、夢であることに気づかず、時には夢の中でさらに夢占いをすることもある。目が覚めて始めて夢であることが分かるのである。とすれば、いつの日か大いなる目覚めを経験して、始めて今までのが大いなる夢でしかなかったと分かるはずだ。それなのに愚か者たちは、自分勝手に目覚めていると思いこみ、とくとくとしたり顔して知を過信する。君主よ、長官よ、などと身分秩序に拘泥しているが、何とも頑迷固陋《がんめいころう》なことだ。孔丘《こうきゅう》と君の最前のやり取り、どちらも夢である。私が君に夢だと言うのも、また夢だ。そして、一切を夢なりとするこの言葉は、名づけて摩訶不思議《まかふしぎ》と言う。これを解釈できる大聖人には、万世《ばんせい》の後に一度めぐり会ったとしても、朝《あした》に夕べに会えたようなもので、まず誰にも解釈できない、本当の真理なのだ。

先の聖人の件について、もし私が君と論争したとしよう。君が私に勝ち、私が君に負けた場合、果たして君が正しく（是《ぜ》）、私は誤り（非《ひ》）なのだろうか。私が君に勝ち、君が私に負けた場合、果たして私が正しく、君は誤りなのだろうか。つまり、一方が正しく、他方は誤りなのだろうか。それとも双方ともに正しかったり、双方ともに誤りだったりするのだろうか。論争の当事者である私と君に、分かるはずがない。そうなると、周囲の人々は闇《やみ》に惑《まど》うことになる。そこで誰かに判定してもらうことにしよう。君と同じ考えの者に頼んで判定してもらうとすれば、すでに君と同じ考えなのだ、どうして判定できようか。私と同じ考えの者に判定してもらうとすれば、すでに私と同じ考えなのだ、どうして判定できよう。私とも異なり君とも異なった考えの者を捜して判定してもらうとしても、両者と異なった考えなのだ、判定できるものか。私とも同じで君とも同じ考えの者に判定してもらうとしても、両者と同じ考えなのだ、判定できるはずがない。そうだとすれば、論争における是《ぜ》と非《ひ》は、私にも君にも第三者にも、結局分からないのだ。その上さらに、別の誰かに依存して何になろう。

このように、変転するただの音でしかない世間の論争は、それが是であるか非であるかを互いに他に依存しあっているけれども、実は依存しあっていないのと変わらないのだ。そのような世間の是非は、区別を均斉化《きんせいか》する天倪《てんげい》（自然の磨《す》り潰《つぶ》し作用）でもって融和し、文目《あやめ》も分かぬ曼衍《まんえん》（のっぺらぼうの状態）に従わせるがよい。こうすれば、万物と一体になって天寿を全うすることも不可能ではなくなるだろう。」

「その『変転するただの音でしかない世間の是非を、天の磨《す》り潰《つぶ》し作用で融和する。』とは、どういうことでしょうか。」

長梧子、「それは、世間の不是《ぜならず》（正しくない）という判断を是《ぜなり》（正しい）に置き換え、世間の不然《しからず》（それでない）という判断を然《しかり》（それだ）に置き換えることだ。こうして確立した後の是《ぜ》の判断が、もし真の是《ぜ》であるならば、それが世間の不是《ぜならず》と異なるのは、最早《もはや》論争するまでもなくなる。然《しかり》の判断が、もし真の然《しかり》であるならば、それが世間の不然《しからず》と異なるのは、最早《もはや》論争するまでもなくなるからだ。こうして、天寿を全うしようとも意識せず、正義の実現のことも忘れて、区別のない斉同の世界の中を、自由自在に動き回ることも可能となる。それ故、世間の是非の区別を、斉同の世界の中に放り出そうと言うのだ。」

原　文

瞿鵲子問乎長梧子曰、吾聞諸夫子、聖人不從事於務。不就利、不違害。不喜求、不縁道。无謂有謂、有謂无謂。而遊乎塵垢之外。夫子以爲孟浪之言、而我以爲妙道之行也。吾子以爲奚若。

長梧子曰、是黄帝之所聽熒也、而丘也何足以知之。且女亦大早計。見卵而求時夜、見彈而求鴞炙。

予嘗爲女妄言之、女以妄聽之。奚。旁日月、挾宇宙、爲其脗合、置其滑涽、以隸相尊。衆人役役、聖人愚芚。參萬歲而一成純、萬物盡然、而以是相蘊。

予惡乎知說生之非惑邪、予惡乎知惡死之非弱喪而不知歸者邪。麗之姬、艾封人之子也。晉國之始得之也、涕泣沾襟。及其至於王所、與王同筐牀、食芻豢、而後悔其泣也。予惡乎知夫死者不悔其始之蘄生乎。

夢飲酒者、旦而哭泣、夢哭泣者、旦而田獵。方其夢也、不知其夢也。夢之中又占其夢焉、覺而後知其夢也。且有大覺、而後知此其大夢也。而愚者自以爲覺、竊竊然知之、君乎、牧乎、固哉。丘也與女、皆夢也。予謂女夢、亦夢也。是其言也、其名爲弔詭。萬世之後、而一遇大聖知其解者、是旦暮遇之也。

既使我與若辯矣、若勝我、我不若勝、若果是也、我果非也邪。我勝若、若不吾勝、我果是也、而果非也邪。其或是也、其或非也邪。其俱是也、其俱非也邪。我與若不能相知也、則人固受其黮闇。吾誰使正之。使同乎若者正之、既與若同矣、惡能正之。使同乎我者正之、既同乎我矣、惡能正之。使異乎我與若者正之、既異乎我與若矣、惡能正之。使同乎我與若者正之、既同乎我與若矣、惡能正之。然則我與若與人、俱不能相知也。而待彼也邪。
〔化聲之相待、若其不相待。和之以天倪、因之以曼衍、所以窮年也。〕

何謂和之以天倪。

曰、是不是、然不然。是若果是也、則是之異乎不是也、亦無辯。然若果然也、則然之異乎不然也、亦無辯。忘年忘義、振於無竟。故寓諸無竟。

第五章　人間の主体性の根源にあるものは

影《かげ》の周《まわ》りにできるもやもやとした罔両《うすかげ》が、影に向かって問うた。「君はさっき歩いていたかと思うと、今は立ち止まっている。さっき坐っていたかと思うと、今は起《た》ち上がっている。何だってこんなに独立の志操《しそう》（主体性）がないのだね。」

影は答えて言った。「私に依存して生きている君に、詰問する資格はないと思うが、私は形ある物に依存しているので、こうなのだろうね。私の依存している相手も、さらに何かに依存していて、やはりこうなのだろうね。しかし、我々がとどのつまり依存しているのは、蛇の腹のうろこや蜩《せみ》の羽《はね》などといった、形ある物ではないはずだ。私をこのように独立の志操なく（没主体的に）振る舞わせている、根源の存在が何であるか、私には分からない。また、独立の志操を持って（主体的に）生きるための、根源の存在が何であるかも、やはり分からないのだよ。」

原　文

罔兩問景曰、曩子行、今子止。曩子坐、今子起。何其無特操與。

景曰、吾有待而然者邪。吾所待又有待而然者邪。吾待蛇蚹蜩翼邪。惡識所以然、惡識所以不然。

第六章　万物の転化・転生はあたかも夢のようだ

かつて荘周《そうしゅう》（本書の作者。姓は荘、名は周）は、夢の中で胡蝶《こちょう》となった。ひらひらと舞う胡蝶であった。己《おのれ》の心にぴたりと適《かな》うのに満足しきって、荘周であることを忘れていた。ふっと目が覚めると、きょろきょろと見回す荘周である。荘周が夢見て胡蝶となったのか、それとも胡蝶が夢見て荘周となったのか、真実のほどは分からない。だからと言って、荘周と胡蝶は同じ物ではない、両者の間にはきっと違いがある。物化（ある物が他の物へと転生《てんせい》すること）とは、これを言うのである。

原　文

昔者荘周夢爲胡蝶。栩栩然胡蝶也。自喩適志與、不知周也。俄然覺、則蘧蘧然周也。不知周之夢爲胡蝶與、胡蝶之夢爲周與。周與胡蝶、則必有分矣。此之謂物化。

解　説

「斉物論」という篇題の意味については、大分すると、古い六朝時代の「斉物《せいぶつ》の論」と、新しい宋代以降の「物論《ぶつろん》を斉《ひと》しくす」の二説があって、近代に至るまで対立していた。しかし、これは現代ではすでに決着がついており、前者の「斉物《せいぶつ》の論」が正しいことは、馬叙倫・王叔岷『荘子校釈』が手際よく整理して論じたとおりである。

「斉」は、寓言篇第一章の「不言則斉」の斉であり、本篇の言葉で言えば「一・同」に当たる。価値の「是と非」、事実の「彼と是」だけでなく、論理の「指と非指」「馬と非馬」が直接的に同一であるという意味。またそれに対応する、何とも判断することの許されない、ただ一つの何かあるもの、という世界の存在形態を言う。「物」は、窮極的根源的な実在である「道」によって、存在させられ変化・運動させられている存在者を指す。人間と自然を包括する概念である。したがって、「斉物」とは、第一章の「天地一指也、万物一馬也。」という状態に相当する。「斉物」という言葉は、戦国時代には存在せず、また戦国最末期の作である秋水篇第一章の「万物一斉」、同じく天下篇第四章の「斉万物以為首」でもまだ十分には熟していないので、篇題につけられたのはさらに後のこと（前漢末期）と考えられる。「論」は、『経典釈文』の「力頓反。李如字。」が正しく、『説文解字』の「議也」の意でよい（馬叙倫）。

第一章は、南郭子綦《なんかくしき》・顔成子游《がんせいしゆう》問答。道家思想の源となった哲学であって、道家の諸文献中、最も古い文章である（前四世紀末の成立）。「天地・万物」から成る世界は、「我」をもその内に包んで真実には一つの混沌であり、さらに根本的には一つの無であるので、「我」の撥無を通じて「一・無」の世界に冥合することこそが、最も主体的な生き方としての「道」の定立であると主張する。戦国中期までの恵施や田駢などの名家流の理論を批判的に摂取して生まれ、道家の人生論・知識論・存在論などの基礎として盛行したが、やがて秦による天下統一の気運の中でその中身が変化し、ここから道家の多くの思想が分出していった。第二章は、第一章の万物斉同の否定性を緩めた、前漢初期の黄老派の文献であろう。万物斉同の哲学を表す「不言之辯、不道之道。」の句があるので、本篇に採り入れたのではなかろうか。第三章・第四章・第五章は、万物斉同の哲学の主観的な側面、客観的な側面、人間疎外の克服や主体性の確立といった問題意識、をそれぞれ受け継いだ初期道家の文献である（戦国後期の作）。第六章は、古来極めて有名な文章である。万物斉同に代わって登場した万物転化の思想を、含蓄に富んだ筆致で描いている（戦国最末期〜前漢初期の作）。

養生主　第三

総説

「養生」は、呉音《ごおん》で「ようじょう」（仏教読み）と読んでもよいし、漢音《かんおん》で「ようせい」（経学読み）と読んでも構わない。こうした細かい問題には拘《こだわ》らなくてよいが、本書では基本的に漢音で読むことを原則とする。その「養生」すなわち「生を養う」とは、人々が病気にかかったり、不慮の事故に遭って横死したりせず、「天」から与えられた生命を本来のままに生き尽くすことを意味する。

「養生」の思想や術は、思想界においては、戦国時代中期になって始めて唱えられたもののようである。「養生」に対する諸子百家つまり知識人たちの反応は、学派によってまちまちであり、例えば、儒家の場合は、戦国中期の孟子、戦国末期の荀子は、その道徳を重視する立場からこれを低く評価した。戦国末期以降は、学派の違いを越えて広く唱えられ、実践されるようになっていったが、道家もまた戦国末期からこれを採用しており、『荘子』中、本篇だけでなく至るところで「養生」の説が顔を出している。

この学派が、人間の精神よりも身体を、「心」よりも「形」を、確かなものとして重んずるようになるのは、戦国末期のことである。その背景には、「無」(非存在)こそが世界の真実態であるとした古い万物斉同の哲学を部分的に放棄して、「無」を「道」の本質的属性に限定しつつ、「万物」の「有」(存在)性を回復していった、という哲学上の動きがあった。道家による「養生」説の受容は、こうした形而上学上・存在論上の転換と、相互に因果関係があると考えられる。そして、道家の一部が、人間を含む世界の存在や変化・運動を、質料因としての「気」だけで説明する「気」一元論に接近した時、「養生」説の重要性は決定的となったのである。

なお、この「養生」と、後代の神仙・道教の「不老不死」や「永生」との間には、共通点もあれば相異点もある。したがって、十把《じっぱ》一絡《ひとから》げに取り扱わない方がよいと思う。

第一章　有限の生を養うために、無限の知を追いかけることを止める

私の人生には限りがあるが、知るべきことには限りがない。限りある人生を費やして、限りなき知を追いかけるのは、危険なことだ。そうであるにもかかわらず、なお知を追い求めるのは、危険極まりないことだ。

私の人生を危険に陥《おとしい》れるものは、名声や刑罰もそうである。善を行うことがあったとしても名声を揚げない程度にし、悪を行うことがあったとしても刑罰に触れない程度にして、善と悪の中間にある根源を守ることを、不変の原則としたいものだ。そうするならば、我が

身体の安全を保持することも、我が生命を恙《つつが》なく全うすることも、肉親を養育することも、さらには天寿を本来のままに生き尽くすことも、全て可能となるのである。

原　文

吾生也有涯、而知也无涯。以有涯隨无涯、殆已。已而爲知者、殆而已矣。爲善无近名、爲惡无近刑、緣督以爲經、可以保身、可以全生、可以養親、可以盡年。

第二章　庖丁《ほうてい》の解牛の技から養生の道を会得した

庖人《いたまえ》の丁《てい》が、ある時、文恵君《ぶんけいくん》（梁の恵王か）のために牛を料理して見せた。丁《てい》の手が触れた部分、肩に凭《もた》せかけた個所、足で踏みつけたところ、膝で押さえつけたあたりの肉が、あるいはぱりぱりと、あるいはさくさくと、心地よい音とともに切り離されていく。さらに牛刀を振るえば、ばりばりと響きわたり、どれ一つ取っても調子はずれの雑音はない。あたかも殷《いん》（王朝の名）の湯王《とうおう》（初代の王）の桑林《そうりん》（舞楽の名）の舞曲さながらで、それどころか堯《ぎょう》（上古の聖天子）の経首《けいしゅ》（楽章の名）の総奏《そうそう》が、今に甦《よみがえ》った感すらあった。

感動した文恵君が、思わず声を発した。「ああ、見事だ。技《わざ》もこれほどまでになるものか。」

庖人《いたまえ》の丁は、刀を置いて次のように答えた。「臣《てまえ》の好んでいるのは道《みち》であって、技《わざ》以上のものであります。ところで、臣《てまえ》が牛の料理を始めたばかりの頃は、目に入るものは何でも牛に見えたのであります。それが三年も経《た》つと、最早《もはや》牛の全体は全く目に映らず、刀の入れ所だけに目が行くようになりました。そして今では、内面の霊妙な働きでもって牛に向かっており、目は使いません。一切の感覚・知覚が全て停止して、霊妙な欲求が無意識の内に働き出すのであります。かくて、臣《てまえ》は、刀を牛体の自然の筋目に沿《そ》って動かし、大きく空いた肉の隙間に打ちこみ、大きく穿《うが》たれた骨の穴に導き入れるのでありますが、牛体の本来の成り立ちに従っているにすぎません。かような次第で、臣《てまえ》の技《わざ》で、骨と肉の絡《から》みあった難所に刀がぶつかることは、今まで一度たりともありませんでした。ましてや、ねじ曲がった大骨など、擦《かす》ったことさえありません。

腕のよい庖人《いたまえ》でも、一年ごとに刀を取り替えます。肉を切り割いて刃こぼれしますから。並の庖人《いたまえ》となると、毎月刀を取り替えます。骨を叩《たた》き切るからであります。しかし、臣《てまえ》の刀はかれこれもう十九年、料理した牛は数千頭にもなりましょうか。それなのに、刀はたった今砥石《といし》から降ろしたばかりのようで、刃こぼれ一つありません。もともと牛の骨節というものには隙間があり、刀の刃というものには厚さがない。厚さのないものを隙間のあるところに入れるのですから、刃を気ままに遊ばせるにも広々として、必ずゆとりのある道理であります。かような次第で、かれこれもう十九年使い続けておりますけれども、刀はたった今砥《と》石《いし》から降ろしたばかりのようで、刃こぼれ一つないのです。

さりながら、骨と筋と肉の絡《から》みしこった個所に来ますと、私にも手強《てごわ》いのが分かります。

そのために、はらはらとして心が引き締まり、視線はその一点に集注し、手の運びは徐《おもむ》ろで、刀の動きは微妙の上にも微妙となります。そうこうしている内に、土砂が地面にくずおれでもするかのように、どさっと肉が離れていきますが、私はただ刀をぶら下げて立ち尽くし、おずおずとあたりを見回し、ぼんやりと為す手段《すべ》を知りません。やがて、意識が十分に戻《もど》ってくると、刀を拭《ぬぐ》って鞘《さや》に納めるのであります。」

文恵君は聞き終えて言う。「見事だ。私は庖人《いたまえ》の丁の話を聞いて、生命を長く養う道を会得したぞ。」

原　文

庖丁爲文恵君解牛。手之所觸、肩之所倚、足之所履、膝之所踦、砉然嚮然。奏刀騞然、莫不中音。合於桑林之舞、乃中經首之會。

文恵君曰、譆、善哉。技蓋至此乎。

庖丁釋刀、對曰、臣之所好者、道也。進乎技矣。始臣之解牛之時、所見无非牛者。三年之後、未嘗見全牛也。方今之時、臣以神遇、而不以目視。官知止、而神欲行。依乎天理、批大郤、導大窾、因其固然。技經肯綮之未嘗、而況大軱乎。

良庖歳更刀、割也。族庖月更刀、折也。今臣之刀十九年矣、所解數千牛矣。而刀刃若新發於硎。彼節者有間、而刀刃者无厚。以无厚入有間、恢恢乎其於遊刃、必有餘地矣。是以十九年、而刀刃若新發於硎。

雖然、每至於族、吾見其難爲、怵然爲戒、視爲止、行爲遲、動刀甚微。謋然已解、如土委地。提刀而立、爲之四顧、爲之躊躇。滿志、善刀而藏之。
文惠君曰、善哉。吾聞庖丁之言、得養生焉。

第三章　鳥籠の中の権勢よりも鳥籠の外の精神の自由を

宋《そう》（国名）の人である公文軒《こうぶんけん》が、かつてはこの国の右師《ゆうし》（人民の教育を掌《つかさど》る高官）を務めたこともある、ある人物と会見した時、落ちぶれ果てた変わりように驚いてたずねた。「これはまたどういう方なのでしょう。どうして足切りの刑に処されたのですか。原因は、天にあるのですか、それとも人にあるのですか。」

右師《ゆうし》、「天のせいだ、人のせいではない。天がこの私を生んだ時、いずれは片足になるべく運命づけたのだ。そもそも人間の姿形《すがたかたち》には、天から与えられて、人力ではどうにもならないものがある。このことから、私の場合も、天のせいで、人のせいではないと分かるのだ。それに、沢辺《さわべ》の雉《きじ》は十歩行っては餌《えさ》を啄《ついば》み、百歩行っては水を飲む、という貧しい生活であるが、それでも鳥籠《とりかご》の中で贅沢《ぜいたく》に飼《か》われることを願いはしない。なぜなら、籠の中で王者の権勢を握ったとしても、精神は少しも自由ではないからだ。」

原　文

公文軒見右師而驚曰、是何人也。惡乎介也。天與、其人與。

曰、天也、非人也。天之生是使獨也、人之貌有與也。以是知其天也、非人也。澤雉十歩一啄、百歩一飲、不蘄畜乎樊中。神雖王不善也。

第四章　哲学者の老耼が死んだ時——生死の理について

哲学者の老耼《ろうたん》が死んだ。友人の秦失《しんしつ》が弔《とむら》いに出かけたが、型どおりの三度の号泣《ごうきゅう》で済《す》ませて外に出てしまった。

秦失の弟子が訝《いぶか》って、「老耼は、先生の友人ではないのですか。」

秦失、「そうだ。」

「そうだとすれば、このような形だけの弔い方でよいのですか。」

秦失、「そうだ。これまで私は老耼を一角《ひとかど》の人物と見ていたが、今はそうは思わないね。先ほど私が中に入って弔った時に見たのだが、老人たちは我が子を失ったかのように泣き喚《わめ》き、若者たちも母を亡くしたかのように泣き叫んでいた。彼らがここに集まってきたのは、悔《くや》みを言ってくれと頼まれたわけではないのに言い、哭泣《こっきゅう》してくれと頼まれもしないのに哭泣せずにはいられない何かある原因が、きっと生前の老耼の教えの中にあったからに違いない。これは、天の摂理《せつり》から逃避し、万物の真実に背き、人間がそれらを賦与されて生き死にしていることを忘れたものだ。生を愛《いと》おしむあまりのこの苦しみを、古くは天の摂理《せつり》から逃避する刑罰と呼んでいた。大体、あの先生がたまたま生まれて来たのは、生まれるべき時に合ったのであり、たまたま立ち去ったのも、死すべき順《めぐ》りに当たったにすぎない。そこで、生死すべき時の順りに、安らかに身を委《ゆだ》ねていれば、哀しいとか楽しいとかの感情が入りこむ隙はないはずだ。古くはこの境地のことを、天帝（世界を支配する最高神）が人類に下した逆さ吊《づ》りの苦刑からの解放、と呼んでいたが、老耼はまだこの境地に達していなかったのだ。譬《たと》えてみれば、薪《たきぎ》であった時には、ここまで燃えたらそれでお終《しま》いと分かっていたのだけれど、いざ実際に火が伝わってくると、燃え尽きて一切がお終《しま》いだと得心できるほど、安らかにはなれなかったのだ。」

原　文

老耼死。秦失弔之、三號而出。

弟子曰、非夫子之友邪。

曰、然。

然則弔焉若此、可乎。

曰、然。始也吾以爲其人也、而今非也。向吾入而弔焉、有老者哭之如哭其子、少者哭之如哭其母。彼其所以會之、必有不蘄言而言、不蘄哭而哭者。是遁天倍情、忘其所受。古者謂之遁天之刑。適來、夫子時也。適去、夫子順也。安時而處順、哀樂不能入也。古者謂是帝之縣解。指窮於爲薪、火傳也、不知其盡也。

解説

「養生主」という篇題は、「生主を養う」とする誤解があるけれども、正しくは「養生の主」である。その意味は、『釈文』の「養生以此為主也」でよい。「養生」という言葉は、第二章から取ったのであろう。

「養生」は、中国思想史の上では『孟子』梁恵王上篇・離婁下篇に初出する言葉。これが、天から与えられた生命を本来のままに生き尽くすという意味になって、学派を問わず広く唱えられるに至るのは、戦国末期のことである。道家もまた戦国末期からこの思想を取り入れ、人間存在の原点としての身体的生命の充実や、宇宙の長久な生命活動への、「道」の把握による参入を図っている。「主」は、赤塚忠『荘子』上（集英社、一九七四）の言うように「それをつかさどるかなめ、根本」。応帝王篇第六章の「知主」の「主」が同じ意味である。

第一章は、「知」や「名」「刑」が生命を損なう原因であることを述べた短い論説。第二章は、「養生」をテーマにして設《しつら》えた問答。両者ともに戦国末期の作と考えられる。この両章だけが養生思想を述べた文章であり、以下は単に身体や生命を論じているというだけの理由で、本篇に持ってこられたものらしい。第三章・第四章は、我が身体や生命の上に起こる諸現象は、人為の与《あずか》りえない天であるので、「時に安んじて順《めぐ》りに処《お》れ」などと説く。養生思想とは無関係の、恐らく前の両章よりも古い時代の文献であろう。

人間世《じんかんせい》　第四

総　説

「人間」は、人類・人という意味の場合は「にんげん」と読んでよいが、人間社会・世間という意味の場合は「じんかん」と読む。これは現代日本語のルールである。本篇の「人間世」は後者であり、「じんかんせい」と読む。

『荘子』の中で、作者たちが自らの住まう人間社会を全く無視したり、ことさら背を向けたりの、出世間的な態度を取るべきことを主張している文章は、あまり多くはない。それは、人間社会を含む世界の真実態を「一」と把え、さらには「無」と見なした初期道家の万物斉同の哲学や、世間的な社会や「万物」の世界からの超出を説いた「遊」の思想など、比較的早い時期に見出されるにすぎない。

戦国末期には、たとえ暴君の支配する恐ろしい現実の人間社会であっても、生にとっての所与の条件として甘受しようという姿勢が普通のこととなり、時代が降るに連れて、現実への肯定は次第に強まっていった。戦国末期における『老子』の出現は、この趨勢の延長線上にある。

例えば、本篇第一章の「心の斎《さい》」は、顔回が顔回でなくなり、彼の自己が消え失せて衛の君主の自己でもある内面性の極致であるが、その実際の内容は、世界の存在性を保証する質料因「気」に沈潜することに止まって、さらにそれを越えて「無」にまで深まることは、最早《もはや》ないのである。

第一章　心知を虚しくすれば万民の教化も可能となる

ある時、弟子の顔回《がんかい》が先生の仲尼《ちゅうじ》（孔子《こうし》の字《あざな》）に面会して、旅に出たいと願い出た。

仲尼、「どこに行くのだね。」

顔回、「衛《えい》（国名）に行こうと思います。」

仲尼、「何をしようと言うのだね。」

顔回、「聞くところでは、『衛《えい》の君主は、血気盛んな年頃で、振《ふ》る舞《ま》いは勝手し放題《ほうだい》。軽々しく国家を動かして、自分の過ちを認めようとせず、軽々しく人民を死地に投入するので、国は屍《しかばね》で満《み》ち溢《あふ》れ、あたかも沢が丸焼けになったありさま。それで、人民は途方に暮れている。』とのこと。私はかつて先生から、『治まっている国からは早々に立ち去り、乱れている国にこそ進んで行きたまえ。医者の門には、病める人々が集まってくるだろう。』とおうかがいしたことがあります。何とかお言葉を守って、医者のまねをしてみたいと思うのです。そうすればあの国の病いも、やがて快方に向かうのではないでしょうか。」

仲尼《ちゅうじ》はこれを聞いて言った。「ああ、今の君では刑死《けいし》しに行くようなものだね。そもそも道というものは、雑《ま》じり気《け》があってはいけない。雑《ま》じり気《け》があると分散しがちになり、分散すると落ち着かず、落ち着かないと心配が生じ、心配があるようでは他人を救うことはできない。昔の至人《しじん》（道に達した人）は、この純粋の道をまず己《おのれ》の内に確立して、しかる後に、他人が道を確立するのを手助けしたものだ。ところが、君の場合は、己《おのれ》の内に確立すべき道がまだふらふらしている。乱暴者の振る舞《ふま》いにまで手出しをする余裕などないはずだよ。

また、君は、あの徳が崩される原因、知が起こる目的について、何も分かってはいまい。徳は名声に惹《ひ》かれる性根《しょうね》によって突き崩され、知は争い事に勝つために起こってくる。つまり、名声というものは、人間たちの骨身の削りあいであり、知というものは、争い事を勝ち抜く道具なのだ。いずれにしても、この両者は凶器だ、衛の君主のような人の行いを善くするのには役に立たない。

また、仮りに徳が厚く誠実の心がしっかりしていても、相手の気持ちが摑《つか》めず、また人と名声を争うつもりがなくても、相手の思惑《おもわく》が分からない内に、無理に仁義・道徳に従えだの、法律・規範を守れだのと、高邁《こうまい》な理論を乱暴者の前で述べ立てるならば、それは相手の短所につけこんで自分の長所を誇《ほこ》ることに他ならない。こういう者を名づけて、災いの人と呼ぶのだが、災いの人に対しては、他人がきっと災いでお返しをするだろう。君はまず間違いなく、他人（衛の君主）から災いを受けることになるだろうな。

それに、仮りにもし衛の君主が、賢者を好み愚者を嫌う明君であったとしたら、何も今さら君如きを召し抱えて、政治の新規蒔《しんきま》き直《なお》しを図るはずがない。君がもしも何かを進言しようものなら、王公（衛の君主）はきっと君に伸《の》しかかって自分の勝ちを闘い取ろうとするだろう。そうなると、もう君の目は落ち着きを失い、君の顔は平静を取り繕《つくろ》おうとして強《こわ》ばり、口も反論したくなってもぐもぐし、身振りも勿体振《もったいぶ》って格好を飾り、心も成績を挙げようと意固地《いこじ》になっていくだろう。これでは君の進言も逆効果で、火を消すのに火を加え、水を止めるのに水を加えるようなものだ。これを名づけて『悪の上塗《うわぬ》り』と呼ぶのだが、こんな調子で始めると、最後はどんな極悪で終わるか分かったものではない。君は、誠実でもなければ徳厚くもないおしゃべりが災いして、きっと乱暴者の目の前で殺されてしまうぞ。

それに、その昔、夏《か》（王朝の名）の賢臣関竜逢《かんりゅうほう》（桀王の忠臣）は暴君の桀王《けつおう》に殺されたし、殷《いん》（王朝の名）の忠臣王子比干《おうじひかん》（紂王の賢臣）は暴君の紂王《ちゅうおう》に殺された。この二人は、どちらも我が身の行いを修めて、臣下の身分でありながら他人の人民を手懐《てなづ》けた、つまり下《した》の分際《ぶんざい》でお上《かみ》に逆らった者だ。であればこそ君主の方は、身が修まっていることにより、かえって彼らを排斥したのだが、これは名声を欲しがったために身を誤った例だね。また、その昔、尭《ぎょう》（上古の聖天子、伝説上の帝王）は叢《そう》・枝《し》・胥敖《しょごう》（尭の時の国名）の三国を攻め、禹《う》（上古の聖天子、夏王朝《かおうちょう》の創始者）は有扈《ゆうこ》（国名、今の陝西省戸県《せんせいしょうこけん》にあった）を攻めたので、四つの国の国都はみな廃墟と化し、その君主たちはみな処刑された。彼らがあくまで戦争を好み、実利を貪《むさぼ》って満足することを知らなかったからだ。これらは、いずれも名声と実利に目が眩《くら》んで、身を誤った例だな。以上の歴史の物語りは、君もきっと聞いたことがあるだろう。まことに名声と実利の誘惑というものは、聖人が徳でもって導いてさえ、克服しがたいものなのだ。まして君にはなおさらのことだね。とはいえ、君にもきっと手立てがあろう。試しにそれを話してみたまえ。」

促《うなが》されて顔回《がんかい》、「端正な態度を失わずに心を虚《むな》しくし、自己修養に努めて純一無雑の道を守るならば、よろしいでしょうか。」

仲尼、「ああ、何がよいものか。一体、やる気満々なのを内面の充実だなどと思いこむものだから、ひどく高ぶってきて、顔色も青くなったり赤くなったり。これでは俗人と少しも変わらないではないかね。そんな風にして相手が何に感ずるかを推し測って、その感ずる心に取り入ろうとする。こういうのを名づけて『日ごとの小さな徳すら成らず』と言うのだよ。まして大きな徳が成るはずはない。相手は己《おのれ》に固執して、君の説得などに教化されず、表向きは合わせても、腹の中ではせせら笑っているだろう。どうしてよいものか。」

「それならば、内心は剛直、外面《そとづら》は柔和にし、事を成就する場合は上古の史実にかこつけることにします。

内心の剛直な者は、天の仲間となります。天の仲間である者は、たとえ天子でも自分と同じく根源者たる天から生まれた、平等な子であることを心得ています。したがって、自分の意見だけを相手に認めてもらいたいとか、認めてもらいたくないとか、そういった依怙贔屓《えこひいき》の願いはありません。このような者を、人々は純真な童子《どうじ》と言いますが、これが天の仲間となるということです。

外面《そとづら》の柔和な者は、人の仲間となります。笏《しゃく》を捧《ささ》げ持ち、地面に跪《ひざまず》き、上体を折り、全身を丸める、などといった七面倒《しちめんどう》な所作の規定は、臣下たる者の行わなければならない礼儀ですが、誰しもやっていることですから、私もないがしろにはしません。人がやるとおりにやっていれば、人も危害を加えることはありますまい。これが人の仲間となるということです。

事を成就する場合、上古の史実にかこつける者は、上古の仲間となります。その言葉に君主の過ちを譴責《けんせき》する内容があったとしても、それは古人の発言であって、私の意見ではないのです。だから、こういうやり方をすれば、大胆率直にものを言っても、何の恐れもありません。これが上古の仲間となるということです。以上のようにしたなら、よろしくはありませんか。」

仲尼《ちゅうじ》、「ああ、何がよいものか。人を正す手段が多すぎて事情に疎《うと》い。融通《ゆうずう》の利《き》かないやり方だけれど、罪に陥《おちい》ることはない、といったところかな。しかし、ただそれだけのことだ。相手を教化することなど及びもつかないね。君はまだ、心中の己《おのれ》の主義主張に拘《こだわ》りすぎている者だ。」

顔回《がんかい》、「私は、もうこれ以上先に進めません。どうか、よいやり方をお教え下さい。」

仲尼、「まず、物忌《ものい》みをしてきたまえ。君に話をしてあげるのはその後だ。穢《けが》れを持ったままで何かをしようとしても、それは難しいのだよ。易しいと思う者がいたら、明澄《めいちょう》なる天から咎《とが》めを受けるだろうな。」

顔回、「私の家は貧しく、もう数ヵ月もの間、酒を飲まず韮《にら》・蒜《にんにく》を口にしていません。これでは、物忌みしていることにならないでしょうか。」

仲尼、「それは、祭りの物忌みだ、心の物忌みではない。」

顔回、「その心の物忌みとは、どういうことなのでしょうか。」

仲尼、「君は、心の働きを一つに集注して雑念を払いたまえ。物事を耳で聴くのではなく心で聴きたまえ。いや、心で聴くのではなく気《き》（心の奥底にある、世界の構成元素）で聴きたまえ。耳は音声を聴き取るだけにすぎず、心は姿 形《すがたかたち》を写し取るだけにすぎないからだ。これに対して、心の奥底に横たわる気というものは、一切の雑念を含まない空虚であって、ある物がやって来るのを待ち受ける存在だ。そして、この空虚に定着するある物こそが、道というものに他ならない。こういうわけで、己の内面から耳や心のもたらした穢れを除き去って、この空虚を作り出すこと、それが心の物忌みなのだよ。」

さて、仲尼の教えに従って、心の物忌みの修業を終えた顔回が、再び仲尼にお目にかかって言った。「先生から心の物忌みを命ぜられる前は、確かに己に固執する私が存在しておりました。これを命ぜられてから後は、最早《もはや》私が存在しなくなりました。これを空虚と言ってよいでしょうか。」

先生は答えた。「申し分ないね。それでは、君に話すことにしようか。もし君が鳥籠《とりかご》のような窮屈な政治の世界に入っていっても、名声を揚げるなどといった誘惑に心を動かされず、鳥籠《とりかご》から締め出されないようなら勝手にさえずり、締め出される恐れがあれば鳴きやみたまえ。しかし根本では、鳥籠《とりかご》の内と外を隔《へだ》てる門《もん》や牆《かきね》を取り払い、もっぱら道だけを己の住居《すまい》と定めて、事情に迫られてやむをえず動く、というような身の処し方ができるならば、まず完璧だろうね。

人間というものは、深山幽谷《しんざんゆうこく》に足跡を絶つことはできるかもしれないが、しかし大地（現実社会）を歩まないわけにはいかない。その場合、人の作為に使われる身となれば、虚偽に泥塗《どろまみ》れにされてしまうけれども、天の無為《むい》に仕《つか》える身となれば、真実の生を生きることができよう。とはいえ、翼《つばさ》を動かして飛ぶ者はあるけれども、翼なくして飛ぶ者のあることは聞いた例《ためし》がない。知を働かせて知る者はあるが、知なくして知る者のあることは聞いた例《ためし》がない。翼や知のような手立てが必要なのだが、あの戸を閉ざした暗室を見てごらん。何もない空虚な部屋に、白い日の光がくっきりと射しこんでいるだろう。そのように、この世のあらゆる幸いは静止した空虚に宿るのだ。それなのに、心が一向に静止しない者もいる。こういうのを、坐っていても心は駆けると言うのだが、これでは何の手立てもないに等しいね。

そもそも耳目が内面に取り次ぐ外界についての感覚には、抗《あらが》わずに従いながら、心の知覚を棄て去って静止・空虚に落ち着くならば、やがて鬼神《きしん》たちもやって来てそこに宿るだろう。まして人々が慕い集まってくるのは、当然のことだね。そして、これこそが乱暴者の衛の君主は勿論、あらゆる物を教化する道なのだ。古代の聖王の禹《う》や舜《しゅん》が離れることのなかったのもこれだったし、さらに古い帝王の伏戯《ふくぎ》や几蘧《ききょ》が死ぬまで行い続けたのもこれだった。まして聖王たちよりも劣った我々が、心の空虚を大切にして生きていかなければならないことは、言うまでもないのだよ。」

原文

顏回見仲尼、請行。

曰、奚之。

曰、將之衞。

曰、奚爲焉。

曰、回聞、衞君、其年壯、其行獨。輕用其國、而不見其過。輕用民死、死者以國量、乎澤若蕉。民其无如矣。回嘗聞之夫子、曰、治國去之、亂國就之。醫門多疾。願以所聞思其則。庶幾其國有瘳乎。

仲尼曰、譆、若殆往而刑耳。夫道不欲雜。雜則多、多則擾、擾則憂、憂而不救。古之至人、先存諸己、而後存諸人。所存於己者未定、何暇至於暴人之所行。

且若亦知夫德之所蕩、而知之所爲出乎哉。德蕩乎名、知出乎爭。名也者、相軋也。知也者、爭之器也。二者凶器、非所以盡行也。

且德厚信矼、未達人氣、名聞不爭、未達人心、而彊以仁義繩墨之言術暴人之前者、是以人惡有其美也。命之曰菑人。菑人者、人必反菑之。若殆爲人菑夫。

且苟爲悅賢而惡不肖、惡用而求有以異。若唯无詔、王公必將乘人而鬬其捷。而目將熒之、而色將平之、口將營之、容將形之、心且成之。是以火救火、以水救水。名之曰益多。順始无窮。若殆以不信厚言、必死於暴人之前矣。

且昔者桀殺關龍逢、紂殺王子比干。是皆脩其身、以下傴拊人之民、以下拂其上者也。故其君、因其脩以擠之。是好名者也。昔者堯攻叢枝胥敖、禹攻有扈、國爲虛厲、身爲刑戮。其用兵不止、其求實无已。是皆求名實者也。而獨不聞之乎。名實者、聖人之所不能勝也。而況若乎。雖然、若必有以也。嘗以語我來。

顏回曰、端而虛、勉而一、則可乎。

曰、惡、惡可。夫以陽爲充孔揚、采色不定、常人之所不違。因案人之所感、以求容與其心。名之曰日漸之德不成。而況大德乎。將執而不化、外合而內不訾、其庸詎可乎。

然則我內直而外曲、成而上比。

內直者、與天爲徒。與天爲徒者、知天子之與己、皆天之所子。而獨以己言蘄乎而人善之、蘄乎而人不善之邪。若然者、人謂之童子。是之謂與天爲徒。

外曲者、與人之爲徒也。擎跽曲拳、人臣之禮也。人皆爲之、吾敢不爲邪。爲人之所爲者、人亦无疵焉。是之謂與人爲徒。

成而上比者、與古爲徒。其言雖教讁之實也、古之有也、非吾有也。若然者、雖直不爲病。是之謂與古爲徒。若是則可乎。

仲尼曰、惡、惡可。大多政法而不諜。雖固亦无罪。雖然、止是耳矣。夫胡可以及化。猶師心者也。

顏回曰、吾无以進矣。敢問其方。

仲尼曰、齋、吾將語若。有而爲之、其易邪。易之者、皞天不宜。

顏回曰、回之家貧、唯不飲酒不茹葷者、數月矣。若此、則可以爲齋乎。

曰、是祭祀之齋、非心齋也。

回曰、敢問心齋。

仲尼曰、若一志。无聽之以耳、而聽之以心。无聽之以心、而聽之以氣。聽★〈耳〉止於耳★〈聽〉、心止於符。氣也者、虛而待物者也。唯道集虛。虛者、心齋也。

顏回曰、回之未始得使、實自回也。得使之也、未始有回也。可謂虛乎。

夫子曰、盡矣。吾語若。若能入遊其樊、而无感其名、入則鳴、不入則止。无門无毒、一宅而寓於不得已、則幾矣。

絕迹易、无行地難。爲人使易以僞、爲天使難以僞。聞以有翼飛者矣、未聞以无翼飛者也。聞以有知知者矣、未聞以无知知者也。瞻彼闋者、虛室生白、吉祥止止。夫且不止、是之謂坐馳。夫徇耳目內通、而外於心知、鬼神將來舍、而況人乎。是萬物之化也、禹舜之所紐也、伏戲几蘧之所行終。而況散焉者乎。

第二章　外交使節となって外国へ行く者に、孔子が与えた助言

葉公《しょうこう》子高《しこう》（春秋時代の楚の王族）が楚《そ》（国名）の国使として斉《せい》（国名）に行くことになって、仲尼《ちゅうじ》（孔子《こうし》の字《あざな》）に意見を求めた。「我が王には、私に引くに引かれぬ重大な使命を与えられました。しかし、斉の君主の出方は、恐らく表向きは甚だ鄭重でしょうが、実際ははかばかしく応じてくれないと思います。人間というものは、ただの男でも動かすことは難しい。まして諸侯《しょこう》（斉の君主）が相手では、なおさらのことです。それを思うと、私は慄《おそ》ろしくてなりません。

いつだったか、先生がこうおっしゃったのを覚えています。『およそ世間の物事というものは、小事であれ大事であれ、まず例外なく道によって成就するよう心を砕くものだ。けれども、事があいにく成就しなければ、必ず人の道による咎《とが》めを受けるだろうし、たとえ成就したとしても、今度は心身を蝕《むしば》まれて病いに罹《かか》り、きっと陰陽の気（つまり天の道）による災いに遭うだろう。成就するしないに関わりなく、こうした災いを免れうるのは、ただ道を体得した有徳者《ゆうとくしゃ》だけだ。』と。

私は、食事は質素を旨として贅沢《ぜいたく》を好まず、厨房《くりや》の煮炊《にた》きも細々と火を燃やさせ、熱気に当てられて涼《りょう》を取る料理人もいないという暮らし振り。普段ろくなものを食べていませんから、体がほてってくるはずがないのですけれども、今朝《けさ》、王のご命令を受けると、夕方には氷が欲しくなるというありさまです。内臓が熱を持っているのでしょう。まだ事の実際の局面に至らない内に、もう陰陽の変調（天の道）による災いに遭ったわけです。これで事がうまく運ばなければ、きっと人の道の咎《とが》めをも受けることになるでしょう。正《まさ》に泣き面に蜂で、臣下たる私には、とても勤まらない仕事だと思われます。どうかもっと詳しくお教えいただけませんか。」

仲尼はこれに答えて言うのであった。「この世には深く慎重を期すべきことが二つあります。一つは必然の命《めい》であり、もう一つは当為《とうい》の義《ぎ》であります。子《こ》として親を愛するのは命であり、心から除き去ることはできない。臣下として君主に仕えるのは義であり、どこに行っても君主というものは存在します。天地の間に生きてある限り、我々はこの二つから逃がれられません。それで深く慎重を期すべきこと、と言うのです。したがって、親に仕える者が、親がどんな境遇にあろうとも喜んで言いつけを守るのは、最上の孝でありましょう。君主に仕える者が、君主がどんな任務を命じようとも喜んで命令に服するのは、最上の忠でありましょう。しかし、これらよりも一層優れているのが、自《みずか》ら己《おのれ》の心に仕える者の場合です。彼は親子関係・君臣関係の中に身を置きつつ、喜怒哀楽の感情を次から次へと変えることがなく、命と義が人間の力ではどうすることもできないものだと心得て、心安らかにそれらに従うのですが、これこそ最上の徳ではありませんか。もともと臣下たる者、子たる者には、嫌《いや》でもやらざるをえないことがあるのです。あなたとしては、事柄の実際に打ちこんで我が身を忘れることだ。生を喜んだり死を嫌ったりしている暇などないはずです。さあ、行かれるがよろしい。

だが、もう少し私の聞いていることを言わせてもらいましょう。およそ国と国の交際は、両国が近ければ直《じか》に誠意を示しあって結ばれますが、遠ければ互いに誠意を通ずるために言葉を送りあうものです。言葉を送る場合、それを伝える使者が必要となります。こういう時、双方を喜ばせたり双方を怒らせたりする言葉を伝えるのは、世にも難しいことです。そもそも双方が喜ぶ言葉には、必ず玉虫色の外交辞令が多く、双方が怒る言葉には、必ず世に憚《はばか》る悪たれ口が多い。このように、およそ度を過ぎた言葉はいい加減で、いい加減だとあまり信用されず、信用されないとそれを伝えた使者が咎《とが》めを受けます。そこで格言にも、『あるがままの事実を伝え、度過ぎた言葉を取り次がなければ、まずまず安全大丈夫。』と言っております。

それに、技を用いて勝負を競《きそ》う者は、始めは朗《ほが》らかに遊びのつもりでも、決まって終わりは暗い悪意となり、それが高《こう》ずるととんでもない手が沢山《たくさん》飛び出します。礼の作法に法《のっと》って酒宴に臨む者は、始めは居住《いず》まいを正して飲んでいますが、必ず終わりは乱痴気騒《らんちきさわ》ぎとなり、ひどい時にはとんでもない隠し芸が次々に沢山《たくさん》飛び出します。全て世間の物事はそんなもの。始めは生《き》まじめであっても、終わりは必ず下劣となり、始めはつつましく立ち上げた仕事であっても、終わりに近づくと必ず途轍《とてつ》もない大事《おおごと》になってしまうのです。

言葉というものは、定めない風《かぜ》・波《なみ》のようなものにすぎませんが、行為というものは、そのもとになる実際の得ること・失うことです。風波《ふうは》なら揺れ動くだけで済みますが、得る・失うは危険を招きやすい。ですから、実際の得失《とくしつ》によって一度《ひとたび》君主の心に忿怒《ふんぬ》が生まれると、もうどんなお上手・おべんちゃらの風波も役に立ちません。獣は死に瀕《ひん》した場合、声を構《かま》わず泣き喚《わめ》き、息づかいもはあはあ、こうなってはあらん限りの荒ぶる心が生じます。君主という存在もこれと同じで、あまりに厳正に追いつめると、必ずそのために善からぬ心が頭をもたげてきて、しかもそういう自分に気づかない。仮りにも君主が善からぬ心を持った自分に気づかないとすれば、終《しま》いに何をやらかすか、分かったものではありませんね。そこで格言にも、『君主の命令を改むるなかれ、仕事の成就に努むるなかれ。』とあるのです。先ほどお話ししたとおり、度を過ぎた外交辞令や悪たれ口は誇張された妄言です。確かにこれも災いの種にはなりますが、しかし君主の命令の勝手な変更や、仕事の成就を目指すひたむきな努力の方は、ことが実際の得失に関係するだけに、一挙に物事をぶち壊しかねません。善いことを成し遂げるには久しい時が必要であり、悪いことは一度しでかしてしまうと、もう改めようがないのです。あなたも気をつけないわけにはいきませんぞ。

さらに言えば、世間のあらゆる事物の上に立ち、心を伸びやかに解き放って、やむをえぬ必然に身を委《ゆだ》ねつつ、ひたすら内面の心を豊かにしていく、こういう生き方こそが最上です。何もことさら細工をして、斉《せい》の君主へのメッセージを飾り立てることはない。王のご命令をそのまま取り次ぐのが一番です。しかし、実はこれが難しいことなのですね。」

原文

葉公子高將使於齊、問於仲尼曰、王使諸梁也甚重、齊之待使者、蓋將甚敬而不急。匹夫猶未可動也、而況諸侯乎。吾甚慄之。

子嘗語諸梁也、曰、凡事若小若大、寡不道以懽成。事若不成、則必有人道之患。事若成、則必有陰陽之患。若成若不成、而後无患者、唯有德者能之。

吾食也執粗而不臧、爨无欲清之人、今吾朝受命而夕飲冰。我其内熱與。吾未至乎事之情、而既有陰陽之患矣。事若不成、必有人道之患。是兩也。爲人臣者、不足以任之。子其有以語我來。

仲尼曰、天下有大戒二。其一命也、其一義也。子之愛親、命也。不可解於心。臣之事君、義也。无適而非君也。无所逃於天地之間。是之謂大戒。是以夫事其親者、不擇地而安之、孝之至也。夫事其君者、不擇事而安之、忠之盛也。自事其心者、哀樂不易施乎前、知其不可奈何、而安之若命、德之至也。爲人臣子者、固有所不得已。行事之情而忘其身。何暇至於悅生而惡死。

夫子其行可矣。

丘請復以所聞。凡交、近則必相靡以信、遠則必忠之以言。言必或傳之。夫傳兩喜兩怒之言、天下之難者也。夫兩喜必多溢美之言、兩怒必多溢惡之言。凡溢之類妄、妄則其信之也莫、莫則傳言者殃。故法言曰、傳其常情、无傳其溢言、則幾乎全。

且以巧鬭力者、始乎陽、常卒乎陰、泰至則多奇巧。以禮飲酒者、始乎治、常卒乎亂、泰至則多奇樂。凡事亦然。始乎諒、常卒乎鄙、其作始也簡、其將畢也必巨。

言者、風波也。行者、實喪也。夫風波易以動、實喪易以危。故忿設、无由巧言偏辭。獸死不擇音、氣息茀然、於是竝生心厲。剋核太至、則必有不肖之心應之、而不知其然也。苟爲不知其然也、孰知其所終。故法言曰、无遷令、无勸成。過度益也。遷令勸成殆事。美成在久、惡成不及改。可不愼與。

且夫乘物以遊心、託不得已以養中、至矣。何作爲報也、莫若爲致命。此其難者。

第三章　極悪非道な為政者に対処して、彼を善導する方法

魯《ろ》（国名）の顔闔《がんこう》（春秋時代の賢人）は、衛《えい》（国名）の霊公《れいこう》の太子（後の荘公《そうこう》）の守《も》り役になると決まって、賢人の聞こえ高い衛《えい》の大夫《たいふ》の蘧伯玉《きょはくぎょく》に教えを請うた。「こんな人物がいたとします。人《ひと》となりは生まれついての刻薄者《こくはくもの》で、放置して極悪非道をやらせておけば、この国を危険に陥《おとしい》れかねず、かといって、何とか真当《まっとう》にしてやろうと口を出せば、こちらの身が危ない。その知は、人の過ちを見つける怜悧《れいり》さがあるだけで、人がなぜ過ちを犯すのか

までは分からない、という人物です。こういう者を相手にするには、どうしたらよいでしょうか。」

蘧伯玉《きよはくぎよく》は答えて言った。「まことに善いご質問ですね。まず慎重の上にも慎重に構えて、君の身を正すことだ。立《た》ち居《い》振《ふ》る舞《ま》いは相手に従順にし、心の内は相手を融和するのが一番です。しかしながら、この二つにも心配はある。従順とはいえ、己《おのれ》を失った没入では困るし、融和なら己を出したくないものです。立《た》ち居《い》振《ふ》る舞《ま》いを従順にしすぎて相手に没入すると、君はやがて顚倒・破滅、崩壊・蹉跌《さてつ》の憂き目を見ることになります。心で相手を融和してもそれが出すぎると、やがて名声・名誉を頂戴して、祟《たた》り・災《わざわ》いの本となるでしょう。そこで、あちらが乳飲み子のように駄々《だだ》をこねるなら、君も一緒になって駄々をこね、あちらが無軌道を突っ走るなら、君も一緒になって突っ走り、あちらが放埒《ほうらつ》に耽《ふけ》るなら、君も一緒になって耽りたまえ。このように好き勝手にさせながら、過ち一つない境地に引き上げてやりなさい。

君もあの螳螂《かまきり》を知っていよう。臂《ひじ》を押《お》っ立て道跡《みちあと》の車に立ちはだかるが、身のほど知らずもいいとこだ。才弾《さいはじ》けた者のありさまとは、こんなもの。慎重の上にも慎重に構えたまえ。いたく弾けた小才《こざえ》を鼻にかけ、それを振り絞って相手に逆らおうものなら、危険な目に遭いますぞ。

君はまた、虎を調教する者を知っていよう。虎使いというものは、決して生き物を与えようとはしないが、虎が食い殺して野性を呼び覚ますのを恐れるからです。また、たとえ死んだ物であっても、決して一匹丸のまま与えようとはしない。虎が引き裂いて荒々しさが戻《もど》ってくるのを恐れるためです。虎使いは、虎の腹加減を窺《うかが》いつつ餌を与えて、荒ぶる心をほどよく往《い》なしてしまう。虎は固《もと》より人間と違った類であるけれども、己を養ってくれる者に懐《なつ》いていくのは、彼が虎の本性《ほんせい》に従うからこそです。だから、時に虎が虎使いを食い殺すこともある、それは彼が虎の本性に逆らったためなのです。

また、馬を愛するマニアは、手回りの品を収める手箱を使って糞《ふん》を取ってやり、祭りに用いる大蛤《おおはまぐり》で尿《にょう》を受けてやる、といった具合に可愛がるもの。しかし、たまたま蚊《か》や虻《あぶ》がたかっているのを見て、うっかり不意に叩きでもすれば、馬は驚いて轡《くつわ》を嚙《か》み切り、頭を傷つけ、胸を打ち砕く、といった仕儀《しぎ》になってしまう。こうしてやりたいという思いが十分にあっても、本当の愛にならないことがあるのです。慎重にしなければなりませんぞ。」

原　文

顔闔将傳衞靈公大子、而問於蘧伯玉曰、有人於此、其徳天殺。與之爲无方、則危吾國、與之爲有方、則危吾身。其知適足以知人之過、而不知其所以過。若然者、吾奈之何。

蘧伯玉曰、善哉、問乎。戒之愼之、正女身哉。形莫若就、心莫若和。雖然、之二者有患。就不欲入、和不欲出。形就而入、且爲顚爲滅、爲崩爲蹶。心和而出、且爲聲爲名、爲妖爲孽。彼且爲嬰兒、亦與之爲嬰兒。彼且爲无町畦、亦與之爲无町畦。彼且爲无崖、亦與之爲无崖。達之入於无疵。

汝不知夫螳蜋乎。怒其臂以當車轍、不知其不勝任也。是其才之美者也。戒之愼之。積伐而美者以犯之、幾矣。

汝不知夫養虎者乎。不敢以生物與之、爲其殺之之怒也。不敢以全物與之、爲其決之之怒也。時其飢飽、達其怒心。虎之與人異類、而媚養己者、順也。故其殺者、逆也。

夫愛馬者、以筐盛矢、以蜄盛溺。適有蚉虻僕緣、而拊之不時、則缺銜毀首碎胷。意有所至、而愛有所亡。可不愼邪。

第四章　無用の用——大木はなぜ長生きできたのか

大工の棟梁《とうりょう》の石《せき》が、ある時、斉《せい》（国名）に出かけた。曲轅《きょくえん》（地名）という土地に着いて、その地の社《やしろ》に聳《そび》える神木《しんぼく》の櫟《くぬぎ》の木を見た。大きさは数千の牛の群《むれ》を木蔭《こかげ》に寄せるほどで、幹の周《まわ》りは百抱えもあり、高さは山を見下《みお》ろすほどで、地上より千仞《せんじん》（約一六〇〇メートル）も行ったところで始めて枝が出ている。また、この木を材料にして作れそうな舟の数は、何十艘《そう》にも上ろうかという巨木である。見物人が集まってきて、市場のような賑《にぎ》やかさであったが、棟梁《とうりょう》は目もくれず、そのまま素通《すどお》りしてしまった。

お供の弟子はじっと見とれていたが、大急ぎで棟梁《とうりょう》に追いついてたずねた。「私が斧《おの》・斤《まさかり》を手にして棟梁《とうりょう》の家に弟子入りして以来、このような素晴らしい材は見たことがありません。それなのに棟梁は視ようともせず、素通《すどお》りしてしまわれた。どういうわけでしょう

「止めなさい、下らぬことを言うな。あれはつまらぬ木だ。舟を作れば沈むわ、棺桶を作ればすぐ腐るわ、道具を作ればすぐ壊《こわ》れるわ、門や戸にすれば樹脂《やに》が出るわ、柱にすれば虫が食うわで、全く役に立たない木だ。使い道がない。だから、こんなに長生きできたのさ。」

棟梁《とうりょう》の石《せき》が家に帰ると、その夜、社《やしろ》の櫟《くぬぎ》が夢枕《ゆめまくら》に立って、「そなたは私を何と比べるつもりかね。立派な木と比べたいのだろうが、一体、柤《しどみ》・梨《なし》・橘《たちばな》・柚《ゆず》や、木の実・草の実の類《たぐ》いは、実《み》が熟するともぎ取られ、もぎ取られると辱ずかしめを受けることになる。また、大きな枝はへし折られ、小さな枝も引っぱられる始末だ。これは、なまじ役に立つ取り柄《え》があるために、かえって己《おのれ》の生命を苦しめるもの。だから、天寿《てんじゅ》を全うしないで、途中で若死《わかじ》にする結果にもなるわけだが、自《みず》ら世の俗人たちに打ちのめされようとするものだ。こういったことは、何も木の場合だけに限らない。あらゆる物がこうなのだ。

それに、私はずっと以前から、役立たずでありたいと願ってきた。その願いは、死に近づいた今になってやっと適《かな》えられ、真に役に立つ存在になったのだ。仮りに私が世間並みの役に立つ木であったなら、一体、ここまで大きくなれただろうか。さらに、所詮《しょせん》そなたも私も、ともに一つの物であるにすぎず、根源者たる道ではない。どうして互いの価値を決められようか。そなたとて、死に損《ぞこ》ないのつまらぬ人だ、私が真につまらぬ木かどうか、分かるはずもなかろう。」

棟梁《とうりょう》の石《せき》は目が覚めると、夢の吉凶についてあれこれと思いをめぐらしていた。すると弟子がたずねて、「役立たずでありたいと願っていたのなら、何だって社《やしろ》の神木《しんぼく》なんかになったのでしょう。」

「黙れ。滅多《めった》なことを言うでない。あれもただ社《やしろ》の櫟《くぬぎ》の木に姿を借りているだけだ。分からず屋たちが悪口を言っていると思っているだろうね。たとえあれが社の櫟以外の物に生まれていたとしても、伐り倒されて天寿を全うできないなどという恐れは、あるはずがない。それに、あれが胸中に抱いているものは、大衆の価値観とは違うのだ。それなのに、大衆の価値観で誉めたり貶《けな》したりするなんて、えらく見当《けんとう》はずれだな。」

原　文

匠石之齊。至乎曲轅、見櫟社樹。其大蔽〔數★千★〕牛、絜之百圍。其高臨山、十★〈千〉仞而後有枝。其可以爲舟者、旁十數。觀者如市。匠伯不顧、遂行不輟。弟子厭觀之、走及匠石曰、自吾執斧斤以隨夫子、未嘗見材如此其美也。先生不肯視、行不輟、何邪。

曰、已矣、勿言之矣。散木也。以爲舟則沈、以爲棺槨則速腐、以爲器則速毀、以爲門戸則液樠、以爲柱則蠹。是不材之木也、无所可用、故能若是之壽。

匠石歸。櫟社見夢曰、女將惡乎比予哉、若將比予於文木邪。夫柤梨橘柚、果蓏之屬、實熟則剝、★〔剝〕則辱。大枝折、小枝泄。此以其能苦其生者也。故不終其天年、而中道夭。自掊擊於世俗者也。物莫不若是。

且予求无所可用、久矣。幾死、乃今得之、爲予大用。使予也而有用、且得有此大也邪。且也若與予也、皆物也。奈何哉其相物也。而幾死之散人、又惡知散木。匠石覺而診其夢。弟子曰、趣取无用、則爲社何邪。曰、密、若无言。彼亦直寄焉。以爲不知己者詬厲也。不爲社者、且幾有翦乎。且也彼其所保與衆異。而以義譽之、不亦遠乎。

第五章　才がないものこそ真の才を持っている

哲学者の南伯子綦《なんはくしき》（南郭子綦《なんかくしき》に同じ、架空の思想家）が、かつての殷《いん》（王朝の名）の都商丘《しょうきゅう》の廃墟に遊んだ時、そこでひどく変わった大木を見た。その巨大さは、四頭立ての馬車千乗《せんじょう》さえ、その木蔭《こかげ》に覆い隠されてしまうほどであった。

子綦《しき》はつぶやいた。「これは何という木だろう。きっと格別優れた使い道があるのだろうな。」

仰《あお》いで小枝を視ると、曲がりくねって棟木《むなぎ》にも梁《はり》にもならず、俯《うつ》むいて太い根本《ねもと》を視つめると、心《しん》が裂けていて棺桶《かんおけ》を作ることもできない。葉を舐《な》めてみると、口が爛《ただ》れて傷になり、臭いを嗅《か》いでみると、悪酔いして三日経《た》ってもまだ醒《さ》めない、という代物《しろもの》であった。

子綦がまたつぶやく。「これはやはり世間並みの使い道のない木なのだ。だからこそ、伐り倒されることもなく、こんなに巨大になったのだ。ああ、神人《しんじん》（霊妙な能力の人）はこれと同じように並の使い道がないので、あのように偉大であるというわけか。」

原文

南伯子綦遊乎商之丘、見大木焉、有異。結駟千乘、隱將芘其所藾。子綦曰、此何木也哉。此必有異材夫。仰而視其細枝、則拳曲而不可以爲棟梁。俯而視其大根、則軸解而不可以爲棺槨。咶其葉、則口爛而爲傷。嗅之、則使人狂酲、三日而不已。子綦曰、此果不材之木也。以至於此其大也。嗟乎、神人以此不材。

第六章　才のあるものは、かえって若死にする

宋《そう》（国名）に荆氏《けいし》という土地があり、楸《ひさぎ》・柏《ひのき》・桑《くわ》がよく育つ。ところが、これらの木は、太さが一握りか二握り以上に育つと、もう狙猴《さる》を繋《つな》ぐ杙《くい》の欲しい人が斬り、三抱え四抱えになれば、高い家を建てるのに使う棟木《むなぎ》の欲しい人が斬り、七抱え八抱えにもなると、棺桶《かんおけ》の大板《おおいた》を求める貴族や豪商が斬っていく。こういうわけで、天寿を全うしない内に、途中で斧《おの》・斤《まさかり》で断ち斬られるが、これは役に立つことが招いた災いである。

そこで、春先に行う解《かい》（厄払《やくばら》い）の祭りの時、額《ひたい》の白い牛や、反《そ》った鼻の豚や、痔病持《じびようも》ちの人間などの穢《けが》れたものを、生《い》け贄《にえ》として黄河に捧げることはできない。これらのことは、いずれも巫祝《かんぬし》がとっくに知っていて、不吉と見なすものである。だからこそこれらは、かえ

って長く生き延びることができるので、神人《しんじん》（道を体得した人）が大吉と見なすものなのである。

原　文

宋有荆氏者、宜楸柏桑。其拱把而上者、求狙猴之杙者斬之。三圍四圍、求高名之麗者斬之。七圍八圍、貴人富商之家、求禪傍者斬之。故未終其天年、而中道之夭於斧斤。此材之患也。故解之以牛之白顙者、與豚之亢鼻者、與人有痔病者、不可以適河。此皆巫祝以知之矣、所以爲不祥也、此乃神人之所以爲大祥也。

第七章　身体の障害者から徳の障害者へ

支離疏《しりそ》（肢体不自由者の疏《そ》）という人は、頤《あご》が臍《へそ》のあたりに隠れ、両肩が頭のてっぺんよりも高く突き出て、会撮《もとどり》が天に向かって立ち、五臓《ごぞう》が上の方に出てきて、両腿《りょうもも》は脇腹にくっ付いている、という身体障害者である。しかし、裁縫や洗濯の仕事をすれば、自分の口すぎぐらいは何とでもなり、箕《み》を篩《ふる》い米の選《よ》り分けの仕事を引き受ければ、十人の家族も楽に養っていける。また、お上《かみ》が兵隊を徴集する時になると、兵役免除の彼は、大手を振るってあたりを伸《の》し歩き、お上が大規模な人夫の徴発を行う時にも、持病があるという理由でノルマを免除される。それでいて、お上から病める者に施し物がある時には、三鍾《さんしょう》（約三七〇リットル）の穀物と十束の薪《たきぎ》を頂戴するのである。
そもそも外面の身体に障害がある者でさえ、このように生命を保持して、天寿を全うすることができる。まして内面の徳に障害のある者であれば、さらに充実した人生を送ることができるに違いない。

原文

支離疏★者、頤隠於齊、肩高於頂、會撮指天、五管在上、兩髀爲脅。挫鍼治繲、足以餬口、鼓筴播精、足以食十人。上徵武士、則支離攘臂於其間。上有大役、則支離以有常疾不受功。上與病者粟、則受三鍾與十束薪。
夫支離其形者、猶足以養其身、終其天年。又況支離其徳者乎。

第八章　狂接輿は孔子の門前で独り歌い、現代社会の無道を悲しんだ

孔子《こうし》が楚《そ》（南方の国名）に旅した折りのこと、楚の狂接輿《きょうせつよ》（隠者）が宿舎《やど》の門前をぶらつき、次のように歌いながら去って行った。

「あわれ気高き鳳《おおとり》よ、汝《な》が徳《こころ》こそ衰《おとろ》えたれ、
見ぬ世を待つは詮《せん》もなく、往《い》にし世追うも甲斐《かい》あらず。
聞くならく、道の天下に在るあれば、聖人《ひじり》は己《おの》が身を修め、

道見えざれば、独り生く。
さてこそあらめ、今し世は道の見えざるのみならず、罪免れんこと難し。
羽《はね》より軽き福《さいわい》も、手に取る方便《たづき》さらになく、
地よりも重き禍《わざわ》いも、避《さ》けん手段《すべ》なし乱るる世。
さればやみなん、仁義もて世をも人をも導くは、
危うからずや汝《な》が所業《しわざ》、大地《おおつち》に直《なお》き法《のり》だに彫《え》らばやと、憩《いこ》わん日止めん日知らに走《わし》り歩《あり》くよ。
さもあらばあれ棘木《うばらぎ》や、我が歩み行く足脛《あしはぎ》を、うたて傷つくることなかれ、
我が歩みかつ引きかつ巻きたゆたえば、やよ傷つくることなかれ。」

原　文

孔子適楚。楚狂接輿遊其門曰、
鳳兮鳳兮、何如德之衰也、
來世不可待、往世不可追也。
天下有道、聖人成焉、
天下无道、聖人生焉、
方今之時、僅免刑焉。
福輕乎羽、莫之知載、

禍重乎地、莫之知避。
已乎已乎、臨人以徳、
殆乎殆乎、畫地而趨。
迷陽迷陽、无傷吾行、
吾行郤★曲、无傷吾足。

第九章　有用の用ではなく、無用の用を知らなければならない

山の木は、役に立つために我《われ》と我が身に寇《あだ》を加え、灯火《ともしび》は、明るさの故に我と我が身を焼き焦《こ》がす。肉桂は食用になるので切り取られ、漆《うるし》は塗料になるので切り割かれる。人々はみな、世間的な有用がそのまま役に立つことだと考えるばかりで、世間的な無用こそが真に役に立つことだと分かる者はいない。

原文

山木自寇也、膏火自煎也。桂可食、故伐之。漆可用、故割之。人皆知有用之用、而莫知无用之用也。

解説

「人間世」という篇題について、『釈文』は「此人間見事、世所常行者也。」と言い、司馬彪（茆泮林輯の司馬彪『荘子注』による。『釈文』欠く）は「言処人間之宜、居乱世之理。与人群者、不得離人。然人間之事故、与世異宜。唯無心而不自用者、為能唯変所適而何足累。」と言う。郭象注は司馬彪の説を取っているが、これらよりも劉武『荘子集解内篇補正』の「蓋人間以横言、世以豎言。人間世者、謂人与人之間相接之時世也。」がよいと思う。宣穎『南華経解』・赤塚忠も同じ結論である。「人間」は、第七章の「支離攘臂於其間」から思いついた言葉であろう。本書では他に至楽篇第四章・山木篇第七章にも見える。「世」は、第八章の「来世」「往世」から取ったのであろう（王先謙『荘子集解』）。

第一章は、斉物論篇の「一の無」の哲学における、万物の根源への沈潜を、虚静説（「心斎」）へとデフォルメし、それをもって暴君の如き現実の社会・政治に対処するならば、あらゆる「物」の教化さえも可能である、と説いている。これを受けて、位階秩序に縛られた士大夫たちの、現実社会に身を処していきたいという願いに対し、初期道家の自己否定の契機を緩めながら応えたのが、第二章・第三章である。第四章～第九章には、処世の方法を「无用の用」に求め、目標である真の用を「養生」に置いた文章が集めてある。第八章は、このような処世法の根拠を、「天下无道」の乱世の現実に求めたもの。いずれもみな戦国末期の作であろう。

徳充符《とくじゅうふ》　第五

総　説

「徳」という言葉は、一般的に言って、道家や『荘子』が用いる場合、儒家が倫理的な意味で用いてきた「徳」と同じでない。そうした人間中心主義的な用語法やそれに基づく儒家の思想が、視野狭窄に陥っていると批判して登場したのが、道家の用語法やそれに基づく道家の思想だからである。まして、今日我々が普通に用いる「道徳」（モラルズ、エシクス）とは全然異なると考えて差し支えない。

道家や『荘子』の「徳」とは、大体のところ、客観的には、世界の根源者である「道」の作用・働きを指している。例えば、『老子』第五十一章に「道 之を生じ、徳 之を畜《やしな》（育）う。」とあるように、「道」が「物」の存在に関わるのに対して、「徳」はその成長に関わっているのを参照されたい。

また主観的には、人間が自己の身に「得」ているもの、「道」や「天」によって与えられた何かを指す。その「もの」「何か」とは、自己の身体と精神、「形」と「心」のことなのであるが、この学派が精神よりも身体を重んずるので、主に身体（及びその働き）を意味する場合が少なくない。

なお、道家が人間を存在者つまり「物」というレベルでのみ把えている間は、古くからの（主に儒家の）思想上のテーマである「性」という言葉は不要であるが、彼らが人間を人間として問題にするようになると、「徳」は「性」と関連づけられたり「性」と同じ意味になったりして、それが『荘子』や道家の文献の中にも現れるようになる。

第一章　仮象の向こう側にある、真実の道を視つめる人

魯《ろ》（国名）に足切りの刑に処された王駘《おうたい》という人がいた。彼に付いて学ぶ弟子の数は、仲《ちゅう》尼《じ》（孔子の字《あざな》）と優劣がつかないほど多かった。

ある時、弟子の常季《じょうき》が仲尼にたずねた。「王駘《おうたい》は足切りの刑に遭《あ》った身体不自由者です。それなのに、弟子入りする者の数は、先生の所と魯を二分しています。彼は立って弟子に教えるでもなく、坐って何かを論ずるでもないのに、入門する者は、いずれも空《から》の心で出かけて行って、それぞれ充実して帰ってくるそうです。してみると、彼には、形としては何もないかのように見えながら、弟子の心がなぜかでき上がるといった、無言の教えがあるのでしょうか。どういう人なのでしょう。」

仲尼、「あの方は聖人なのだよ。ただ行きそびれてまだお訪ねしていないだけのことで、私（丘は孔子の名）もいずれは師と仰ぎたいと思っている。まして、私以下の者が弟子入り

したいのは当然だね。何も魯の国だけに限らない。私は、全天下の人々を引き連れて一緒に弟子入りしたいと思っているくらいだ。」

常季、「あの人は、刑余の身体不自由者でありながら、先生よりも偉いとしますと、並々ならぬ人物ということになりますね。このような人の心の構え方は、一体、どんな具合なのでしょうか。」

仲尼、「あの人にとって、身体の生き死《いじ》にも一大事ではあるが、心がそれに合わせて変わることはありえず、たとえ天地がひっくり返ったとしても、心がそれと一緒に墜落することはない。仮象でない真実の根源者（道）を知悉《ちしつ》しているので、物の変化とともに動いていくことはない。いやそれどころか、命令を発して万物を変化させながら、己《おのれ》はその根源を守っているのだよ。」

常季、「どういう意味でしょうか。」

仲尼、「そもそも、物はみな異なるという観点で視ていくと、身体内の近くにある肝臓《かんぞう》と胆嚢《たんのう》も、楚《そ》（国名）と越《えつ》（国名）ほどの大きな隔たりとなってしまうが、同じであるという観点で視ていくと、万物はみな同一だ。一体、このような人は、耳目などの感覚器官が表象する物の性質の違いを棄てて、世界を調和（和）に保つ道の作用（徳）の中に、己《おのれ》の心を解放するだろう。したがって、物に関しては、それと他との同一である点だけを視て、それから喪《うしな》われた点は目に入らないので、足の一本ぐらい喪っても、まるで土を棄てたぐらいにしか視ないのさ。」

常季、「とすると、あの人は自分のためだけを考えていることになります。まず、自分の知を使って自分の心を確立し、次に、その心を働かせて不動の心に到達した、というにすぎません。それなのに、人々が周囲に集まってくるのは、なぜでしょうか。」

仲尼、「それはこういうことだね。人は誰しも、流れ動く水に顔を映《うつ》して見ようとはせず、静止した水に顔を映そうとする。このように、ただ静かな心だけが、静けさを求める多くの人々に静けさを与えて、彼らを引きつけることができるのだ。大地より生命を受けたもののの中では、ただ松と栢《ひのき》だけがよく生き長らえて、冬も夏も青青と生い茂るけれども、天道より大命を受けた人の中では、ただ舜《しゅん》だけが独り正しく、幸いにも己の生を正すことができたので、それで民衆の生をも正したのだ。あの人もそういう人物なのだよ。

そもそも、内に根源的なものを保持していれば、何ものをも恐れぬ勇気の充実となって外に現れてくるものだ。現に勇敢な戦士はたった一人でも、奮《ふる》って敵の大軍に突入していく。単に勇名を馳せるために、自分を律することのできる者でさえ、このとおりだ。ましてや、天地を統轄し、万物を包容し、己の身体はほんの仮りの宿、耳目はただ像を結ぶだけと心《こころ》得《え》、知の把えた事物のあれこれを全て同一と見なして、心は永遠に生き続ける人に至っては、今さら言うまでもないことだね。あの人こそ、やがて吉日を選んで遥《はる》か彼方《かなた》に登っていくに違いない。人々はあの人のこういうところを慕うのだよ。あの人がまた何だって、事物の処理などを自分の仕事とするものかね。」

原　文

魯有兀者王駘。從之遊者、與仲尼相若。常季問於仲尼曰、王駘兀者也。從之遊者、與夫子中分魯。立不敎、坐不議、虛而往、實而歸。固有不言之敎、无形而心成者邪。是何人也。

仲尼曰、夫子聖人也。丘也直後而未往耳。丘將以爲師、而況不若丘者乎。奚假魯國、丘將引天下而與從之。

常季曰、彼兀者也。而王先生、其與庸亦遠矣。若然者、其用心也、獨若之何。

仲尼曰、死生亦大矣、而不得與之變。雖天地覆墜、亦將不與之遺。審乎无假、而不與物遷。命物之化、而守其宗也。

常季曰、何謂也。

仲尼曰、自其異者視之、肝膽楚越也。自其同者視之、萬物皆一也。夫若然者、且不知耳目之所宜、而遊心乎德之和。物視其所一、而不見其所喪。視喪其足、猶遺土也。

常季曰、彼爲己。以其知得其心、以其心得其常心。物何爲最之哉。

仲尼曰、人莫鑑於流水、而鑑於止水。唯止能止衆止。受命於地、唯松栢獨也在、冬夏青青。受命於天、唯舜獨也正、幸能正生、以正衆生。

夫保始之徵、不懼之實。勇士一人、雄入於九軍。將求名而能自要者、而猶若是。而況官天地、府萬物、直寓六骸、象耳目、一知之所知、而心未嘗死者乎。彼且擇日而登假。人則從是也。彼且何肯以物爲事乎。

第二章　足切り刑に処された者と宰相との問答

鄭《てい》（国名）の申徒嘉《しんとか》（鄭の賢者）は、足切りの刑に処された者であるが、この国の宰相子産《しさん》（宰相の字《あざな》）と一緒に、伯昏无人《はくこんむじん》（架空の思想家）を先生として学んでいた。

ある時、子産は並んで歩くのを嫌って、申徒嘉に向かって言った。「私が先に退出する時には、そなたは後に残って下さい。そなたが先に退出する時には、私が残りますから。」

明くる日、二人はまた同じ教堂に同席して坐った。子産は重ねて申徒嘉に、「私が先に退出する時、そなたは後に残りなさい。そなたが先に退出する時、私が残ります。さてこれから、私はここを出たい。そなたは後に残ってくれますか。大体、そなたは一国の宰相たる者を見ても席をはずそうとしないが、よもや一国の宰相と同格のつもりではありますまいな。」

申徒嘉、「他ならぬ先生の門下では、言われるような宰相だの何の何某《なにがし》だのはなく、誰しも同格のはずです。ところが、あなたは自分が宰相であることを鼻にかけて、人を下に見ておられる。『鏡が曇《くも》りなく澄《す》んでいれば、塵垢《ちりあか》は付かず、塵垢《ちりあか》が付けば鏡は曇《くも》る。』と言いますが、長らく賢人と一緒にいて、鏡の曇《くも》りを拭《ぬぐ》い去ってもらうと、塵垢《ちりあか》のような過ちもなくなるもの。さて、今あなたが偉大だとして従っているのは、先生です。それなのに、まだそんなことを言われるとは、何という過ちでしょう。」

子産、「そなたは、そんなざまになっておりながら、なお賢人を気取って大聖人の尭《ぎょう》と善行を競おうと言う。己《おのれ》を省《かえり》みるだけの徳も、持ちあわせておらぬのか。」

申徒嘉、「世の中には、自分の過ちについて辯解にこれ努め、足切り刑に処されるには当たらないと言い立てる者は多いのですが、黙って辯解もせず己を省《かえり》みて、刑を免れるのは正しくないと思うような者は滅多におりません。この種のことが、人間の力ではどうにもならないことだと悟って、心安らかに運命に従っていくのは、ただ徳（道の働き）を抱く者だけにできることです。譬《たと》えば、昔の弓の名人羿《げい》（伝説上の弓の名手）の狙《ねら》う矢《や》懸《が》かりにうろついていれば、真ん中は必ず中《あ》たるところです。にもかかわらず、中《あ》たらないことがある。それが運命というもので、人間の力ではどうにもならないことなのです。

今まで、自分に両足が具わるからといって、私の片足を嘲笑《あざわら》う者は沢山おりました。その度《たび》ごとに、私はむっと腹を立てましたが、しかし先生の所へおうかがいすると、さっぱりとしてもとの気持ちに戻《もど》ったものです。先生の善徳が私の心を洗い清めてくれるのでしょうか。あの先生とお付きあいを始めて、もう十九年にもなりますが、この間一度たりとも、自分が足切り刑に遭った者であることを意識したことはありません。さて、今こういう先生の門下で、あなたと私は内面の精神の世界でお付きあいをしているはずなのに、あなたは私を外面の身体で把《とら》えようとしている。何という過ちでしょう。」

子産はここまで聞くと、さしものふんぞり返った態度と顔つきをぐっと改めて、「もうこれ以上のご叱正はお許し下さい。」

原　文

申徒嘉兀者也。而與鄭子産同師於伯昏无人。

子産謂申徒嘉曰、我先出則子止、子先出則我止。其明日、又與合堂同席而坐。子産謂申徒嘉曰、我先出則子止、子先出則我止。今我將出、子可以止乎、其未邪。且子見執政而不違、子齊執政乎。

申徒嘉曰、先王★〈生〉之門、固有執政焉如此哉。子而説子之執政、而後人者也。聞之曰、鑑明則塵垢不止、止則不明也。久與賢人處、則无過。今子之所取大者、先生也。而猶出言若是、不亦過乎。

子産曰、子既若是矣、猶與堯爭善。計子之德、不足以自反邪。

申徒嘉曰、自狀其過、以不當亡者衆、不狀其過、以不當存者寡。知不可奈何、而安之若命、唯有德者能之。遊於羿之彀中、中央者中地也。然而不中者、命也。

人以其全足、笑吾不全足者、衆矣。我怫然而怒、而適先生之所、則廢然而反。不知先生之洗我以善邪。吾與夫子遊十九年矣。而未嘗知吾兀者也。今子與我遊於形骸之內、而子索我於形骸之外、不亦過乎。

子産蹵然改容更貌曰、子无乃稱。

第三章　天の刑罰を受けて、至人の境地に達することのできない孔子

魯《ろ》（国名）に足切りの刑に処された叔山《しゅくざん》无趾《むし》（架空の人物）という人がいた。ある時、

訪ねて行って仲尼《ちゆうじ》（孔子の字《あざな》）にお目にかかった。

仲尼《ちゆうじ》、「君はこれまで行いを謹《つつし》まなかったために、罪を犯してこのざまだ。今さら教《おそ》わりに来たってもう間に合わないね。」

无趾《むし》、「私は、まこと世の務めを辨《わきま》えず、軽々しく身を扱ったばかりに、このとおり片足を亡くしてしまいました。この度《たび》こちらに参りましたのは、足よりも大切なものが私にもまだ残っているらしい。それなら一つ教えを受けて、それを守り育てていこうと考えたためです。一体、天はあらゆる物を遍《あまね》く覆い、地はあらゆる物を尽《ことごと》く載せる、広大無辺の存在ですが、私は先生を天とも地とも思い描いて、期待を持ってやって参りました。その先生がこんなことを言う人でしかないとは、思いもかけませんでした。」

これを聞いて孔子、「いや、これは私の了見《りようけん》が狭かった。先生、どうぞお入り下さい。私の学んだところをとくと講義いたしましょう。」

聴き終えて、无趾は立ち去った。

孔子、「弟子たち諸君よ、勉強したまえ。あの无趾は、足切りの刑に処された者だ。こんな者でさえ学問に励んで、過去の悪行を改めようとしている。まして、徳に欠けるところのない諸君の場合は、なおさらのことだ。」

その後、无趾は老聃《ろうたん》（老子）を訪《おとず》れて言った。「あの孔丘《こうきゆう》という人、至人《しじん》（道に達した人）の境地に達するには、まだまだですね。彼はまた何だってしきりにあなたに学ぼうとしているのでしょう。名声という胡散臭《うさんくさ》いものを手に入れて、世間に好評を博したいようですが、至人にとって、そんなものは、自分の自由を縛《しば》る手枷《てかせ》・足枷《あしかせ》でしかない、ということが分からないのでしょうか。」

老聃、「どうだろう、死と生が一筋に繋《つな》がって続いているもの、善と悪が一繋がりで分けられないもの、と辨《わきま》えている者に、一つその手枷《てかせ》・足枷《あしかせ》をはずさせてみては。はずせるだろうかな。」

无趾、「天が刑罰を下しているのですよ、はずせるはずがありません。」

原　文

魯有兀者叔山无趾。踵見仲尼。

仲尼曰、子不謹前、既犯患若是矣。雖今來、何及矣。

无趾曰、吾唯不知務、而輕用吾身、吾是以亡足。今吾來也、猶有尊足者存、吾是以務全之也。夫天无不覆、地无不載。吾以夫子爲天地、安知夫子之猶若是也。

孔子曰、丘則陋矣。夫子胡不入乎。請講以所聞。

无趾出。

孔子曰、弟子勉之。夫无趾兀者也、猶務學以復補前行之惡。而況全德之人乎。

无趾語老聃曰、孔丘之於至人、其未邪。彼何賓賓以學子爲。彼且蘄以諔詭幻怪之名聞。不知至人之以是爲己桎梏邪。

老聃曰、胡不直使彼以死生爲一條、以可不可爲一貫者、解其桎梏、其可乎。

无趾曰、天刑之、安可解。

第四章　才に欠けたところがなく、心に徳を深く湛えた人は

魯《ろ》（国名）の哀公《あいこう》（春秋時代末期の君主）が、ある時、仲尼《ちゅうじ》（孔子の字《あざな》）にたずねて言った。「隣国の衛《えい》に、哀駘它《あいたいだ》（哀れな愚か者）という名の醜男《ぶおとこ》がいた。男たちは暫《しばら》く彼を相手に話でもすると、心惹《ひ》かれて離れがたくなり、女たちは一目見るなり、父母に頼んで『どの人の妻となるよりも、いっそあの方の妾《めかけ》でいとうございます。』などと言い出す者が、何十人では利《き》かないありさまだ。かといって、彼が先頭に立って何かを唱えるのを一度たりとも聞いた者はおらず、常に他人と調子を合わせるばかりなのだという。

人の死を助けてやれる、王侯の権力があるでなく、人の飢えを満たしてやれる、財産の蓄積があるでもない。その上、顔の醜さは天下の人々をびっくり仰天させるほど。他人に合わせるだけで先には唱えず、その見聞は鄙近《ひきん》な村里のできごとを出ない。それなのに、男も女もその周《まわ》りに集まってくるというのは、きっと常人とは違って優れた点があるに違いない。そう考えて、寡人《かじん》（諸侯の自称）は召し出して眺《なが》めてみたが、なるほどその醜さといったら天下中をびっくり仰天させるに十分だ。

しかし、側《そば》に置いてみて幾月と経たぬ内に、寡人《かじん》はその人《ひと》となりに心が惹《ひ》かれ、一年と経たぬ内に信用するようになってしまった。たまたま我が国の宰相が空位になっていたので、国政を委《ゆだ》ねようと意向を打診してみたところ、ぼんやりとして返事もろくにせず、のらりく

らりとして断っているようでもある。それで、寡人はあまりに急いで国政を委《ゆだ》ねようとした自分を、恥ずかしく思ったのだった。それから間もなく、男は寡人のもとを去ってどこへともなく行ってしまった。以来、寡人はうつうつとして何か大切なものを亡くしたかのように不興をかこっており、最早《もはや》国政を一緒に楽しむ相手がいなくなってしまったような虚脱感に襲われている。一体、この男は何者であろうか。」

仲尼、「私は、かつて楚《そ》（南方の国名）に使《つか》いに出たことがあります。途中で、豚の子供が死んだ母豚の乳にすがっているのに出くわしました。暫《しばら》く眺《なが》めていると、きょろきょろとあたりを見回し始め、やがて一斉に母豚を棄てて逃げ出したのです。母豚が今までのように自分たちの方を振り向いてくれず、自分たちとは似ても似つかぬものになってしまったと、感じたからに他なりません。これから考えますと、豚ですら子が母を愛するのは、その外形を愛するのではなく、外形を動かしている内面の徳だと分かるわけです。

戦場で傷つき仆《たお》れた兵士の葬《とむら》いでは、五体具足して死んだ常人の葬《とむら》いのように、棺《ひつぎ》を羽で縁飾《ふちかざ》って野辺送《のべおく》りすることはなく、足切りの刑に処された者の履いていた靴は、もうこれを大切にする謂《い》われがありません。いずれも本《もと》になるものがなくなってしまったからです。

反対に、天子の側女《そばめ》に取り立てられた婦人は、その美しい身体を傷つけないために、爪を短く切ったり、耳輪の穴を開けたりなどは許されませんし、また、妻を娶《めと》ったばかりの臣下は、当座は帰って家庭を営み、決して公家《こうか》が使ってはならないことになっています。外面の身体が満足に具わる者でさえ、このように大切にされるだけの価値があるのだとすれば、内面の徳が豊かに備わった人が人々から慕われるのも、また当然のことでありましょう。

　さて、お話の哀駘它《あいたいだ》のことですが、何一つ善いことも言わないのに信用され、これといって功績もないのに親しまれて、一国の君主に国政を委《ゆだ》ねようという気を起こさせながら、断られるのではないかとひたすら気をもませた、ということですね。これはきっと、才に欠けたところがなく、徳を心の奥底《おくそこ》に深く湛《たた》えた人に違いありません。」

　哀公、「そなたの言う、才に欠けたところがないとは、どういうことなのかな。」

　仲尼、「この世の中で我々人間が、死に生まれ、生き長らえ亡《う》くなり、行きづまり時めき、貧しくなり富み、賢くなり愚かになり、毀《そし》られ誉められ、飢え渇《かわ》き、寒がり暑がり、等々するのは、全て万物の極まりない変化であり、運命の必然的な運《めぐ》り行きというものです。日に夜に互い違いに入れ代わってやむことがなく、人知でその根本原因を把えることはできません。ですから、内面の徳の調和を乱すほどのものでなく、心の深みにまで入りこませてはならないもの。そこで、これらの諸現象がゆったりと調和《バランス》を取りながら流れていくのに任せて、自分は心の安らかさを失わず、これらを日に夜に寸時も止《とど》めず運《めぐ》り行かせつつ、自分は諸現象と春のような和《なご》やかさを保つわけです。これこそ正《まさ》しく、諸現象との触れあいを避けぬことにより、時の流れを我が心の中に作り出していくことに他なりません。才に欠けたところがないとは、こういうことです。」

「徳を心の奥底《おくそこ》に深く湛《たた》えるとは、どういうことなのかね。」

「譬《たと》えてみれば、真っ平らというのは、水が静止した窮極のことを言いますね。これを高低を測る基準とすることができるのは、内に保たれたものが外に出て動くことがないからです。それと同じように、徳というのは、内面が平安になった極致のことを言います。そして、徳を心の奥底《おくそこ》に深く湛《たた》えた人は、あらゆる現象の現れる根拠となるので、いかなる存在もこの人から離れることができないのですよ。」

哀公は、後日、以上のやり取りを孔子の弟子の閔子騫《びんしけん》に語った。「これまで、私は南面《なんめん》して天下に君臨し、支配の権柄を握って民生の安寧に心を配っていることを、自ら至上と自惚《うぬぼ》れていた。しかるに、今、夫子《ふうし》より至人《しじん》（道に達した人）についての話を聴いて、私には君主たるの実がなく、軽々しく身を振る舞って、我が国を亡ぼすのではないかと空恐ろしくなってきた。このように導いてくれたからには、私と孔丘《こうきゅう》は、上下に隔たる君臣《くんしん》ではない、徳をもって交わる真の友人に他ならない。」

原　文

魯哀公問於仲尼曰、衞有惡人焉。曰哀駘它。丈夫與之處者、思而不能去也。婦人見之、請於父母曰、與爲人妻、寧爲夫子妾者、十數而未止也。未嘗有聞其唱者也、常和人而已矣。

无君人之位以濟乎人之死、无聚祿以望人之腹。又以惡駭天下。和而不唱、知不出乎四域、且而雌雄合乎前。是必有異乎人者也。寡人召而觀之、果以惡駭天下。

與寡人處、不至以月數、而寡人有意乎其爲人也。不至乎期年、而寡人信之。國无宰、寡人傳國焉。悶然而後應、氾而若辭。寡人醜乎卒授之國。无幾何也、去寡人而行。寡人卹焉若有亡也、若无與樂是國也。是何人者也。

仲尼曰、丘也嘗使於楚矣。適見㹠子食於其死母者。少焉眴若、皆弃之而走。不見己焉爾、不得類焉爾。所愛其母者、非愛其形也、愛使其形者也。

戰而死者、其人之葬也、不以翣資。刖者之屨、无爲愛之。皆无其本矣。爲天子之諸御、不爪翦、不穿耳。取妻者止於外、不得復使。形全猶足以爲爾、而況全德之人乎。

今哀駘它、未言而信、无功而親、使人授己國、唯恐其不受也。是必才全而德不形者也。

哀公曰、何謂才全。

仲尼曰、死生存亡、窮達貧富、賢與不肖毀譽、飢渴寒暑、是事之變、命之行也。日夜相代乎前、而知不能規乎其始者也。故不足以滑和、不可入於靈府。使之和豫通、而不失於兌、使日夜无郤、而與物爲春。是接而生時乎心者也。是之謂才全。

何謂德不形。

曰、平者、水停之盛也。其可以爲法也、內保之而外不蕩也。德者、成和之脩也。德不形者、物不能離也。

哀公異日以告閔子曰、始也、吾以南面而君天下、執民之紀而憂其死、吾自以爲至通矣。今吾聞至人之言、恐吾无其實、輕用吾身、而亡吾國。吾與孔丘、非君臣也、德友而已矣。

第五章　聖人は人間の身体を具えているが、人間の感情を忘れ果てる

名前を闉跂《いんし》支離《しり》无脤《むしん》（足の障害・肢体不自由・口唇裂）という身体障害者が、ある時、衛《えい》（国名）の霊公《れいこう》（春秋時代の君主）に会見して道を説いたところ、霊公は心から喜んだ。それ以来、霊公は五体満足の人を視ると、かえって首がひょろひょろと細長く見えた。また、名前を甕㼜大癭《おうおうだいえい》（水瓶《みずがめ》のような大瘤《おおこぶ》）という身体障害者が、かつて斉《せい》（国名）の桓公《かんこう》（春秋時代の君主）に会って道を説いたところ、桓公は心から喜んだ。以来、桓公には五体満足の人は、かえって首がひょろひょろに見えたという。このように、内なる徳に秀《ひい》でた者は、自《おの》ずから外なる形（身体）を忘れるものである。ところが、世の人々は、忘れてもよいことは一向に忘れず、忘れてはならないことを忘れている。これを本当の忘却と言う。

だから、聖人には、忘れるべきこととして忘れ果て、超越してしまったものがある。すなわち、知恵をあらゆる災いの源と見なし、社会規範を無理に固める膠《にかわ》づけと見なし、世間の徳義を付け焼き刃と見なし、上手な振《ふ》る舞《ま》いを自己の押し売りと見なす。聖人は、謀り事をあれこれとめぐらさないから、知恵を働かせることはなく、自他を削って整えないから、膠（規範）で無理に固めることはなく、本来の己《おのれ》を喪《うしな》わないから、世間の徳義で美々しく飾ることはなく、自己を売り出さないから、押し売りのための上手を行わないのだ。以上の四つは、天鬻《てんいく》（天の養育）であり、天鬻とは、天（自然）が育ててくれたものという意味である。我々人間は、誰でもこの四つを天（自然）から受け取っているはずだ、その上ことさら人（人間の作為）を加えて育てる必要がどこにあろうか。

それ故、聖人は人間としての形（身体）は具えているが、人間としての情（感情）は忘れ果てて最早《もはや》具わらない。人間の形が具わるので、人間の社会の中に生きてはいる。しかし、人間の情が具わらないので、善し悪しの判断をすでに超越しているのだ。かそけくもわずかなものよ、聖人の有する人（作為）は。広《ひろ》やかにも限りなきものよ、独り内なる天（自然）を成就していくそのさまは。

原　文

闉跂支離无脤說衞靈公、靈公說之。而視全人、其脰肩肩。甕㼜大癭說齊桓公、桓公說之。而視全人、其脰肩肩。故德有所長、而形有所忘。人不忘其所忘、而忘其所不忘。此謂誠忘。

故聖人有所遊。而知爲孽、約爲膠、德爲接、工爲商。聖人不謀、惡用知。不斲、惡用膠。无喪、惡用德。不貨、惡用商。四者天鬻也。天鬻也者、天食也。既受食於天、又惡用人。

有人之形、无人之情。有人之形、故羣於人。无人之情、故是非不得於身。眇乎小哉、所以屬於人也。謷乎大哉、獨成其天。

第六章　常に身心の自然に任せて、人為で生命の働きを助長すまい

有名な哲学者の恵子《けいし》（戦国時代の名家の思想家）が、ある時、荘子《そうじ》（戦国時代の思想家、本書の作者）に向かって論争をしかけてきた。「人間でありながら人間の情（感情）が具わらないなどということが、一体あるのだろうか。」

荘子、「そうだ。あるよ。」

恵子、「人間の情（感情）が具わらないとすれば、どの点を把《とら》えてこれを人間と言うのかね。」

荘子、「道（万物の根源者）が人間の容貌を与え、天（世界の理法）が人間の身体を与えたのだ、これを人間と言うのは当然だろうな。」

恵子、「それを人間と言うのであれば、人間の情が具わらないなどということは、ありえないのではないかね。」

荘子、「いや、それは私の言う人間の情ではない。私が、人間の情が具わらないと言うのは、人間が、好悪の情に溺《おぼ》れて我が身を傷つけることなく、いかなる時でも身心の自然なあり方に任せて、人為的に生命の働きを助長しようなどとしないこと、を言うのだよ。」

恵子、「しかし、人為的に生命の働きを助長しなければ、どうやって我が身を保持していけるのだね。」

荘子、「道から人間の容貌を与えられ、天から人間の身体を与えられているその上に、好悪の情に溺《おぼ》れて我が身を傷つけることがないためだ。ところが、君と来たら正反対の方向に向かっているよ。自分の精神を一向に内面的なことに向けようとせず、外面的なことに使い果たすばかり。木に寄りかかって自分の思想を口ずさみ、古机《ふるづくえ》にへたりこんで自分の哲学を瞑想している。せっかく天・道が君に身体を具えてくれたというのに、君は堅白論《けんぱくろん》（堅さと白さの概念分析）などという難しい議論をまくし立てて、精神を磨《す》り減らし身体を傷つけているのだからね。」

原文

惠子謂莊子曰、人故无情乎。

莊子曰、然。

惠子曰、人而无情、何以謂之人。

莊子曰、道與之貌、天與之形。惡得不謂之人。

惠子曰、既謂之人、惡得无情。

莊子曰、是非吾所謂情也。吾所謂无情者、言人之不以好惡內傷其身、常因自然而不益生也。

惠子曰、不益生、何以有其身。

莊子曰、道與之貌、天與之形、无以好惡內傷其身。今子外乎子之神、勞乎子之精、倚樹而吟、據槁梧而瞑。天選子之形、子以堅白鳴。

解説

「徳充符」という篇題について、『釈文』は崔譔を引いて「此遺形棄知、以徳実之験也。」と言う。「徳」は、第一章の「遊心乎徳之和」などから取ったもので、「道」の働き・作用の意。ここでは己の内奥に培われた「道」を指す。「充」は、崔譔でよく、林希逸・朱得之の「足也」も正しい。「徳充」は、本書では他に見えない言葉。『淮南子』本経篇の「徳交帰焉、而莫之充忍也。」)、『管子』内業篇の「夫道者所以充形也」、『韓詩外伝』巻一の「徳充而形」などの表現から考えて、疑いなく前漢時代の言葉である。「符」は、崔譔の「験」がよい。公田連太郎『荘子内篇講話』(明徳出版社、一九六〇)・福永光司らによって「しるし」と日本語訳する。羅勉道・張四維『荘子口義補注』・宣穎・王先謙・阮毓崧『荘子集注』・劉武もほぼ同じ見解である。その正しさは、『史記』貨殖伝の「道之所符」、同蔡沢伝の「道徳之符」、『抱朴子』明本篇の「徳洽之符」などの表現によって確かめられる。

第一章～第五章は、兀者《ごつしゃ》や悪人《あくじん》を主人公に選び、外面の身体と鋭く対比させつつ内面の心をクローズ・アップして、人間の生死の実相を把えて世界の自然性必然性(「天・命」)に身を委ねてこそ、心に「徳」を豊かに蓄えた至人たりうるのであり、また万物・万民を「化」(教化・転化)する根源者たりうるのだ、などと主張している。第一章が最も古く、戦国後期～末期の作。第二章～第四章は、戦国末期以降の成立であろう。第五章・第六章はさらに後れるが、第六章は、第五章が書かれた後に生まれた、それを補うための補足ではなかろうか。

大宗師《だいそうし》　第六

総　説

本篇には、「物化」の思想が多く現れている。「物化」とは、ある「物」がその「物」としては死ぬことによって、別の「物」として生まれてくる転化・転生《てんせい》であり、それが限りなく永遠に繰り返される輪廻である。そして、以上のような転生・輪廻には、「化」せられるあれこれの「物」の総和としての「万物」は、絶えず自己同一に保たれているとする万物一体説が伴っている。それ故、個々の「物」としての人間の生死などは全く問題にならず、「物」を「化」せしめる根源者の「道」や、一体の「万物」の中にある「道」こそが、追求されるべき対象であると説くのである。

これは、「万物」の「斉同《せいどう》」（生と死の同一視など）というテーゼを、人間の「知」の器官や仕組みを批判しながら、知識論的に定立していた（戦国後期の）初期道家の万物斉同の哲学に対して、「万物」の存在や変化・運動の形態に注目しながら、存在論の側面から主張するようになる、中期以降の道家（戦国末期以後）の思想を区別する、際立ったメルクマールの一つである。

以後、「化」は、「万物」の最も本質的な属性の一つと把えられ、儒家の化育・教化の意味をも包摂して、道家の存在論を内容豊かなものにしていった。

第一章　古の真人と道についてのディスクール

天の営んでいる諸現象を知っており、また人間の為すべき務めをも知っている者は、完全な存在である。天の営みを知っている者は、自然のままに生きることができるし、人間の務めをも知っている者は、既得《きとく》の知に基づいて未知の世界を究明していくことができる。このように、さまざまの知を駆使して、天から与えられた生命を全うして、途中で夭逝《ようせい》したりせずに生き抜くのが、完成された知というものである。そうは言っても、これには難点がある。一体、知というものは、まず対象があって、次にそれを言い当てることであるが、その対象が人によってまちまちであって、同じ言葉を使った場合でも全然一定していないのである。例えば、私が上に言った「天」(自然)が実は正反対の「人」(人為)を意味し、私の言った「人」が実は「天」を意味しているかもしれないのだ。

その上、知というものは、道を体得した真人《しんじん》(真の人)の下でのみ、真の知となることができる。それでは、真人とはどういう者であろうか。上古《じょうこ》に活躍していた真人は、逆境にあってもこれに安んじて逆らわず、栄達しても恬淡《てんたん》として別に誇らず、万事をあるがままに任《まか》せて思慮をめぐらすことがなかった。このような境地に達した者は、失敗したからといって後悔せず、成功したからといって得意にならない。また、このような者は、高い所に登っても恐れ戦《おのの》かず、水の中にはまっても濡れず、火の中に飛びこんでも焼けないが、その知が道の窮極にまで高まりえた結果、こうしたことが可能となったのである。

上古《じょうこ》の真人は、身心ともに外界の事物に引きずられることがないから、寝ては夢にうなされず、覚めては憂いに悶《もだ》えず、食べては味に構わず、その呼吸は深々として安らかである。真人の呼吸は、踵《かかと》の底から生気を全身に行きわたらせるが、大衆の呼吸は浅く、喉《のど》の先であえぐばかりだ。また、人との争いに敗れて屈服した者は、苦しまぎれに喉《のど》を詰《つ》まらせてものを言うさまがあたかもゲロを吐くかのようであり、飲食の欲望に取りつかれた者は、天から与えられた生の営みがかえってひ弱である。

上古の真人は、生を喜ぶべきこととも思わず、死を悪《にく》むべきこととも知らず、この世に生まれ出ても喜ばず、あの世に引き入れられることも拒まなかった。あっさりと出かけて行き、さっぱりと帰って来る、ただそれだけのことだった。自分の生が始まったところ（道）を忘れるわけではないけれども、終わってどこへ行くのかを求めるわけでもない。生を受け取ったら素直《すなお》にこれを楽しみ、やがて亡《うしな》う時が来ればもとの持ち主（道）に返す。このような境地を、心の分別によって根源の道を棄てず、人間の作為でもって天の働きをいらわない、と言う。真人とはこのような存在に他ならない。このような者は、心は一点に集注して動かず、姿はひっそりと静まり、額《ひたい》は大きくて飾り気がない。あるいは秋の大気のように冷ややか、あるいは春の日射《ひざ》しのように暖かで、総じて彼の喜怒の情は、みな四季の暑さ寒ささながらに自然である。外界の事物の動きに連れて適切に応じ、決して行きづまることはないのだ。

それであるから、聖人（真人に同じ）は、兵を動かして他国を攻め亡ぼしても、その人民の信頼を失うことがなく、万世の後にまで及ぶほどの恩沢《おんたく》を施しながらも、自《みずか》ら人民を愛してのこととは考えない。してみると、外界の事物に精通して嬉《うれ》しがっているのは、聖人とは言えない。他人に親愛の情をかけたがるのは、仁者とは言えず、ことさら天の時機を窺《うかが》いそれに合わせて行動しようとするのは、賢人とは言えない。利害の打算を棄てきれず両者を同一視できないのは、君子ではなく、名声ばかりを追いかけて己《おのれ》の真実を失うのは、一ぱしの人士ではない。およそ我が身を亡ぼした上に、真《まこと》の生を貫けもしないようでは、とても人の上に立つ者とは言えず、人に使われる身でしかないのだ。だから、狐不偕《こふかい》・務光《むこう》・伯夷《はくい》・叔斉《しゆくせい》・箕子《きし》・胥余《しよよ》・紀他《きた》・申徒狄《しんとてき》（いずれも上古から殷末周初にかけての清廉《せいれん》潔白な者で、多くは自殺している。）といった隠遁者たちは、いずれも他人の苦役を引き受け、他人の楽しみに満足して、他人に奉仕することしかできず、ついに我自らの楽しみを味わうことを忘れてしまった者である。

上古の真人のありさまは、高々《たかだか》と聳《そび》え立っているけれども崩れず、満ち足りていないかのように見えながら他から受け取ることはない。ゆうゆうとして孤高ではあるが偏屈《へんくつ》ではなく、広々として何ものにも拘《とら》われないが浮ついたところはない。晴々《はればれ》としていかにも嬉しそうに見えるが、ぐずぐずとどうにもやむをえない風情《ふぜい》で動き始める。ぽおっと顔を紅潮させることもあるが、常にゆったりと内面の徳を守っている。のろのろとして世人と全く異ならないけれども、超然と世間から抜きん出て何ものも束縛できない。じっくりと自己の内面に閉じこもることを好むかのように見えるが、実はぼんやりと言うべき言葉を忘れてしまったのである。

　このような者は、刑による統治を第一の本体とし、礼による教化をその補助とし、時の移り変わりに従うが如《ごと》く知にも従い、事物の動きに則《のっと》るが如く徳にも則って、天下に君臨する。刑による統治を本体とするとは、ゆるやかながら死刑を執行して秩序を維持しなければならないからであり、礼の教化を補助とするとは、社会の実際に対して効果を挙げるためである。時に従うが如《ごと》く知にも従うとは、政務の処理のためには知を棄てるわけにはいかないからであり、事物に則《のっと》るが如く徳にも則るとは、両足そろった者を案内役に立てて目指す丘に向かって着実に歩む、という意味である。このように、刑・礼・知・徳というやむをえぬ手段を用いて、知らず識らずの内に道の全うされた理想の政治を実現していこうとしているのだ。にもかかわらず、世の人々は、以上のような真人の政治を目にして、ことさら努めて行う作為的な統治と誤解する。

　このようなわけで、何かを好む場合でも、真人は道と一体であり、嫌う場合でも道と一体である。また、一見して道と一体に見える場合、一体であることは言うまでもないが、一体と見えない場合でも、結局は道と一体なのである。そして、道と一体になっている者は天の仲間であり、時に道と一体に見えないことのある者は人の仲間である。この天の立場と人の立場がほどよいバランスを保っている存在、それを真人と言うのだ。

人間に死があり生があるのは、避けられない運命であり、それが朝夕の運《めぐ》るように規則性があるのは、変更できない天である。このように、人間が関与しえない点があるのは、存在する全ての物の真の姿である。世間の人々は、この天を自分を生んでくれた父とも頼んで親しく敬愛の念を捧げるのだが、天に対してさえそうだとすれば、天よりも一層卓越した道に対して、より大きな敬愛の念を捧げるべきことは言うまでもない。また人々は、仕えている君主を自分よりも優れた者と尊敬して、身を捧げて彼のために死ぬことも惜しまないが、君主に対してさえそうだとすれば、君主よりも一層根源的な真である道に対して、より深い尊敬の念を表すべきことは言うまでもない。

だから、泉の水が涸れて、魚たちが乾上《ひあ》がった泥の上に集まり、互いの吐息《といき》で潤《うるお》しあい、互いのあぶくで濡らしあう、などといったはかないあがきは、豊かに水を湛《たた》えた大川《たいせん》・広湖《こうこ》の中で、互いを忘れて泳ぐのに及ばない。それと同じように、尭《ぎょう》（上古の聖天子）を聖王と言って誉《ほ》め称《たた》え、桀《けつ》（夏《か》の最後の王）を暴君と言って貶《けな》しつけたりする、しがない是非の論争は、どちらのことも忘れ果てて、是も非もない道と一体になるのに及ばないのである。

そもそも大地（道）は、人間の形（身体）を与えて私をこの世に送り出し、生を与えて私を苦しませ、やがて老いを与えて私を楽にし、最後に死を与えて私を休息させてくれる。このように、私の生死などは全て大地（道）の作り出した結果である。そうだとすれば、我が生を善しと肯定することは、そのまま我が死を善しと肯定するゆえんでもなければならない。また、そもそも舟を山間《やまあい》の谷間にしまっておく者や、山を深い沼沢地にしまっておく者は、これでまず大丈夫と思うだろう。しかし、夜中に大力のある男がそれらを背負って逃げ出すかもしれないではないか。愚か者には、そこのところが分からないのだ。このように、小さな物を大きな物の中にしまっておくのは、一応適切な処置ではあるが、それでもしまっておいた物が盗まれて、どこかへ行ってしまうことがある。ところが、天下の万物は、天下それ自体の中にしまいこまれており、あれこれの物がどこかよそへ行きようもない、というあり方で存在している。これこそが、正《まさ》に恒常不変《こうじょうふへん》な万物全体の大いなる真実なのだ。人々はたまたま人間の形を鋳《い》こまれて、この世に送り出されてきただけでもう喜んでいるが、人間の形などというものは、他の物への転化を次々に繰り返して、永遠にやむことがないものだ。そこで、その都度《つど》与えられる形を素直《すなお》に楽しんでいるならば、その楽しみは数え尽《つ》くせないほどであろう。だから聖人（真人に同じ）は、物が一つとしてどこかよそに行きようがなく、全てがそこに備わる恒常不変な万物全体の中で、己《おのれ》を伸びやかに解き放とうとする。万物全体の中にあって、聖人はただ一つの物でしかない自分が、若死にしようと長生きしようといずれも善しとし、新たに始まろうとついに終わろうとともに肯定するのだが、この程度のことでさえ、人々は模範にしようとする。とすれば、万物の存在を根源的に規定し、その一切の変化を惹起しているあの道は、なおさら模範とすべきものではなかろうか。

一体、道というものは、真に実在し信《まこと》に作用しているけれども、無為の作用であり形なき実在である。それは、心で伝えることはできても、他からもらい受けるものではなく、自《みずか》ら身に得ることはできても、目で見るわけにはいかない。この道は、それ自体の中に存在根拠を持っており、天地の生ずる遥《はる》か以前の太古から、すでに厳然として存在していた。鬼神《きしん》に霊妙さを与え、上帝に神聖さを与えるとともに、天を生み地を作り出してきた。それは、宇宙の果ての先よりもさらに高く、世界の尽きた下よりもさらに深いもので、天地の生成よりもさらに久しい以前から存続し、上古よりもさらに古い時代から成長して今に至っている。このような、時間と空間の外にはみ出した、巨大この上ない存在なのである。

その昔、狶韋氏《しいし》（太古の神）はこの道を得ることによって、天と地を両手に提《さ》げて持つことができたし、伏戯《ふくぎ》（伝説上の帝王）はこの道を得ることによって、万物の母なる気を手中にすることができた。維斗《いと》（北斗七星）はこの道を得ることによって、永久《とこしえ》に狂いなく回転し、日月（太陽と月）はこの道を得ることによって、永久《とこしえ》に光り輝いてやまない。堪坏《かんぱい》（崑《こん》崙山《ろんさん》の神）はこれを得ることによって、崑崙山を守る神となり、馮夷《ふうい》（黄河の神）はこれを得ることによって、大いなる黄河に遊ぶ神となった。肩吾《けんご》（泰山《たいざん》の神）はこれを得ることによって、斉《せい》（国名）の泰山（斉の名山）に住まい、黄帝《こうてい》（伝説上の帝王）はこれを得ることによって、雲のたなびく天に登って行った。顓頊《せんぎょく》（伝説上の帝王）はこれを得て、玄宮《げんきゅう》（北の宮殿）に処《い》て北方の国々を治め、禺強《ぐうきょう》（北海の神）はこれを得て、北極の海に立つ神となった。西王母《せいおうぼ》（伝説上の仙女）はこれを得て、少広《しょうこう》（西方の山）の山に鎮座し、いつ生まれたともいつ死んだとも分からぬほどの長生き、彭祖《ほうそ》（伝説上の長寿者）はこれを得て、上《うえ》は虞舜《ぐしゅん》の御代《みよ》から、下《した》は春秋の五覇《ごは》の時代まで、生き長らえた。そして、傅説《ふえつ》（殷の賢人）はこの道を得ることによって、殷王武丁《ぶてい》（殷代中期の王）を補佐して、全天下を支配させ、やがて東維《とうい》（箕《き》と北斗《ほくと》の間の星座）に乗り、箕《き》・尾《び》（二十八宿の二つ）に騎《また》がって、天空に居《い》並《なら》ぶ星々の一つとなったのである。

原文

知天之所爲、知人之所爲者、至矣。知天之所爲者、天而生也。知人之所爲者、以其知之所知、以養其知之所不知。終其天年、而不中道夭者、是知之盛也。雖然有患。夫知有所待而後當、其所待者、特未定也。庸詎知吾所謂天之非人乎、所謂人之非天乎。

且有眞人、而後有眞知。何謂眞人。古之眞人、不逆寡、不雄成、不謩士。若然者、過而弗悔、當而不自得也。若然者、登高不慄、入水不濡、入火不熱。是知之能登假於道也、若此。

古之眞人、其寢不夢、其覺无憂。其食不甘、其息深深。眞人之息以踵、衆人之息以喉。屈服者、其嗌言若哇、其耆欲深者、其天機淺。

古之眞人、不知說生、不知惡死。其出不訢、其入不距。翛然而往、翛然而來而已矣。不忘其所始、不求其所終。受而喜之、忘而復之。是之謂不以心捐道、不以人助天。是之謂眞人。若然者、其心志、其容寂、其顙頯。凄然似秋、煖然似春、喜怒通四時。與物有宜、而莫知其極。

故聖人之用兵也、亡國而不失人心、利澤施乎萬世不爲愛人。故樂通物、非聖人也。有親、非仁也。天時、非賢也。利害不通、非君子也。行名失己、非士也。亡身不眞、非役人也。若狐不偕務光伯夷叔齊箕子胥餘紀他申徒狄、是役人之役、適人之適、而不自適其適者也。

古之眞人、其狀義而不朋★〈朋〉、若不足而不承。與乎其觚而不堅也、張乎其虛而不華也。邴邴乎其似喜乎、崔乎其不得已乎。滀乎進我色也、與乎止我德也。厲乎其似世乎、謷乎其未可制也。連乎其似好閉也、悗乎忘其言也。

以刑爲體、以禮爲翼、以知爲時、以德爲循。以刑爲體者、綽乎其殺也。以禮爲翼者、所以行於世也。以知爲時者、不得已於事也。以德爲循者、言其與有足者至於丘也。而人眞以爲勤行者也。

故其好之也一、其弗好之也一。其一也一、其不一也一。其一與天爲徒、其不一與人爲徒。天與人不相勝也、是之謂眞人。

死生、命也。其有夜旦之常、天也。人之有所不得與、皆物之情也。彼特以天爲父、而身猶愛之、而況其卓乎。人特以有君爲愈乎己、而身猶死之、而況其眞乎。

泉涸、魚相與處於陸、相呴以濕、相★濡以沫、不如相忘於江湖。與其譽堯而非桀也、不如兩忘而化其道。

夫大塊載我以形、勞我以生、佚我以老、息我以死。故善吾生者、乃所以善吾死也。夫藏舟於壑、藏山於澤、謂之固矣。然而夜半有力者、負之而走。昧者不知也。藏小大有宜、猶有所遯。若夫藏天下於天下、而不得所遯、是恆物之大情也。特犯人之形、而猶喜之、若人之形者、萬化而未始有極也。其爲樂、可勝計邪。故聖人將遊於物之所不得遯而皆存。善夭善老、善始善終、人猶效之。又況萬物之所係、而一化之所待乎。

夫道、有情有信、无爲无形。可傳而不可受、可得而不可見。自本自根、未有天地、自古以固存。神鬼神帝、生天生地。在太極之先而不爲高、在六極之下而不爲深、先天地生而不爲久、長於上古而不爲老。

狶韋氏得之、以挈天地、伏戲得之、以襲氣母。維斗得之、終古不忒、日月得之、終古不息。

堪坏得之、以襲崐崘、馮夷得之、以遊大川。肩吾得之、以處大山、黃帝得之、以登雲天。顓頊得之、以處玄宮、禺強得之、立乎北極。西王母得之、坐乎少廣、莫知其始、莫知其終。彭祖得之、上及有虞、下及五伯。傅說得之、以相武丁、奄有天下、乘東維、騎箕尾、而比於列星。

第二章　道の到達に至るいくつかの段階

哲学者の南伯子葵《なんはくしき》（南郭子綦《なんかくしき》に同じ、架空の思想家）が、ある時、女偊《じょう》（架空の哲人）にたずねて言った。「先生はお年を召しておられますが、お顔の色はまるで子供のように若々しい。どうしてなのでしょうか。」

女偊《じょう》、「道を学んだからだよ。」

南伯子葵、「道は学ぶことができるのでしょうか。」

「ああ、何でできるものか。君はその柄《がら》ではないね。君とは違ってあの卜梁倚《ぼくりょうき》（架空の哲人）という者は、聖人《せいじん》の才があったが、聖人の道はまだ学んでいなかった。私の方は聖人の道を学んではいたのだが、残念ながら聖人の才がない。そこで、これに聖人の道を教えてあげようと思い立ち、必ず本物の聖人になって欲しいと願ったのだ。そううまくいかなくても、聖人の道を、聖人の才ある者に教えるのは、容易《たやす》いことだからな。

私は、付きっきりで道を教えこんだのだが、三日もすると、彼は天下の存在を忘れる境地に入った。天下のことが片づいたので、私はさらに側《そば》を離れず道を教えこんだところ、七日もすると、彼は万物の存在を忘れる境地に達した。万物のことが片づいた後、さらに側にいてやって道を教え続けると、九日も経《た》って、己《おのれ》の生を忘れる境地に至った。己の生のことを片づけてしまってからは、彼は、暗闇を照らし初《そ》める曙光《しょこう》の如き境地、独立した己《おのれ》だけが実在する境地、古今の時の流れを越える永遠の境地を、次から次へと踏みしめて高まり、ついに死もなく生もない絶対の道の世界に参入したのだ。

生きている者を殺すことができるのは、それ自身が不死の者だけであり、生きている者を生かすことができるのは、それ自身が不生の者だけである。すなわち、それ自身生死を越えた者だけが、万物の生死を宰《つかさ》どることができるのだ。この者のありさまと言えば、全ての物を送り出して生じ、全ての物を迎え入れて死《ころ》す。これを名づけて攖寧《えいねい》（攖《ふ》れあいの寧《やす》らかさ）と言うのだが、攖寧《えいねい》とは、絶えず万物と攖《ふ》れあうことによって寧《やす》らかさを得る、というほどの意味だね。」

南伯子葵、「先生は、一体どなたからこれを学ばれたのですか。」

「私は、副墨《ふくぼく》の子《こ》（添え物の翰墨《かんぼく》の生んだ書物）すなわちあらずもがなの書籍から学んだのだが、副墨《ふくぼく》の子《こ》は、また洛誦《らくしょう》の孫《まご》（反復暗誦の結果）すなわち遠い祖先からの口誦・伝承から学び、洛誦《らくしょう》の孫《まご》は、また瞻明《せんめい》（目で明らかに視ること）すなわち己《おのれ》の目を通じた視認に学び、瞻明《せんめい》は、また聶許《じょうきょ》（耳で聴いて分かること）すなわち己の耳を通じた聴知に学び、聶許《じょうきょ》は、また需役《じゅえき》（求めて実行すること）すなわち実践による体得から聞き、需役《じゅえき》は、さらに於謳《おおう》（心に湧き上がる感嘆）すなわち物事に対する素直《すなお》な感動から聞き、於謳《おおう》は、さらに玄《げん》冥《めい》（万物と奥深く一致すること）すなわち世界それ自体への冥合《めいごう》から聞き、玄冥《げんめい》は、さらに参廖《さんりよう》（空虚に参入すること）すなわち虚無なる実在への参入から聞き、そして、参廖《さんりよう》は結局のところ凝始《ぎようし》（万物の根源に立ち尽くすこと）すなわち世界の根源の虚無における凝佇《ぎようちよ》から聞いた、ということだ。」

原文

南伯子葵問乎女偊曰、子之年長矣。而色若孺子、何也。

曰、吾聞道矣。

南伯子葵曰、道可得學邪。

曰、惡、惡可。子非其人也。夫卜梁倚有聖人之才、而无聖人之道。我有聖人之道、而无聖人之才。吾欲以教之、庶幾其果爲聖人乎。不然、以聖人之道、告聖人之才、亦易矣。吾猶守而告之參日、而後能外天下。已外天下矣、吾又守之七日、而後能外物。已外物矣、吾又守之九日、而後能外生。已外生矣、而後能朝徹。朝徹、而後能見獨。見獨、而後能无古今。无古今、而後能入於不死不生。

殺生者不死、生生者不生。其爲物、无不將也、无不迎也。无不毀也、无不成也。其名爲攖寧。攖寧也者、攖而後成者也。

南伯子葵曰、子獨惡乎聞之。

曰、聞諸副墨之子。副墨之子、聞諸洛誦之孫。洛誦之孫、聞之瞻明。瞻明聞之聶許、聶許聞之需役、需役聞之於謳、於謳聞之玄冥、玄冥聞之參寥、參寥聞之疑始。

第三章　造物者に従って安らかに転生・輪廻する人々

子祀《しし》・子輿《しよ》・子犂《しり》・子来《しらい》（いずれも架空の人物）という四人の者が、ある時、一緒に語りあった。「誰か無が頭、生が背中、死が尻だと考えることができる者はいないだろうか。誰か死と生、存と亡が一心同体だと分かっている者はいないだろうか。こういう人と友達になりたいものだ。」四人は顔を見あわせて笑い、互いの心がよく通じあった。こうして、彼らは親しい友達となったのである。

その後、子輿《しよ》が急に病気になった。子祀《しし》が見舞いに行くと、子輿《しよ》、「何と偉大なものであろうか、あの造物者《ぞうぶつしや》（万物を造る根源者）たる道は、私の身体《からだ》でこんなくにゃくにゃした物を作ろうとしているよ。」見れば、湾曲が背中に起こり、五臓《ごぞう》が上の方に出てきて、頤《あご》が臍《へそ》のあたりに隠れ、両肩が頭のてっぺんよりも高く突き出て、句贅《もとどり》が天に向かって立っている。陰陽二気の調和が乱れて、身体こそこんなありさまであるものの、心は静けさを保っており、何ごともないかのよう。よろよろと井戸まで身体を運び、我が身を水鏡《みずかがみ》に映して、「ああ、あの造物者たる道は、さらに私の身体《からだ》でこんなくにゃくにゃした物を作ろうとしているのだな。」

子祀《しし》、「君はそれが嫌かね。」

「何の何の、どうして嫌なものか。私の左腕《ひだりうで》を徐々に変えて鶏《にわとり》にでもするならば、それに時を告げさせてやろう。右腕《みぎうで》を変えて弾《はじ》き丸《だま》にでもするのなら、それに焼き鳥を所望するさ。私の尻を車に変え、心を馬に変えるというなら、私はこれに乗ってみたいね。馬車を仕立てる手間が省けるというものだ。

それに、人がこの世に生を得るのは、生まれるべき時に合うからであり、生を失うのは、死すべき順《めぐ》りに当たるからだ。そこで、時の順りに安らかに身を委《ゆだ》ねていれば、死が哀しいの、生が楽しいのといった感情の入りこむ余地はない。この境地が古人の言う県解《けんかい》、すなわち人間に下された逆さ吊《づ》りの苦刑からの解放に他ならない。それを自ら解放することができないのは、人間という存在への執着に金縛りされているからだ。それに、そもそも人間という存在が、天のなすところに勝つことができないのは、ずっと昔から決まっていることだ、それをこの私がどうして嫌がるものか。」

急に、今度は子来《しらい》が病気になった。ぜいぜいと息が迫って、今にも死にそうである。妻や子が取り巻いて泣いていた。そこへ子犂《しり》が見舞いに行き、「しいっ、下がりなさい。造化の働き（死による転生《てんせい》）を妨げないように。」妻子を遠ざけた子犂《しり》は、入り口の戸に寄りかかって、病人と二人だけで話すのであった。「何と偉大なものよ、造化（転化を生み出す実在）たる道は、さらに君を何にするつもりなのだろう、君をどこに連れて適《ゆ》くつもりなのだろう。鼠《ねずみ》の肝《きも》にでもするつもりだろうか、それとも虫の腕にでもするつもりだろうか。」

子来《しらい》、「子たる者は父母に対して、東西南北どこへ行けと言われても、ひたすら言いつけに従うものだ。まして、人間という物が、陰陽の二気に従わなければならないのは、父母に従うどころではない、絶対服従だ。その陰陽二気による造化が、私を死に近づけようとしているのに、もし従わないならば、それは私の傲岸不遜《ごうがんふそん》というものだ。陰陽の造化に何の罪もない。

そもそも大地（陰陽の造化）は、人間の形（身体）を与えて私をこの世に送り出し、生を与えて私を苦しませ、やがて老いを与えて私を楽にし、最後に死を与えて私を休息させてくれる。このように、私の生死などは全て大地（造化）の作り出した結果である。そうだとすれば、我《わ》が生を善しと肯定することは、そのまま我《わ》が死を善しと肯定するゆえんでもなければならない。

譬《たと》えば、今、鋳物師《いものし》の親方が金物《かなもの》を鋳ようとしている時、その金《かね》が躍《おど》り上がって、『俺は必ず鏌鋣《ばくや》のような名剣になるんだ。』などと喚《わめ》くなら、親方はきっと不吉な金めと思うだろう。それと同じように、たまたま人間の形を鋳こまれてこの世に送り出されてきただけなのに、『俺は次も人間でなければ嫌だ、人間でなければ嫌だ。』などと騒ぐなら、あの造化（道）はきっと不吉な人間めと思うに違いない。そこで、万物を包みこむ天地を大きな焜炉《こんろ》と見なし、生死を宰《つかさ》どる造化を大きな鋳物師《いものし》の親方に見立てるならば、どこに連れて行かれてもよいではないか。今はただすやすやと眠りに着いて、やがていつしか、はっと目覚める日を待つまでだよ。」

原文

子祀子輿子犂子來四人相與語曰、孰能以无爲首、以生爲脊、以死爲尻。孰知死生存亡之一體者。吾與之友矣。四人相視而笑、莫逆於心。遂相與爲友。

　俄而子輿有病。子祀往問之。曰、偉哉、夫造物者、將以予爲此拘拘也。曲僂發背、上有五管、頤隱於齊、肩高於頂、句贅指天。陰陽之氣有沴、其心閒而无事。跰𨇤而鑑于井曰、嗟乎、夫造物者、又將以予爲此拘拘也。

　子祀曰、女惡之乎。

曰、亡、予何惡。浸假而化予之左臂以爲雞、予因以求時夜。浸假而化予之右臂以爲彈、予因以求鴞炙。浸假而化予之尻以爲輪、以神爲馬、予因而乘之。豈更駕哉。

　且夫得者時也、失者順也。安時而處順、哀樂不能入也。此古之所謂縣解也。而不能自解者、物有結之。且夫物不勝天久矣、吾又何惡焉。

　俄而子來有病、喘喘然將死。其妻子環而泣之。〔子〕★犂往問之曰、叱、避。无怛化。倚其戶、與之語曰、偉哉、造化、又將奚以汝爲、將奚以汝適。以汝爲鼠肝乎、以汝爲蟲臂乎。

　子來曰、父母於子、東西南北、唯命之從。陰陽於人、不翅於父母。彼近吾死、而我不聽、我則悍矣。彼何罪焉。

　夫大塊載我以形、勞我以生、佚我以老、息我以死。故善吾生者、乃所以善吾死也。

　今大冶鑄金、金踊躍曰、我且必爲鏌鋣、大冶必以爲不祥之金。今一犯人之形、而曰人耳、人耳、夫造化者必以爲不祥之人。今一以天地爲大鑪、以造化爲大冶、惡乎往而不可哉。成然寐、蘧然覺。

第四章　方外に遊ぶ者と方内に止《とど》まる孔子

子桑戸《しそうこ》・孟子反《もうしはん》・子琴張《しきんちょう》（いずれも架空の人物）の三人が、互いに友達になろうとして語りあった。「ことさら仲間になろうとしないでも自然に仲間になっており、ことさら助けあおうとしないでもいつの間にか助けあっている、そんなことのできる者はいないだろうか。手を携《たずさ》えて天に登り霧《きり》の中に遊び、極《きわ》まりなき広がりをぶらついて、互いに有限の生を忘れつつ、永遠の生を生き尽くす、そんなことのできる者はいないだろうか。」三人は顔を見あわせて笑い、互いの心がよく通じあった。こうして、彼らは親しい友達になったのである。

何ごともなく暫《しばら》く過ぎたある日、子桑戸《しそうこ》が死んだ。まだ葬儀も済んでいない頃、孔子《こうし》は聞いて弟子の子貢《しこう》を遣《や》り、葬儀を手伝わせようとした。子貢《しこう》が行ってみると、孟子反《もうしはん》と子琴張《しきんちょう》の一人は歌詞を作り、一人は琴をかき鳴らしながら、声を合わせて歌っている。

「あわれ桑戸《そうこ》や、あいや桑戸や。
真《まこと》の道に汝早《なれはや》入れるも、我らなお仮り寝の夢に嘆く旅人。」

これを見て子貢、小走りに進み出て、「失礼ですが、ご遺体を前にして歌などを歌うのは、礼の定めに適《かな》っておりましょうか。」二人は、顔を見あわせて笑いながら、「これに礼の意味などが分かるものか。」と言って、取りあおうともしない。

子貢は帰ってきて、ことの次第を孔子に報告した。「あれは一体、どういう連中なのでしょうか。徳義に適《かな》った振《ふ》る舞《ま》いはさっぱりな上に、身体の生死すら度外視し、あまつさえ死者を前にして歌など歌いながら、顔色一つ変えません。私には、何とも譬《たと》えようがありません。どういう連中なのでしょうか。」

孔子、「あれは世間の外に遊ぶ人間だが、この私は世間の内に遊ぶ人間だ。外と内は通《かよ》いあわない異質の世界であるのに、君を弔《とむら》いに遣《や》ったのは、我ながら思慮が足りなかったな。彼らは、今、造物者《ぞうぶつしゃ》（万物を造る根源者）たる道と仲間になって、天地間の万物を生死させている気（世界の構成元素）の中に入りこみ、そこで遊ぼうとしているのだよ。彼らは生を贅《いぼ》がくっ付いたか、疣《こぶ》が脹《ふく》らんだかのように厄介物《やっかいもの》扱いし、死を疵《できもの》が切れたか、癰《はれもの》が潰《つぶ》れたかのように厄介払《やっかいばら》いと見なしている。一体、このような者が、またどうして死と生の何たるか、前世と来世の何たるかを気にかけよう。彼らは自分の身体を、その度《たび》ごとに異なった物に借りるものの、常に一体の万物からはみ出ることなく、その一つに託してこの世に生まれ、人間としての肝臓《かんぞう》・胆嚢《たんのう》の生命活動や、耳目による感覚作用をさっぱりと忘れ去って、生死の循環を限りなく繰り返し、いつ終わるとも果てしがない。ぼんやりと俗塵《ぞくじん》の外にさまよい歩き、無為の仕事を気ままに楽しんでいる人たちだ。こういった人たちが、またどうしてごてごてと世俗の礼儀を取り繕《つくろ》い、大衆の耳目を引いて拍手喝采を浴びようとするものかね。」

子貢、「それで、先生は内外、どちらの世界に従っていかれるのでしょうか。」

「私は、天から刑罰を被《こうむ》って、世間の内に縛りつけられた人間だ。けれども、諸君とともにこの道を進みたいものだね。」

子貢、「どうか、その道をお教えいただけませんか。」

孔子、「旱魃《かんばつ》に遭《あ》ってあえぐ魚たちが、助けあって水にたどり着くように、乱世に遭《あ》って苦しむ人々が、手を携《たずさ》えて道にたどり着くことだ。助けあって水にたどり着く魚たちの場合は、池を掘って水を貯めてやりさえすれば、十分に生きていける。同じように、手を携《たずさ》えて道にたどり着く人々の場合は、ことさらの作為を止《や》めさえすれば、まず安らかな生を送ることができるだろう。そこで、『魚たちが、豊かに水を湛《たた》えた大川・広湖の中で、互いを忘れて泳ぎ回るように、人々は、大いなる道そのものの中に溶けこんで、互いの存在など忘れてゆったりと暮らす。』と言う。諸君とともに、これに向かって進んでいきたいものだね。」

子貢、「あの三人のような畸人《きじん》（変わった人）については、どう考えたらよいのでしょうか。」

「畸人《きじん》というのは、世間内の人とは異なって、世間外の天に等しい存在だ。だから、『天から見た小人《しょうじん》（下らない人）は、人から見れば君子《くんし》（立派な人）であり、人から見た君子は、天から見れば小人である。』と言うのだよ。」

原　文

子桑戸孟子反子琴張三人相與友曰、孰能相與於无相與、相爲於无相爲。孰能登天遊霧、撓挑无極、相忘以生、无所終窮。三人相視而笑、莫逆於心。遂相與友。

莫然有閒、而子桑戸死。未葬。孔子聞之、使子貢往待事焉。或編曲、或鼓琴、相和而歌曰、

嗟來、桑戸乎、嗟來、桑戸乎。

而已反其眞、而我猶爲人猗。

子貢趨而進曰、敢問、臨尸而歌、禮乎。二人相視而笑曰、是惡知禮意。

子貢反、以告孔子曰、彼何人者邪。脩行无有、而外其形骸、臨尸而歌、顔色不變。无以命之。彼何人者邪。

孔子曰、彼遊方之外者也。而丘遊方之內者也。外內不相及、而丘使女往弔之、丘則陋矣。彼方且與造物者爲人、而遊乎天地之一氣。彼以生爲附贅縣疣、以死爲決疣潰癰。夫若然者、又惡知死生先後之所在。假於異物、託於同體、忘其肝膽、遺其耳目、反覆終始、不知端倪。芒然彷徨乎塵垢之外、逍遙乎无爲之業。彼又惡能憒憒然爲世俗之禮、以觀衆人之耳目哉。

子貢曰、然則夫子何方之依。

曰、丘天之戮民也。雖然、吾與汝共之。

子貢曰、敢問其方。

孔子曰、魚相造乎水、人相造乎道。相造乎水者、穿池而養給、相造乎道者、无事而生定。故曰、魚相忘乎江湖、人相忘乎道術。

子貢曰、敢問畸人。

曰、畸人者、畸於人而侔於天。故曰、天之小人、人之君子。人之君子、天之小人也。

第五章　喪礼の簡素化と万物の転生・輪廻について

ある時、弟子の顔回《がんかい》が仲尼《ちゅうじ》（孔子の字《あざな》）にたずねて言った。「あの孟孫才《もうそんさい》（魯《ろ》の公族の姓名）という人は、母親が亡くなった時、型どおりに哭泣《こっきゅう》はしましたが涕《なみだ》一つ流すでなく、心の底から戚《いた》み悲しむでなく、喪《も》には服しましたが別に哀しむでもありませんでした。肝腎《かんじん》のこの三つが欠けているのに、立派に母親を喪《とむら》ったという評判が、魯の国中にとどろいております。一体、実質がないのに名声を手に入れるなどということが、あるのでしょうか。私にはどうにも腑《ふ》に落ちません。」

仲尼、「いや、あの孟孫氏《もうそんし》は喪《とむら》いの道を尽くしている。君の言うような、喪礼に関する片々たる知を越えているのだ。彼は、喪事を簡素にしようとして十分にはできなかったものの、それでもすでに簡素にした点があるね。

孟孫氏は、人間がどうして生まれるのか、どうして死ぬのかについて、考えてみようともせず、また生前の姿に執着すべきか、死後の姿に執着すべきかについても、思い患《わずら》うことがない。造化（万物の転化を宰《つかさ》どる道）のなすがままに、偶然一つの物となってこの世に生まれてきて、やがて訪《おとず》れるであろう未知の転化を、静かに待っている、ただそれだけのことだ。また、自分が他の物に転化しようとしている時には、その姿などあらかじめ分かるはずがないし、転化する気配のない時にも、ある物の転化によって自分が生まれてきた、そのかつての姿など分かるはずがない。こうした理《ことわり》に暗い私と君だけが、まだ夢を見たまま覚めない者なのだろうね。

それに、万物の一つとしての人間は、形（身体）こそいかにも多様に転化するけれども、それによって心（精神）が損耗することはなく、仮りの宿を次々に遷り変わることがあるにもせよ、情（精神）が死に絶えることはない。こうした理《ことわり》に孟孫氏だけが目覚めていて、他人が哭泣の喪礼を行うので、自分もそれを行ったのだ。そして、これらのことによって、立派に母親を喪《とむら》ったという評判を自《みずか》ら広める結果となったのだよ。

それに、人間の精神の主体である『我』というものは、人々が万物の中からある部分を取り出してきて、互いにそれを『我』と見なしているにすぎない。そんな一個の『我』の言う『我』に、どれほどの意味があろうか。それに、君も夢の中で鳥となって天空に翔《かけ》り、また魚となって深淵《しんえん》に沈んだことがあろう。今こうして話している私と君は、果たして目覚めているのか、それとも夢見ているのか、どちらとも分かるまい。

こういうわけで、人生において一瞬の楽しみを貪《むさぼ》るのは、和やかに笑っているのに及ばないし、その和やかな笑いも万物の変化に身を任せるのに及ばない。万物の変化に安んじて身を任せ、いずれは身に訪れる転化のことも忘れることができるならば、やがては静謐《せいひつ》な天一《てんいち》（自然のままに全てが一つである世界）に入っていけるだろうね。」

原　文

顏回問仲尼曰、孟孫才、其母死、哭泣无涕、中心不慼、居喪不哀。无是三者、以善喪蓋魯國。固有无其實、而得其名者乎。回壹怪之。
仲尼曰、夫孟孫氏盡之矣、進於知矣。唯簡之而不得、夫已有所簡矣。孟孫氏不知所以生、不知所以死、不知就先、不知就後。若化爲物、以待其所不知之化已乎。且方將化、惡知不化哉。方將不化、惡知已化哉。吾特與汝、其夢未始覺者邪。且彼有駭形而无損心、有旦宅而无情死。孟孫氏特覺、人哭亦哭。是自其所以乃。且也相與吾之耳矣。庸詎知吾所謂吾之乎。且汝夢爲鳥而厲乎天、夢爲魚而沒於淵。不識今之言者、其覺者乎、其夢者乎。
造適不及笑、獻笑不及排。安排而去化、乃入於寥天一。

第六章　仁義・是非を棄て去って道の世界に遊ぼう

意而子《いじし》（架空の人物）という人が、隠者の許由《きょゆう》に会った時のこと、許由がたずねた。「聖人《せいじん》の堯《ぎょう》（上古の聖天子）は、そなたに何を教えたのかね。」

意而子、「堯《ぎょう》は私に、『君は必ず身をもって仁義《じんぎ》の徳を行い、善悪《ぜんあく》の判断をはっきりと言うようにしたまえ。』と教えてくれました。」

許由、「それなら、そなたはどうしてわざわざここへやって来たのだ。そもそも堯がそなたの身に、仁義《じんぎ》の徳という入れ墨の刑を施し、善悪《ぜんあく》の判断という鼻切りの刑を科してしまったのだ。それなのに、何だってそなたは、あの果てしなく広がり、自由で気まま、変化してやまない、道の世界に遊ぼうと言うのだね。」

意而子、「そうではありましょうが、せめて道の世界の入り口あたりででも、遊ばせてもらいたいと思いましたので。」

許由、「だめだね。一体、目の不自由な者は、美人の容色・目鼻立ちの美しさを見る手段《すべ》がなく、目の見えない者は、衣装の彩《いろど》り・縫い取り模様の艶《あで》やかさを見る手立てがないのだよ。」

意而子、「しかし、あの无荘《むそう》（昔の美人）の美貌もやがては衰え、拠梁《きょりょう》（昔の力持ち）の強力《ごうりき》も後には萎《な》え、黄帝《こうてい》（人類最古の帝王）の知恵も結局は失われましたが、これらはみな造物者《ぞうぶつしゃ》（道）の鑪《ひどこ》の中で鍛《きた》え上げられた結果に他なりません。ですから、造物者《ぞうぶつしゃ》がいずれその内、私の入れ墨を消し、削《そ》がれた鼻を元どおりにし、私を五体満足にした上で、先生の教えを受けさせないとも限らないと思います。」

許由、「うむ、そうかもしれないな。では、そなたのために大体のところを述べてみよう。『ああ、私の老師《ろうし》よ、老師たる道よ。万物を一つ一つ細かく成り立たせながら、義の徳を行っているわけではなく、万世《ばんせい》の後にまで及ぶ恵みを垂れながら、仁の徳を施しているわけではなく、上古から成長して今に至っておりながら、長寿を誇るでもなく、天地を包みこんで万物をさまざまな形に彫《ほ》り上げながら、技巧を鼻にかけるでもない。』これこそが、私の遊ぶ道の世界に他ならない。」

原　文

意而子見許由。許由曰、堯何以資汝。

意而子曰、堯謂我、汝必躬服仁義、而明言是非。

許由曰、而奚來爲軹。夫堯既已黥汝以仁義、而劓汝以是非矣。汝將何以遊夫遙蕩恣睢轉徙之塗乎。

意而子曰、雖然、吾願遊於其藩。

許由曰、不然。夫盲者无以與乎眉目顏色之好、瞽者无以與乎青黃黼黻之觀。

意而子曰、夫无莊之失其美、據梁之失其力、黃帝之亡其知、皆在鑪捶之間耳。庸詎知夫造物者之不息我黥、而補我劓、使我乘成以隨先生邪。

許由曰、噫、未可知也。我爲汝言其大略。吾師乎、吾師乎、齏萬物而不爲義、澤及萬世而不爲仁、長於上古而不爲老、覆載天地刻彫衆形而不爲巧。此所遊已。

第七章　坐忘についての問答――身体と感覚を棄てて道と一体になる

弟子の顔回《がんかい》が、ある日、仲尼《ちゅうじ》（孔子の字《あざな》）に向かって言った。「私、一歩進みました。」

仲尼《ちゅうじ》、「どういうことだね。」

「仁義《じんぎ》の徳を忘れることができるようになりました。」

「それは結構。しかし、まだまだだね。」

後日、またお目にかかって、「私、さらに一歩進みました。」

「どういうことだね。」

「礼楽《れいがく》の掟《おきて》を忘れることができるようになりました。」

「それは結構。だが、まだまだだね。」

後日、またお目にかかって、「私、さらに一歩進みました。」

「どういうことかね。」

「坐忘《ざぼう》（坐ったままで一切を忘れること）ができるようになりました。」

仲尼ははっと顔を引き締めて、「坐忘とはどういうことかな。」

顔回、「はい、手足や身体の働きを退け、耳目の感覚作用を除き、己の身体を離れ心知を棄て去ることによって、大通《だいつう》（あらゆる物に自由に疏通する道）と一体になること、坐忘とはこういうことです。」

仲尼、「なるほど、道と一体になれば、一つの物への偏愛はなくなるだろうし、道に溶けこんでしまえば、一つの事への拘泥は生まれないだろう。君はさすがに優れているね。これからは、私も君に学ばせてもらいたいものだ。」

原　文

顔回曰、回益矣。

仲尼曰、何謂也。

曰、回忘仁義矣。

曰、可矣。猶未也。
它日復見曰、回益矣。
曰、何謂也。
曰、回忘禮樂矣。
曰、可矣。猶未也。
它日復見曰、回益矣。
曰、何謂也。
曰、回坐忘矣。
仲尼蹙然曰、何謂坐忘。
顏回曰、墮枝體、黜聰明★、離形去知、同於大通。此謂坐忘。
仲尼曰、同則无好也、化則无常也。而果其賢乎。丘也請從而後也。

第八章　父母や天地よりも偉大なものは何か

子輿《しよ》と子桑《しそう》（ともに架空の人物）は親しい友達だった。ある時、長雨が十日も降り続いた。子輿は、「子桑はきっと飢えてまいっているだろう。」と思い、飯《めし》を包んで、食べさせてやろうと出かけて行った。子桑の家の門口《かどぐち》に差しかかると、中から歌うとも哭《な》くともつかぬ哀れな声が聞こえてくる。子桑が琴《こと》をかき鳴らしながら、「父なのか母なのか、天なのか人なのか。」などと、独《ひと》り言《ご》ちているのであった。飢えのために、節に合わせて歌う力もあらばこそ、息《いき》せいて詩だけを並べ立てることもある。

子輿、中に入って、「君の歌っている詩はおかしいぞ。何だってそんな風に歌うんだい。」

「僕をこんなひどい目に遭わせているのは何者かと考えているのだが、分からないからさ。父や母が僕の貧乏を望むはずはない。天は依怙《えこ》贔屓《ひいき》なく全てを覆い、地は依怙贔屓なく全てを載せているのだから、天や地が僕だけを差別して貧乏にするはずはない。僕をこんな目に遭わせている者を捜しているのだが、結局分からないんだ。それなのに、こんなひどい目に遭うのは、運命なのだろうな。」

原　文

子輿與子桑友。而霖雨十日。子輿曰、子桑殆病矣。裹飯而往食之。至子桑之門、則若歌若哭。鼓琴曰、父邪母邪、天乎人乎。有不任其聲、而趨擧其詩焉。

子輿入曰、子之歌詩、何故若是。

曰、吾思夫使我至此極者、而弗得也。父母豈欲吾貧哉。天无私覆、地无私載。天地豈私貧我哉。求其爲之者、而不得也。然而至此極者、命也夫。

解　説

「大宗師」が「道」を指すことについては、古来あまり異論がない。『釈文』崔譔の「遺形忘生、当大宗此法也。」も同じであろう。しかしながら、郭象注・褚伯秀『南華真経義海纂微』・宣穎・王闓運『荘子内篇注』の「大なる宗師」と、王夫之『荘子解』・陸樹芝・劉武の「大宗なる師」と、福永光司・金谷治の「大いに宗《たっと》ぶべき師」のように、読み方・意味づけ方に相異が存在している。「道」を指す言葉として、「大宗」が本書天道篇第三章に見え、『淮南子』原道・俶真・要略の諸篇にも出てくるので、王夫之らが正しいと思う。「師」は、本篇第六章の「吾師乎」から取ったものであろう（林希逸）。

第一章は、前半部分と後半部分に分かれる。前半は、「真人」という理想的な人間のありさまを色々な角度から描く。「仁・賢・君子・士」や「刑・礼・知・徳」を肯定して儒家・法家に接近し、従来の道家思想を社会化政治化して、支配のための理論たらしめようと努めている点が、特に注目を引く。後半は、そのような「真人」のバックボーンとして期待される、世界と「道」に関する知識について述べる。――万物は一体という形態で存在しており、人間もその一つとして自然的必然的（「天・命」）に転化・転生（「化」）させられている、その根源には「道」という実在が横たわっており、その働きは絶大である、と。

第二章・第七章は、虚静説の実践を通じて「道」を把えることを論じ、併わせて万物の「化」をその根底から命ずる主体性の獲得に及ぶ。第三章～第五章は、人間の生死を万物の転化の一つに他ならないと唱える。第六章は、卑小な「仁義」や「是非」などを忘れ果てて、根源の「造物者」の世界に遊ぶべきことを勧める。第八章は、その「道」を「命」という言葉に置き換えて、人間は「命」に支配されていると主張した文章である。以上の諸章は、大体のところ戦国末期の成立であるが、中には前漢初期以降の作と思われるものも含まれている。

応帝王《おうていおう》　第七

総説

本篇の第五章には、鄭《てい》の神巫季咸《きかん》と列子の先生壺子《こし》との、人相見の技競《わざくら》べが描かれている。これは、事柄の本質上、道家の同時代の宗教に対する対決を意味している。

道家思想は一種の宗教であるとか、宗教的な傾向があるとか見なしたり、その契機は思想家たちの個人的な信仰体験であるとか認めたりする見解が、今日多く唱えられている。しかし、「宗教」という近代西欧から渡来した言葉を現代人の間尺《ましやく》に合わせて好き勝手に解釈するのでなく、一方で、中国古代における宗教現象の実際を具体的に見極めながら、また他方で、道家の思想家たちの自己意識に基づいてその思想の性格を論じようとする立場に立つ限り、これらの見解は重大な誤りを含んでいると言わざるをえない。本篇第五章はそのことがよく分かる代表的な文章であるが、遡《さかのぼ》って人間世篇第一章の「心の斎」を思い起こしてみると、それは「祭祀の斎」の否定の上に成り立つ「心」の状態であった。この事実も参照することができよう。ただし、人間世篇第一章の「心の斎」の例からも知られるとおり、道家思想の発生の広義の基盤に中国古代の宗教があったことは、やはり認めなければならない。

やがて戦国末期以降になると、孔子以来の無神論・合理主義の伝統を持つ中国古代の思想界にも、宗教がUターンして復活してくる。その嚆矢《こうし》をなしたのは、恐らく『墨子』の明鬼論・天志論であったと思われる。そして、道家もその流れに棹さすことになるのであるが、これは道家思想の中に発生した新しい現象と把えるべきであろう。

第一章　無知こそが真の知である

齧欠《げつけつ》（架空の人物）が、知者として名高い王倪《おうげい》（架空の人物）にものをたずねた時のこと、四度もたずねたが、王倪は四度とも知らないと答えた。齧欠はそこで、躍《おど》り上がって大喜び、蒲衣子《ほいし》（架空の人物）を訪《おとず》れてことの次第を告げた。

すると、蒲衣子、「何と、君は今になってやっと分かったのか。別の例えを持ち出すならば、聖天子として評判のよい有虞氏《ゆうぐし》（舜《しゅん》）でさえ、泰氏《たいし》（上古の帝王）には及ばないのだが、王倪の無知も泰氏と似たところがあるね。なるほど、有虞氏は仁の徳を心に抱いて人々を惹《ひ》きつけようとし、確かに人々の心を摑《つか》むことができた。しかし、人を忘れ人を越えた高みにまで、決して登ることができなかった。それに引き替え、泰氏は寝てはすやすや、覚めてはぼんやり。時には自分を馬であろうと思い、時には自分を牛ではないかと考えて、自分が人であることを忘れている。こういうわけで、その無知の知はまことに正確で、その徳《はたらき》

（万物に対する作用）は甚《はなは》だ根源的なのだ。だから泰氏は、何も人を忘れ人を越えた高みに、ことさら逃げこもうとはしなかったのだよ。」

原　文

齧缺問於王倪。四問而四不知。齧缺因躍而大喜、行以告蒲衣子。蒲衣子曰、而乃今知之乎。有虞氏不及泰氏。有虞氏其猶藏仁以要人、亦得人矣。而未始出於非人。泰氏其臥徐徐、其覺于于。一以己爲馬、一以己爲牛。其知情信、其德甚眞。而未始入於非人。

第二章　聖人の政治は、外界を治めるのではなく己《おのれ》の内面を正すこと

肩吾《けんご》（伝説上の人物）が楚（国名）の隠者の狂接輿《きょうせつよ》に面会した時のこと、狂接輿がたずねた。「先日、中始《ちゅうし》（架空の人物）は君に何を話したのだね。」

肩吾、「中始《ちゅうし》はこう言いました。『人の上に立つ君主が、自《みずか》ら常法・規範を作り出していくならば、どんな人でも服従し教化されるはずである。』と。」

接輿、「それは偽《いつわ》りの徳だ。そんなやり方で天下を治めようとするのは、ちょうど大海を徒歩で渡り、大河を鑿《のみ》で掘り開こうとしたり、蚊《か》に山を背負わせようとするようなものさ。一体、聖人が何かを治めるという時は、自分の内面を治めるのであって、外界を治めるはず

がない。自己の内面を正しく治めていれば、やがてそれが自《おの》ずから常法・規範となって世に行われるものなのだが、聖人とは、こういう事をしっかりとなしうる者に他ならない。それに、鳥は空高く飛んで、射《い》ぐるみの害を避けようとするし、鼷鼠《はつかねずみ》は社《やしろ》の祭壇の下深くに巣を作って、燻《いぶ》り出し・穴掘りの災《わざわ》いを避けようとする。君だってこの二動物のことは知っていよう。これと同じことで、人々は間もなく中始《ちゅうし》の政治の災害から逃げ出すだろうね。」

原　文

肩吾見狂接輿。狂接輿曰、日中始何以語女。

肩吾曰、告我君人者以己出經式義度、人孰敢不聽而化諸。

接輿曰、是欺徳也。其於治天下也、猶渉海鑿河、而使蚉負山也。夫聖人之治也、治外乎。正而後行、確乎能其事者而已矣。且鳥高飛以避矰弋之害、鼷鼠深穴乎神丘之下以避重★〈熏〉鑿之患。而曾二蟲之无知。

第三章　己《おのれ》の心気を淡漠にすれば、天下は自《みずか》ら治まる

ある日、天根《てんこん》（自然の根源の擬人化）という人が、殷山《いんざん》（山の名）の南に遊ぼうとして、蓼水《りょうすい》（川の名）のほとりまでやって来た。そこでひょっこり无名人《むめいじん》（無名の擬人化）という人に出会った。天根《てんこん》はたずねた。「天下を治める法を教えていただけませんか。」

聞くや否《いな》や、无名人、「向こうへ行きたまえ。卑しい人間《やつ》め。何と不愉快なことを聞くのだろう。私は、今ちょうど造物者《ぞうぶつしゃ》（万物を造る根源者）と友達になろうとしているところだ。それに厭《あ》いたら、今度は、果てしなく遥《はる》か彼方《かなた》を飛ぶ鳥に乗って、天地・四方、宇宙の尽き果てた外に翔《か》け出し、万物の根源たる虚無《きょむ》の村里《むらざと》に遊んで、限りなく広がる実在の荒野《こうや》に住まうつもりだ。それを君は、また何だって天下を治めるなどというつまらぬことで、私の心をかき乱そうとするのだね。」

天根《てんこん》は重ねてたずねた。

无名人、やむをえず、「君の心を、物に拘《こだわ》らぬ淡泊《たんぱく》の境地に遊ばせ、君の気を、静まり返った寂漠《せきばく》の境地に落ち着かせ、万物が自《みずか》ら展開していくのに従い、その間に私心を差し挟まないことだ。そうすれば、天下は治まるだろうね。」

原　文

天根遊於殷陽、至蓼水之上。適遭无名人、而問焉曰、請問爲天下。

无名人曰、去。汝鄙人也。何問之不豫也。予方將與造物者爲人、厭則又乘夫莽眇之鳥、以出六極之外、而遊无何有之鄉、以處壙埌之野。汝又何帠以治天下感予之心爲。

又復問。

无名人曰、汝遊心於淡、合氣於漠、順物自然、而无容私焉。而天下治矣。

第四章　明王の政治とは、不測・無有の道の世界に遊ぶこと

陽子居《ようしきょ》（老耼《ろうたん》の弟子か）という人が、ある時、老耼《ろうたん》（老子）にお目にかかってたずねた。「今ここに一人の人物がいたとします。機敏・強健、博識・聡明で、怠りなく道を学んでいます。このような人物であれば、明王《めいおう》（明徳の王者）に匹敵すると考えてよいでしょうか。」

老耼が答えて、「いや、そんなのは聖人（明王に同じ）から見れば、せいぜい小役人の雑役・職人の小細《こざい》工程度、身体を苦しめ精神をさいなむだけのものだ。それに、虎や豹の美しい皮模様はかえって狩猟を招き、猨狙《さる》のすばしこさと狸《やまねこ》を執《と》える犬の特技は、かえって捕縛《ほばく》を招くだろう。そんな美々《びび》しくすばしこい特技の持ち主を、どうして明王に匹敵すると考えてよいものか。」

これを聞いて陽子居、はっと顔を引き締め、「それでは、明王の政治についてお聞かせ下さい。」

老耼、「明王の政治というのは、功績が広く天下を蓋《おお》うほどでありながら、彼のお蔭《かげ》であるとは見えず、教化は遍《あまね》く万物に及ぶほどでありながら、人民に格別頼りにもされない。確かに政治はあるのだが、誰一人彼の名を挙げて称える者はおらず、万物それぞれに己《おの》が生を喜ばせておいて、自分は人々の理解を越えた深い根源に佇《たたず》んで、その虚無の中で自由に遊び戯《たわむ》れる、というものだ。」

原文

陽子居見老耼曰、有人於此。嚮疾彊梁、物徹疏明★、學道不勧。如是者、可比明王乎。

老耼曰、是於聖人也、胥易技係、勞形怵心者也。且也虎豹之文來田、猨狙之便、執斄之狗來藉。如是者、可比明王乎。

陽子居蹵然曰、敢問明王之治。

老耼曰、明王之治、功蓋天下、而似不自己、化貸萬物、而民弗恃。有莫擧名、使物自喜、立乎不測、而遊於无有者也。

第五章　季咸《きかん》と壺子《こし》の人相見の技競《わざくら》べ——呪術宗教に対する批判

鄭《てい》（国名）に名を季咸《きかん》と言う、神のような巫祝《みこ》がいた。人間の死生存亡、禍福寿夭《かふくじゅよう》などの運勢を予言することができ、あたかも神のように、その年月旬日《じゅんじつ》までぴたりと言い当てた。鄭《てい》の人々は彼を見かけると、みな一目散に逃げ出したものである。

ところが、列子《れっし》（春秋時代の鄭の思想家）は、彼に会って心の底から惚《ほ》れこんでしまい、帰ってきて師の壺子《こし》（列子の先生）に告げた。「今まで私は、先生の道を最上のものとばかり思っておりました。しかし、さらに上の道がありました。」

壺子、「君には、なるほど道の外形は全て伝授したけれども、内実はまだ修了していないはずだ。それを、もうすっかり会得したと言うのかね。雌鳥《めんどり》をいくら沢山集めたって、肝腎《かんじん》の雄鳥《おんどり》がいなければ、とても卵を孵《かえ》せはしないのだよ。それなのに、君は道をすっかり会得したと自惚《うぬぼ》れて、世間にしゃしゃり出て是が非でも人気を博したいのか。道理《どうり》で巫祝風情《みこふぜい》に易々《やすやす》と人相を見られたわけだ。試しに連れて来て、私の運勢を占《うらな》わせてみるがよい。」

翌日、列子は季咸《きかん》を連れて来て、壺子に会わせた。占い終わって外に出ると、季咸は列子に向かって言った。「ああ、あんたの先生は死にますな、生きる見こみはありません。十日と持たんでしょう。怪しい兆《きざ》しが現れておって、生気のない湿った灰のようでしたわ。」

列子は聞いて、内に入り、襟《えり》を沾《うるお》すほどの泣きの涙で、壺子にかき口説いた。

壺子、「先ほど私は、あの男に地文《じぶん》（大地の姿）の相《そう》を見せてやった。ぼうっとして動くでもなければ止まるでもない、という大地の姿だ。あの男には、きっと私の生の営みが果てる兆《きざ》しと見えたのだろう。試しにもう一度連れて来なさい。」

その翌日、再び季咸を連れて来て、壺子に会わせた。占《うらな》い終わって外に出ると、季咸は列子に向かって、「本《ほん》に幸《さいわ》いでしたなあ、先生が昨日《きのう》わしに相《み》てもらったのは。治っております、すっかり生気が戻《もど》りました。今日は杜権《とけん》（閉ざされた生命の変化）の相《そう》、すなわち生の息吹《いぶ》きが現れておりますわ。」

列子は内に入り、このことを壺子に告げた。

すると、壺子、「先ほど私は、あの男に天壌《てんじょう》（天が物を醸成《じょうせい》すること）の相《そう》を見せてやった。その名前を言うこともできず、姿形《すがたかたち》を把えることもかなわぬが、生の営みの始まる兆しが踵《かかと》のあたりから発してくる、という天の醸成《じょうせい》のことだ。あの男には、私の幸いが戻ってくる兆しと見えたのだろう。試しにもう一度連れて来なさい。」

またその翌日、三たび季咸を連れて来て、壺子に会わせた。季咸は外に出てきて、「あんたの先生は、相《み》るたびに人相が変わっておりますわ。わしは、よう占いません。まずは、人相を落ち着かせてもらわんと。そしたら、また占って進ぜよう。」

列子は内に入り、このことを壺子に告げた。

壺子、「先ほど私は、あの男に太沖莫勝《たいちゅうばくしょう》（この上なく虚《むな》しく何の形跡もないこと）の相《そう》、すなわちいかなる形跡も見られない、虚しさの極致を見せてやったのだ。あの男には、きっと私の気の兆しが、陰でもなければ陽でもない、どっち付かずと見えたに違いない。ところで、譬《たと》えてみれば、鯨《くじら》の泳ぎ回る大海原《おおうなばら》の深みの淵《ふち》もあれば、静かに湛《たた》えた水の深みの淵もあり、流れ動く川の深みの淵もあって、およそ淵には九つの型があるものだが、私はまだ三つしか見せていない。試しにもう一度連れて来なさい。」

さらにその翌日、四たび季咸を連れて来て、壺子に会わせた。ところが、まだ席も定まらない内に、季咸は茫然自失して逃げ出した。壺子、「逃がしてはならぬ。」

列子は、追いかけたが追いつかず、引き返して壺子に報告した。「もう姿が見えません、見失ってしまいました。とても追いつけませんでした。」

壺子、「先ほど私は、あの男に未始出吾宗《みししゅつごそう》（私の大本《おおもと》から決して離れないこと）の相《そう》、すなわち私という人間の根源にある道と一体になった境地を見せてやったのだ。あの男の心の動くがままに、私も己《おのれ》を虚しくしてのらりくらりと順応して行ったところ、あの男は私が誰であるか分からなくなってしまって、何かが崩れ落ちてくると思いこんだり、何かが怒濤《どとう》の如《ごと》く押し寄せてくると思いこんだりする始末。揚げ句の果ては、恐さでたまらなくなって、ついに逃げ出したというわけだ。」

このことがあって後、列子は自分など全く学問してこなかったに等しいと覚り、田舎に引き上げた。三年の間、家に閉じこもったままで外に出でず、妻のために飯《めし》を炊《た》いてやり、豚を飼《か》うにも人間を養うかのように大切にして、何ごとについても好き嫌いを言わなくなった。こうして、かつての虚飾を全て削《けず》り落として、本来の素朴さに立ち返り、その生まれついたままの身体をもってすっくと自立しつつ、ごたごたと入り乱れる万物の一つになりきって、ひたすらこの境地を守り続けて生涯を終えたのである。

原　文

鄭有神巫、曰季咸。知人之死生存亡、禍福壽夭、期以歳月旬日若神。鄭人見之、皆弃而走。列子見之而心醉。歸以告壺子曰、始吾以夫子之道爲至矣。則又有至焉者矣。

壺子曰、吾與汝既其文、未既其實。而固得道與。衆雌而无雄、而又奚卵焉。而以道與世亢必信夫、故使人得而相汝。嘗試與來、以予示之。

明日、列子與之見壺子。出而謂列子曰、嘻、子之先生死矣、弗活矣。不以旬數矣。吾見怪焉、見濕灰焉。

列子入、泣涕沾襟、以告壺子。
壺子曰、鄕吾示之以地文。萌乎不震不正★〈止〉。是殆見吾杜德機也。嘗又與來。
明日、又與之見壺子。出而謂列子曰、幸矣、子之先生遇我也。有瘳矣、全然有生矣。吾見其杜權矣。
列子入以告壺子。
壺子曰、鄕吾示之以天壤。名實不入、而機發於踵。是殆見吾善者機也。嘗又與來。
明日、又與之見壺子。出而謂列子曰、子之先生不齊、吾无得而相焉。試齊、且復相之。
列子入以告壺子。
壺子曰、吾鄕示之以太沖莫勝。是殆見吾衡氣機也。鯢桓之審爲淵、止水之審爲淵、流水之審爲淵。淵有九名、此處三焉。嘗又與來。
明日、又與之見壺子。立未定、自失而走。壺子曰、追之。
列子追之不及。反以報壺子曰、已滅矣、已失矣。吾弗及已。
壺子曰、鄕吾示之以未始出吾宗。吾與之虛而委蛇、不知其誰何、因以爲弟靡、因以爲波流。故逃也。
然後、列子自以爲未始學而歸。三年不出、爲其妻爨、食豕如食人、於事无與親。雕琢復朴、塊然獨以其形立、紛而封哉★〈戎〉、一以是終。

第六章　鏡のような至人《しじん》の心

名声を受ける主《ぬし》にもならず、計略を出す府《くら》にもなるまい。事業を担う役にもならず、知恵をめぐらす人にもなるまい。時間・空間を越えて窮まりのない道と、余《あま》すところなく合体して、何の形跡もない世界に遊び、天から授かった自己の本性《ほんせい》を全うするだけで、それ以外のものを得ようとせず、ひたすら虚心でありたい。

至人《しじん》（道に達した人）の心の働きの虚《むな》しさは、あたかも鏡のようだ。何ものをも見送らず、何ものをも出迎えず、ただ物に対応してその形を映し出すだけで、内に蔵《しま》いこむことがない。だからこそ、あらゆる物に打ち勝って、自分も無傷でいられるのである。

原　文

无爲名尸、无爲謀府、无爲事任、无爲知主。體盡无窮、而遊无眹、盡其所受乎天、而无見得、亦虛而已。

至人之用心若鏡、不將不迎、應而不藏。故能勝物而不傷。

第七章　渾沌に七つの竅《あな》を鑿《ほ》ってやったところが

南の海を治める帝《かみ》を儵《しゆく》（たちまち）、すなわちはかない人の為《しわざ》と言い、北の海を治める帝《かみ》を忽《こつ》（にわか）、すなわち束《つか》の間《ま》の生命《いのち》と言い、中央を治める帝《かみ》を渾沌《こんとん》（文目《あやめ》も分かぬもや）、すなわち入り乱れた無秩序と言う。ある時、儵と忽が、渾沌の治める土地で思いがけず出会ったが、渾沌は彼らを大変手厚くもてなした。そこで、儵と忽は、渾沌の好意にお礼をしようと相談した。「人間は、誰にも七つの竅《あな》が具わっていて、視たり聴いたり食ったり息したりしているのに、独り渾沌だけに竅《あな》がない。一つ竅を鑿《ほ》ってやろうではないか。」こうして、一日に一竅《ひとあな》ずつ鑿《ほ》って行ったところ、七日目に渾沌《こんとん》は死んでしまった。

原　文

南海之帝爲儵、北海之帝爲忽、中央之帝爲渾沌。儵與忽時相與遇於渾沌之地、渾沌待之甚善。儵與忽謀報渾沌之徳曰、人皆有七竅、以視聽食息、此獨无有。嘗試鑿之。日鑿一竅、七日而渾沌死。

解　説

「応帝王」という篇題の意味については、以下の諸説がある。

一、『経典釈文』崔譔の「行不言之教、使天下自以為牛馬、応為帝王者也。」、つまり応《まさ》に帝王となるべしの意、とする説。郭象注・羅勉道もこれに近い。

二、林希逸の「言帝王之道合応如此也」、つまり応にかくのごとくなるべき帝王（の道）、とする説。朱得之もこれに同じ。
三、福永光司の「帝たり王たるに応《ふさ》わしい」とする説。褚伯秀あたりから始まり、宣穎・赤塚忠もこの説である。
四、李元卓『荘列十論』の「夫帝王之応世、唯寂然不動。」、つまり世に応ずる帝王、とする説。焦竑『荘子翼』・王夫之『荘子解』・林雲銘『荘子因』もこれである。
五、関鋒の「包含着応帝王之問的意思」、つまり帝王の問いに応ず、とする説。

どれも今一つ決め手を欠くが、ここでは最も古い「一」に従っておこう。内篇の最後を本篇の「応《まさ》に帝王となるべき」道の提示で締めくくる、という位置づけではなかろうか。『淮南子』要略篇に「帝王之道備矣」とあるのが、同じような試みとして参照される。「応」は、本篇第六章にも「応」の字が現れるがそれとは異なって、上記「二」の「合応」と同じで「まさに…すべし」という意味。「帝王」は、第七章の「帝」を取ったものであろう。第一章の「泰氏」、第二章の「聖人」、第三章の「天根」、第四章の「明王」、第六章の「至人」などを総括した言葉である。

第一章は、斉物論篇第三章を踏まえた、「不知」に基づく政治思想。第二章は、儒家の政治思想では天下を治めることはできず、己を「正す」ことだけがそれを可能にすると唱える。第三章は、「天下を為《おさ》」めることなどはつまらぬことであるが、「淡・漠」の心境によってそれができると説く。第四章は、「明王・聖人」の治は、小賢しい儒家的な政術ではなくて、正にその対蹠の「不測・无有」の立場にあると述べる。第五章は、神巫の季咸と列子の先生の壺子との、人相見の技競《わざくら》べを描いた文章。三者のやり取りを活写して、文学として楽しむところに主眼があるらしい。しかし同時に、当時実際に存在していた呪術的宗教を具体的に取りあげて批判し、自らの道家思想がそれを越えた遥かに高いものであり、その追究する「道」の世界が奥の深いものであることを訴えることも、重要なテーマであるに違いない。第六章は、「至人」が「物に勝」つための心の用い方を述べる。第七章は、帝王の望ましい政治のあり方を逆説的に述べた文章であろうか。本章は戦国末期以降の、道家思想が社会化政治化していくプロセスにあるものと考えられるが、他の諸章はおおむね戦国末期までの成立のようである。

外《がい》篇《へん》

外篇　総説

外篇・雑篇を荘周の自著でないと言って疑ったり批判したりするのは、唐代の韓愈《かんゆ》や宋代の蘇軾《そしょく》・蘇轍《そてつ》に始まる新しい議論であって、『荘子』の歴史全体の中では決して古くからの伝承ではない。すなわち、歴史上初めて雑篇の中の盗跖・説剣・漁父の三篇を疑ったのは韓愈であり（韓愈の論評は帰有光・文震孟『南華真経評註』の各篇の末尾につけられた評語の中に見える）、これを受け継いだのは譲王・盗跖・説剣・漁父の四篇を疑った兄の蘇軾「荘子祠堂《しどう》記」と弟の蘇轍『古史』巻三十三「老子列伝」である。以後、朱熹『朱子語類』巻一二五が天下篇を、元代の呉澄『荘子内篇訂正』が駢拇・馬蹄・胠篋・刻意・繕性の五篇を、明代の羅勉道『南華真経循本』が刻意《こくい》・繕性《ぜんせい》・譲王・盗跖・説剣・漁父の六篇を、それぞれ疑う（李勉『荘子総論及分篇評注』〔台湾商務印書館、一九七三〕を参照）などのように、時代とともに荘周自著説への疑問・批判が激しくなっていった。そして、ついに鄭瑗『井観瑣言』一・朱得之・李贄の出現を見て、外篇・雑篇は全否定されるに至る。その後清代に入り、この見解は王夫之『荘子解』、林雲銘『荘子因』（彼らは朱得之・李贄よりも温和であるが。）以下の多くの研究によって広く定着するようになり、近頃では、これを踏まえて外篇・雑篇二十六篇の類別（武内義雄『老子と荘子』、羅根沢「『荘子』外雑篇探源」、葉国慶『荘子研究』、関鋒「荘子外雑篇初探」、福永光司『荘子外篇』、外・雑篇解説〔朝日新聞社、一九六六〕）や内篇七篇との系統づけ（林雲銘・周金然『南華経伝釈』などに由来する、劉咸炘『荘子釈滞』・上記の武内義雄以下の各論者）も行われている。

確かに長年にわたって培われてきた外篇・雑篇への批判は、それなりに尊重されるべきかもしれない。しかし以上の諸説は、当てにならない荘周の実在を固く信じて疑わず、寓言でしかない荘周説話の中から好みに合ったものを任意に選んで勝手な荘周像を描き、内篇七篇の諸章における思想の矛盾・齟齬に目をつぶって内篇全体を無理やりそのような荘周の自著と決めつけ、矛盾・齟齬する内篇の諸篇諸章の中から適当なものを恣意的に基準に取ってそれに合致しない外篇・雑篇を自著にあらずと退ける、というたわいもない作業の所産でしかない。そこで、訳者（池田）は、内篇・外篇・雑篇や駢拇《へんぼ》・馬蹄…の各篇や、篇内の各章の存在や順序といった現在の部立てなどに拘泥せず、これらを戦国後期から始まる道家思想の展開の跡を示す資料として取り扱い、独自の類別や系統づけを考えたい。訳者の具体的な見解については、各篇の「総説」・「解説」を参照。

さて、郭象《かくしょう》删定の現在のテキストは、内篇七篇、外篇十五篇、雑篇十一篇、合計三十三篇である。これは、劉向《りゅうきょう》校讎の五十二篇本の体裁をそのまま伝えた司馬彪《しばひょう》本が内篇七篇、外篇二十八篇、雑篇十四篇、解説三篇、合計五十二篇であるのと比べると、十九篇少ないが、『経典釈文』序録・京都高山寺本の郭象注跋文によれば、郭象が五十二篇本から十分の三を删《けず》ったためである（武内義雄）。その際郭象は、外篇二十八篇を删って十五篇とし、雑篇十四篇を删って十一篇としたので、外篇・雑篇は、删られはしたものの、劉向本〜司馬彪本の構成を一応保存しているのではないかと推測される。というのは、もう一つの重要なテキストに晋代の崔譔《さいせん》の注した二十七篇本があり（『経典釈文』序録）、これをもとにして向《しょう》秀《しゅう》が注をつけたのである（『世説新語』文学篇注）が、郭象注はその二十七篇本向秀注を利用して書かれたわけである（『世説新語』文学篇・『晋書』郭象列伝）から、郭象本のもう一つの源は崔譔・向秀本（内篇七篇、外篇二十篇、雑篇なし）ということになる。その崔譔・向秀本の外篇二十篇の篇名は、武内義雄によって突き止められており、駢拇・馬蹄・胠篋・在宥・天地・天運・繕性・秋水・至楽・達生・山木・知北遊（以上は郭象本の外篇）、庚桑《こうそう》楚《そ》・徐无鬼《じょむき》・則陽・外物・寓言・盗跖・列御寇・天下（以上は郭象本の雑篇）。すなわち、崔譔・向秀本の外篇二十篇が郭象本の外篇十二篇、雑篇八篇に分けられたのである。

問題は、この時郭象がいかなる原則・基準を用いて外篇・雑篇に分けたかであるが、それは郭象注のどこにも記されていない。そして、このことは彼が独自の原則・基準を立てたのではないことを意味していようから、用いた可能性の最も高いのは司馬彪本のそれであろう。恐らく郭象は、司馬彪本外篇二十八篇の中から崔譔・向秀本にも含まれる上記十二篇を残して、それに司馬彪本外篇の天道・刻意・田子方三篇を補い、また司馬彪本雑篇十四篇の中から崔譔・向秀本にも含まれる上記八篇を残して、それに司馬彪本雑篇の譲王・説剣・漁父三篇を補って、自らのテキストを定めた。ざっと以上のように考えられるからである。

武内義雄や王叔岷は、郭象本の刪定に伴って司馬彪本の内篇・外篇・雑篇などの構成が相当に乱された、したがって郭象本の内篇・外篇・雑篇の下の各篇の篇目・順序・各章なども司馬彪本のそれらをかなり乱したと唱える。実はかつては訳者（池田）もそのように考えていた。しかし、武内義雄や王叔岷の言う根拠や証明を検討してみると、必ずしも適切でないものが少なくない。それで結局、上述のように考えるのがよいのではないかと思う。もっとも、郭象本の外篇・雑篇の中に司馬彪本の外篇・雑篇の区別などが保存されているにせよ、しかし既述のように（内篇の総説）、そのことは遡って劉向がそう考えたというだけのことであって、これらが荘周の弟子や後輩の作である保証は全くないのである。

駢拇《へんぼ》 第八

総 説

本篇が、人間の内面において最も大切であるとして重んじているものは、「性」であり「性命の情」である。

この「性」や「性命の情」は、逍遥遊篇以下の内篇七篇には見えず、ここに至って始めて登場する言葉であるので、このことをもって内篇の古さと外篇・雑篇の新しさを論じようとする向きもあるが、それは正しくない（内篇の総説を参照）。あえて言えば、内篇七篇に「性」が現れないのは、単なる偶然でしかない。

ただ、本篇などが、人間が「道」や「天」から与えられた（主として身体的な）ものを、従来のように「徳」という言葉を用いて「物」一般のレベルで抽象的に処理することに満足しないで、あくまで人間の「性」であるとして人間に拘泥・執着している点は、新しい思想の展開と認めなければならない（徳充符篇の「総説」を参照）。

このような「性」の概念は、その社会思想・政治思想の相異による取り扱い方や評価の違いを除けば、戦国末期の代表的な儒家荀子《じゅんし》の、人間の感情や欲望を「性」と言うのに、かなり近い。この点から考えると、『荘子』本篇と『荀子』性悪篇などの諸篇とは、成書年代が比較的接近しているのではなかろうか。

第一章　余計で無用な現代の文化と学問

　足の四つ指・手の六つ指は、人の生まれつきなのであろうか、それにしても自然な持ち前に比べると余分なものである。くっ付いた贅《いぼ》・ぶら下がった疣《こぶ》は、身体の中から自《おの》ずと吹き出したのであろうか、それにしても自然な本性《ほんせい》に比べると余分なものである。仁義の教えなどを手立てに仰山《ぎょうさん》掲《かか》げて実践しようというのは、身体の五臓に根ざすことなのであろうか、それにしても道徳（道とその働き）の正しい姿とは言えないものだ。

　したがって、足の指がくっ付いている者は、無用の肉を余分に連ねているのである。手の指が分かれている者は、無用の指を余分に立てているのである。身体の五臓の本来の姿に、余計なものを付けたり分けたりして仰山手立てを掲げている者は、仁義の行いにうつつを抜かして、耳目の自然な働きを酷使しているのだ。

　だから、視力に無用の余分がある者は、五色《ごしょく》の美しさにかき乱され、綾飾《あやかざ》りの麗《うるわ》しさに耽《ふけ》り溺《おぼ》れる。青黄の彩《いろど》り・黼黻《ほふつ》（白黒青の縫い取り）のきららは、よからぬものよ。そして、あの離朱《りしゅ》（上古の目の明らかな人）こそが正《まさ》にこの例だ。聴力に無用の余分がある者は、五《ご》声《せい》の美しさにかき乱され、六律《りくりつ》の快《こころよ》さに耽《ふけ》り溺《おぼ》れる。鐘磬《しょうけい》・琴笛《ことふえ》の音色や黄鐘《こうしょう》・大呂《たいりょ》の調べは、よからぬものよ。そして、あの師曠《しこう》（春秋時代の音楽家）こそが正《まさ》にこの例だ。余計にも仁などをいじくろうという者は、本来の持ち前を引っこ抜き自然の生まれつきを取り去って、それで名声を手に入れようとする。天下の人々に笛や太鼓の鳴り物入りで、かなわぬ仁義の規範を押《お》し戴《いただ》かせようとするのは、よからぬことではないか。そして、あの曽参《そうしん》・史《し》鰌《しゅう》（ともに儒家《じゅか》の思想家）こそが正《まさ》にこの例である。余計にも辯論などを弄《もてあそ》ぼうという者は、瓦《かわら》を積み重ね縄《なわ》に結び目を作るように、細工を凝《こ》らして言葉に磨《みが》きをかける。感覚分析の堅白論《けんぱくろん》や論理法則の同異論などの中に迷いこんで、わずかな名誉のために無用な論争に明け暮れ、ついに疲労困憊《ひろうこんぱい》してしまうのは、よからぬことではないか。そして、あの楊朱《ようしゅ》・墨《ぼく》翟《てき》（ともに春秋・戦国時代の思想家）こそが正《まさ》にこの例である。それ故、これらはいずれも足の四つ指・手の六つ指のように、余計で無用な道であって、天下の真に正しいものではないのだ。

原文

騈拇枝指、出乎性哉、而侈於德。附贅縣疣、出乎形哉、而侈於性。多方乎仁義、而用之者、列於五藏哉、而非道德之正也。

是故騈於足者、連无用之肉也。枝於手者、樹无用之指也。多方騈枝於五藏之情者、淫僻於仁義之行、而多方於聰★明之用也。

是故騈於明者、亂五色、淫文章。青黃黼黻之煌煌、非乎。而離朱是已。多於聰★者、亂五聲、淫六律。金石絲竹黃鍾大呂之聲、非乎。而師曠是已。枝於仁者、擢德塞★〈搴〉性、以收名聲。使天下簧鼓、以奉不及之法、非乎。而曾史是已。駢於辯者、纍瓦結繩竄句。遊心於堅白同異之閒、而敝跬譽无用之言、非乎。而楊墨是已。故此皆多駢旁枝之道、非天下之至正也。

第二章　真に正しい道とは、性命《せいめい》の情《じょう》を失わないことである

あの真に正しい道というのは、自己の性命《せいめい》の自然な姿を失わないことである。性命《せいめい》の自然を失ったのでなければ、四本指の足も奇形ではないし、六本指の手も不格好《ぶかっこう》ではない。長くても余分ではないし、短くても不足ではないのだ。こういうわけで、鳧《のがも》の脛《あし》が短いからといって、無理に継《つ》ぎ足して長くしようとすれば、鳧《のがも》は苦しむし、鶴《つる》の脛《あし》が長いからといって、無理に切り取って短くしようとすれば、鶴《つる》は悲しむ。だから、生まれつき長いものは、無理に切り取って短くすべきではなく、生まれつき短いものは、無理に継《つ》ぎ足して長くすべきではない。取り除くべき苦しみなど、始めからないからである。考えてみると、仁義の教えなどというものは、人間の自然な姿と言えないのではなかろうか。仁の道に努める人たちの、何と苦しみの多いことか。

それに、足の親指のくっ付いている者でも、切り開いてやろうとすれば泣き出すし、手の指が余分に分かれている者でも、齕《か》み切ってやろうとすれば啼《な》き喚《わめ》く。両者は指の数から見ると、一方が余分、一方が不足で、異なってはいるけれども、無理に細工を加えようとすれ

ば、一様に苦しむのである。ところが、現代の仁の道に努める人たちは、目配り宜《よろ》しく社会の腐敗を見つけては、勝手に苦しんでいるが、皮肉にも不仁《ふじん》の連中は、そんなことはお構いなしに、自己の性命《せいめい》の自然な姿を切りさいなんで、権力と財産を貪《むさぼ》る道をひた走っているのだ。だから、考えてみれば、仁義の教えなどというものは、人間の自然な姿とは言えないのではなかろうか。儒家《じゅか》の称える夏《か》・殷《いん》・周《しゅう》三代《さんだい》の聖王の御代《みよ》よりこの方、天下はごうごうとして何と騒がしいことよ。

原文

彼正★〈至〉正者、不失其性命之情。故合者不爲駢、而枝者不爲跂。長者不爲有餘、短者不爲不足。是故鳬脛雖短、續之則憂、鶴脛雖長、斷之則悲。故性長非所斷、性短非所續。无所去憂也。意仁義其非人情乎。彼仁人何其多憂也。
　且夫駢於拇者、決之則泣、枝於手者、齕之則啼。二者、或有餘於數、或不足於數、其於憂一也。今世之仁人、蒿目而憂世之患、不仁之人、決性命之情、而饕貴富。故意仁義其非人情乎。自三代以下者、天下何其囂囂也。

第三章　人々の恒常不変《こうじょうふへん》の本性《ほんせい》を奪い取ってはならない

その上、そもそも鉤《まがりがね》・縄《すみなわ》・規《ぶんまわし》・矩《さしがね》を当てて形を整えるのは、生まれつきを削《そ》ぎ落とすことである。縄《なわ》・約《ひも》、膠《にかわ》・漆《うるし》を使って物を固定させるのは、自然な持ち前を痛めつけることである。礼楽の定めに合わせて身体を折り屈《かが》め、仁義の教えによって笑顔を振りまいて、天下の人々のご機嫌をうかがうのは、恒常不変《こうじょうふへん》の本性《ほんせい》を奪い取ってしまうことである。

天下の人々には、みな恒常不変の本性がある。恒常不変の本性とは、曲がり金を用いるまでもなく曲がっており、墨縄を用いるまでもなく真っ直ぐで、コンパスを用いるまでもなく円く、差《さ》し金《がね》を用いるまでもなく四角く、膠《にかわ》・漆《うるし》を用いずともくっ付いており、纆《なわ》・索《ひも》を用いずとも引き締まっている、ということだ。それで、天下の人々は次々に生まれてくるけれども、どうして生まれるのかは分からず、ぞろぞろと生い立っていくけれども、どうして生い立つのかは分からない。だから、この恒常不変の本性は、昔も今も変わらず、損《そこ》なうことのできないものである。してみると、仁義などというしろものを、また何だって膠《にかわ》・漆《うるし》、纆《なわ》・索《ひも》のようにべたべたと人々に貼りつけるために、根源的な道徳（道とその働き）の中に紛《まぎ》れこませる必要があろうか。いたずらに天下の人々を迷わせるだけのことだ。

原　文

且夫待鉤繩規矩而正者、是削其性也。待繩約膠漆而固者、是侵其徳也。屈折禮樂、呴兪仁義、以慰天下之心者、此失其常然也。

天下有常然。常然者、曲者不以鉤、直者不以繩、圓者不以規、方者不以矩、附離不以膠漆、約束不以纆索。故天下誘然皆生、而不知其所以生、同焉皆得、而不知其所以得。故古今不二、不可虧也。則仁義又奚連連如膠漆纆索、而遊乎道徳之間爲哉。使天下惑也。

第四章　大きな迷いに悩む現代社会――生命と本性《ほんせい》の損傷

そもそも小さな迷いなら、方角を間違えるぐらいですむが、大きな迷いとなると、自然な生まれつきまで変えてしまう。どうしてそれが分かるのかと言えば、あの虞氏《ぐし》の舜《しゅん》（上古の聖天子）が、仁義の教えを掲《かか》げて天下の人々の心をかき乱してよりこの方、天下に誰一人として仁義のために狂奔しない者がいないからである。これこそ、仁義でもって人々の自然な生まれつきを変えてしまった、というものではなかろうか。

そこで、一つこのことについて論じてみたい。虞氏《ぐし》（舜《しゅん》）に続く三代《さんだい》、すなわち禹《う》・湯《とう》・文武《ぶんぶ》の聖王の御代《みよ》より後は、天下に誰一人として外物のために自然な生まれつきを変えない者がいなくなってしまった。今や、庶民は利益のために我が身を犠牲にし、士《し》は名誉のために我が身を犠牲にし、大夫《たいふ》は一族のために我が身を犠牲にし、聖人《せいじん》（天子を指す）は天下のために我が身を犠牲にしている。だから、これらの階層の人々は、持ち場における仕事もまちまちで、評判の善し悪しもさまざまであるけれども、自然な生まれつきを傷つけ、我が身を犠牲にしている点では、全く同じである。

下男の臧《ぞう》と獲《かく》（ともに召し使い）の二人が、一緒に羊の番をしていたが、どちらも羊を逃がしてしまった。臧に何をしていたのかと問いただすと、巻物を抱えて読書に耽《ふけ》っていましたと答えた。獲に何をしていたのかと問いただすと、博打《ばくち》に興じていて夢中でしたと答えたという。二人のやっていたことはなるほど同じではないが、羊を逃がしてしまった点では、全く同じである。伯夷《はくい》（殷代末期の清廉《せいれん》な隠者）は名誉を守ろうとして首陽山《しゆようざん》（山の名）の麓《ふもと》で餓死し、盗跖《とうせき》（古代の伝説的な盗賊）は財利を貪《むさぼ》ろうとして東陵山《とうりようざん》（山の名）の上で野垂《のた》れ死《じ》にした。二人の死んだわけは確かに同じではないが、生命を痛めつけ自然な本性《ほんせい》を傷つけた点では、全く同じである。それをどうして、伯夷は善人、盗跖は悪人、などと決めつけられようか。

今や、天下の人々は、誰もが我が身を犠牲にしているのだ。そして、仁義のために我が身を犠牲にする人は、世間から君子《くんし》と称えられ、貨財《かざい》のために我が身を犠牲にする人は、世間から小人《しようじん》と蔑《さげす》まれる。どちらも我が身を犠牲にしている点では全く同じなのに、君子と小人の差別がある。しかし、生命を痛めつけ自然な本性を損なうという点から言えば、泥棒の盗跖とて、清廉《せいれん》な伯夷と違いはしないのだ。またどうして両者の間に、君子と小人の差別を設ける必要があろうか。

原　文

夫小惑易方、大惑易性。何以知其然邪。自虞氏招仁義以撓天下也、天下莫不奔命於仁義。是非以仁義易其性與。

故嘗試論之。自三代以下者、天下莫不以物易其性矣。小人則以身殉利、士則以身殉名、大夫則以身殉家、聖人則以身殉天下。故此數子者、事業不同、名聲異號、其於傷性、以身爲殉、一也。

臧與穀二人、相與牧羊、而倶亡其羊。問臧奚事、則挾筴讀書。問穀奚事、則博塞以遊。二人者、事業不同、其於亡羊、均也。伯夷死名於首陽之下、盜跖死利於東陵之上。二人者、所死不同、其於殘生傷性、均也。奚必伯夷之是、而盜跖之非乎。

天下盡殉也。彼其所殉仁義也、則俗謂之君子。其所殉貨財也、則俗謂之小人。其殉一也、則有君子焉、有小人焉。若其殘生損性、則盜跖亦伯夷已。又惡取君子小人於其閒哉。

第五章　自己の自然な本性《ほんせい》を大切にして、本来の楽しみを楽しもう

それに、一体、自己の自然な本性《ほんせい》を仁義の教えに隷属させるならば、たとえ曽参《そうしん》・史鰌《ししゅう》のように一流になったとしても、それは私の言う善ではない。自己の本性を飲食の美味に隷属させるならば、たとえ兪児《ゆじ》（古代の食通家）のように一流になったとしても、私の言う善ではない。自然な本性を音楽の快《こころよ》さに隷属させるならば、たとえ師曠《しこう》のように一流になったとしても、私の言う聡《そう》ではない。自然な本性を色彩の美しさに隷属させるならば、たとえ離《り》朱《しゅ》のように一流になったとしても、私の言う明《めい》ではないのである。

私の言う善とは、仁義のことではなく、自然な持ち前を善と言っているのだ。私の言う善とは、いわゆる仁義のことではなく、自己の性命《せいめい》の自然な姿に任せることに他ならない。私

の言う聡《そう》とは、外なる音を聞き分けることではなく、内なる自己の声を聞くことに他ならない。私の言う明《めい》とは、外なる形を見分けることではなく、内なる自己の姿を見ることに他ならない。

一体、内なる自己の姿を見ずして、外なる形だけを見ようとし、内なる自己の本来を把えずして、外なる物だけを把えようとする者は、人の把えたものを押《お》し戴《いただ》いて、自分の把えるべきものを忘れた者である。人の楽しみに満足して、自分の楽しみを味わえない者である。一体、人の楽しみに満足して、自分の楽しみを味わえないのであれば、泥棒の盗跖《とうせき》と廉潔の伯夷《はくい》のように正反対であっても、どちらも度はずれの邪道である。私は、根源的な道徳（道とその働き）に対して恥ずかしいと思う。だから、跳ね上がって仁義の行いをやってみようという気にはならないし、身を落として度はずれの邪道を行ってみようとも思わないのである。

原　文

且夫屬其性乎仁義者、雖通如曾史、非吾所謂臧也。屬其性於五味、雖通如兪兒、非吾所謂臧也。屬其性乎五聲、雖通如師曠、非吾所謂聰★也。屬其性乎五色、雖通如離朱、非吾所謂明也。吾所謂臧、非仁義之謂也、臧於其徳而已矣。吾所謂臧者、非所謂仁義之謂也、任其性命之情而已矣。吾所謂聰★者、非謂其聞彼也、自聞而已矣。吾所謂明者、非謂其見彼也、自見而已矣。夫不自見而見彼、不自得而得彼者、是得人之得、而不自得其得者也。適人之適、而不自適其適者也。夫適人之適、而不自適其適、雖盗跖與伯夷、是同爲淫僻也。余愧乎道德。是以上不敢爲仁義之操、而下不敢爲淫僻之行也。

解説

「駢拇」という篇題について、『経典釈文』は「挙事以名篇」と言うけれども、篇首の二字を取ってきて篇に名づけたものであって（林希逸・褚伯秀・羅勉道・林雲銘・宣穎）、篇題に格別の意味がこめられているわけではない（羅勉道・宣穎・公田連太郎『荘子外篇講話』〈明徳出版会、一九六二〉）。外篇・雑篇の篇題のつけ方は、ほとんどがこれによっている（林希逸・褚伯秀・羅勉道・林雲銘）。

本篇は、馬蹄・胠篋の両篇と関係が密接であり、同一のグループに属する思想家たちによって書かれた文献である（福永光司）。より早く姚鼐・武内義雄『老子と荘子』は、在宥篇第一章・第二章も同じグループの作であると唱えていた。羅根沢『諸子考索』・関鋒もこの説に近い。褚伯秀が「此篇本意原於道徳経之余食贅行」と言うように、『老子』と同じ思想や表現が多く現れている。褚伯秀を始めとして、通説はこれらが『老子』を祖述・布衍したとする（蘇輿・関鋒・福永光司）けれども、事実はその逆であって、『老子』の形成過程と並行するか、または『老子』にいくらか先立つ文献と把えなければならない。秦代〜前漢初期の成立であろう。

本篇の中心的テーマは、同時代の儒家の唱える「仁義・礼楽」などを余計なものとして攻撃し、「性命の情」に任ずべきことを訴えることである。全篇が一章をなすものである（陳景元『南華真経章句余事』・姚鼐）が、便宜上、五章に分けて訳読する。

馬《ば》蹄《てい》 第九

総説

本篇第二章の「至徳の世」の叙述は、道家という学派が歴史上ほとんど始めてポジティヴな姿勢で語った、社会的政治的な思想として注目される。――アナキスティックなユートピアの理想である。

それは、人類の中に「君子」と「小人」の階級の差別がなく、人々が「同じく禽獣と居《お》り、族《あつ》まりて万物と並《なら》」んでいたゲマインシャフト（共同社会）であるが、第一章に「同徳」・「一」という言葉があり、第二章にも「同乎」という言葉があることなどからも推測されるように、遥かに万物斉同の哲学を受け継ぐものであり、その社会化政治化の所産の一つである。同時にまた、儒家の荀子の唱えた「分」秩序の確立による、ゲゼルシャフト（目的社会）的な未来社会の建設の展望に対する、一つの重要なアンチテーゼでもあったと考えられる。

この理想は、やがて前漢時代に入ると、唱える学派は道家ではなく儒家に変わるけれども、『礼記』礼運篇の「大同」思想に受け継がれていった。ところで、近代・現代中国の「大同」思想の歴史的研究に比して、『荘子』の「至徳の世」の研究は、不当に軽視されているように感じられる。例えば、青年時代の朱謙之や毛沢東が愛読した書物の中に、これが入っていなかったのであろうか。

第一章　馬の真《まこと》の本性《ほんせい》を損なったのは誰か

馬は、蹄《ひづめ》で霜や雪を践《ふ》むことができるし、毛で風や寒さを禦《ふせ》ぐことができる。また、草を食《は》み水を飲み、足を振り上げて跳《は》ね回る。これが馬の本当の生まれつきというものである。たとえ、厳めしい儀台《ぎだい》（儀礼を執り行う高台）や、豪壮な路寝《ろしん》（天子や諸侯の正殿）があったとしても、馬にとっては無用の長物にすぎない。

ところが、伯楽《はくらく》という馬の調教の名人が現れて、「わしは上手に馬を調教することができる。」などと言い出した。そして、毛に焼き鏝《ごて》を当て剔《そ》り落としたり、蹄《ひづめ》を削《けず》り烙印《らくいん》を押したりした上に、羈《おもがい》と馽《ほだし》で縛り上げたり、厩舎《きゅうしゃ》や根太《ねだ》の中に追いこんだりしたところ、十頭の内、二、三頭が死んでしまった。さらに、腹を減らさせ喉《のど》を渇《かわ》かさせたり、疾駆《はやが》けさせ跑《だく》足《あし》させたり、引き締め斉《そろ》えたりした上に、前は轡《くつわ》と飾り紐で引っぱり、後《うしろ》は皮の鞭《むち》・竹の策《むち》で威《おど》すようにすると、半分以上の馬が死んでしまった。

また、陶工も「わしは上手に粘土を埴《こ》ねることができる。」と言い、円い器《うつわ》を作っては規《ぶんまわし》にぴたりと合わせ、四角い器を作っては矩《さしがね》にぴたりと合わせた。大工も「わしは上手に木を細工することができる。」と言い、曲がった細工は鉤《まがりがね》にぴたりと合わせて作り、真っ直ぐな細工は縄《すみなわ》にぴたりと合わせて作った。しかし、そもそも粘土や木の生まれつきは、規《ぶんまわし》・矩《さしがね》・鉤《まがりがね》・縄《すみなわ》にぴたりと合いたいなどと願っているであろうか。にもかかわらず、いつの時代でも人々は、「伯楽《はくらく》は馬の調教の名人、陶工・大工は粘土・木の細工の上手。」と言って誉めそやす。天下を治める者の過ちも、これと同じように破壊的なものである。

私の考えるところ、立派に天下を治める者は、そんなやり方はしない。そもそも人々には常に変わらぬ生まれつきがある。それはただ、着物を織って着、田畑を耕して食う、というだけのことであって、これを人類共通の徳《はたらき》（自然の持ち前）と呼ぶ。この徳《はたらき》は誰でも同じであるけれども、ことさら結託してこうなったのではない。そこで、天の放任とも名づけるのである。立派に天下を治めるとは、この天の放任を通じて、人類共通の徳《はたらき》を保護することに他ならない。

原文

馬、蹄可以踐霜雪、毛可以禦風寒、齕草飲水、翹足而陸。此馬之眞性也。雖有義臺路寢、无所用之。

及至伯樂曰、我善治馬。燒之剔之、刻之雒之、連之以羈馽、編之以皁棧、馬之死者、十二三矣。飢之渴之、馳之驟之、整之齊之、前有橛飾之患、而後有鞭筴之威、而馬之死者、已過半矣。

陶者曰、我善治埴。圓者中規、方者中矩。匠人曰、我善治木。曲者中鉤、直者應繩。夫埴木之性、豈欲中規矩鉤繩哉。然且世世稱之曰、伯樂善治馬、而陶匠善治埴木。此亦治天下者之過也。

吾意善治天下者不然。彼民有常性。織而衣、耕而食、是謂同德。一而不黨、命曰天放。

第二章　至上の徳《はたらき》が実現していたユートピア

それ故、至上の徳《はたらき》（自然の持ち前）が実現していた世では、人々の歩みはどっしりと、目差《まなざ》しはじっとしていて、ともに重いものであった。この時、他の土地との往来もなかったから、山には小道・切り通しを作らず、沢には舟・橋を設けなかった。万民は共同体的生活を営み、それぞれの生まれた郷里で、上下分け隔てのない暮らしを楽しんでいた。至るところで鳥・獣《けもの》が繁殖して群《むれ》をなし、草木もすくすくと生い育っていた。だから、人々は鳥・獣を縄で繋《つな》いで遊ぶこともできたし、鳥・鵲《かささぎ》の巣を木によじ登ってのぞき見ることもできたのだった。

一体、至上の徳《はたらき》が実現していた世では、人々は鳥・獣と一緒に暮らし、色々の物と群がり住んでいた。だから人間の中に、君子《くんし》と小人《しょうじん》の区別など存在しなかったのだ。同じようにみな無知であったから、自然な持ち前は失われていなかった。同じようにみな無欲であったから、これを素樸《そぼく》とも言うのである。素樸であったために、人々の自然な生まれつきは全うされていた。ところが、聖人《せいじん》という者が現れて、力《りき》み返って仁の教えを説き、爪先立って義の法《のり》を唱えるに至って、天下の人々は始めて相手への疑惑というものを抱くようになった。また、勝手気ままに楽《がく》の道を行い、ややこしく礼の定めを作るに至って、天下の人々は始めて上下の差別というものを知るようになった。

こういうわけで、自然のままの樸《あらき》を痛めつけることなしに、誰が祭祀の儀礼用の犠樽《ぎそん》（鳥獣を彫刻した酒樽）を作りえよう。自然のままの白玉《はくぎょく》を叩《たた》き潰《つぶ》すことなしに、誰が朝廷の礼式用の珪璋《けいしょう》（身分を示す飾り玉）を作りえよう。それと同じように、根源的な道徳（道とその働き）を棄て去ることなしに、仁義を取り出すことはできず、生まれつきの性情《せいじょう》（自然の本性《ほんせい》と感情）を切り捨てることなしに、礼楽《れいがく》を用いることはできない。また、真に美しい五《ご》色《しょく》を混乱させることなしに、衣装の彩《いろど》りを作ることはできず、真に快《こころよ》い五声《ごせい》を混乱させることなしに、六律《りくりつ》に応《かな》った音楽を作ることはできないのだ。したがって、そもそも自然のままの樸《あらき》を痛めつけてさまざまの器物を作り出したのが、大工の罪であるように、根源的な道徳（道とその働き）を叩《たた》き潰《つぶ》して、仁義の教えを作ったのは、聖人の過ちなのである。

原文

故至德之世、其行塡塡、其視顚顚。當是時也、山无蹊隧、澤无舟梁、萬物羣生、連屬其鄉、禽獸成羣、草木遂長。是故禽獸可係羈而遊、鳥鵲之巢可攀援而闚。

夫至德之世、同與禽獸居、族與萬物竝。惡乎知君子小人哉。同乎无知、其德不離、同乎无欲、是謂素樸。素樸而民性得矣。及至聖人、蹩躠爲仁、踶跂爲義、而天下始疑矣。澶漫爲樂、摘僻爲禮、而天下始分矣。

故純樸不殘、孰爲犧樽。白玉不毀、孰爲珪璋。道徳不廢、安取仁義。性情不離、安用禮樂。五色不亂、孰爲文采。五聲不亂、孰應六律。夫殘樸以爲器、工匠之罪也。毀道徳以爲仁義、聖人之過也。

第三章　聖人が礼楽・仁義によってユートピアを破壊した

一体、馬という動物は、草原にいた時には、草を食《は》み水を飲み、嬉しければ頸《くび》と頸《くび》を交《まじ》えて擦《こす》りあい、腹が立てば背と背を向けて蹴りあっていた。馬の知恵と言えば、高々《たかだか》このくらいでしかなかった。ところが、車を引かせるために、横木《よこぎ》や頸木《くびき》を括《くく》りつけ、月形の額金《ひたいがね》で整列させるようになると、馬の知恵は、輗《ながえ》の端《はし》をへし折ったり、頸木《くびき》をひん曲げ歩き渋ったり、銜《くつわ》を吐き出し轡《たづな》を嚙《か》み切ったり、などを覚えてしまった。だから、もともと素朴な馬の知恵に、泥棒まがいの悪賢《わるがしこ》さを教えたのは、伯楽《はくらく》の罪である。

そもそも太古の赫胥氏《かくしょし》（上古の帝王）の時代には、人々は家にいても為さねばならぬ仕事はなかったし、外に出ても行かねばならぬ場所はなかった。食べ物を口にほおばって楽しみ、腹鼓《はらつづみ》を打って遊んでいた。人間にできる能力と言えば、精々《せいぜい》この程度でしかなかった。ところが、聖人《せいじん》が現れると、礼楽《れいがく》の定めに合わせて身体を折り屈《かが》め、これによって天下の人々のお行儀を匡《ただ》そうとし、仁義の教えを高く掲げてそれを目指し、これによって天下の人々のご機嫌をうかがおうとするに至った。こうして始めて、人々が無理に背伸びして知恵に走り、争って利益を追い求めるようになった結果、最早《もはや》その勢いを止《と》めることができない、というのが現状である。これもやはり聖人の過ちというものである。

原　文

夫馬、陸居則食草飲水、喜則交頸相靡、怒則分背相踶。馬知已此矣。夫加之以衡扼、齊之以月題、而馬知介倪、闉扼鷙曼、詭銜竊轡。故馬之知而能至盜者、伯樂之罪也。夫赫胥氏之時、民居不知所爲、行不知所之、含哺而熙、鼓腹而遊。民能以此矣。及至聖人、屈折禮樂、以匡天下之形、縣跂仁義、以慰天下之心。而民乃始踶跂好知、爭歸於利、不可止也。此亦聖人之過也。

解　説

「馬蹄」という篇題について、『釈文』は「挙事以名篇」とするが、篇首の二字を取ってきて篇に名づけたものである。また本篇は、駢拇・胠篋の両篇と関係が深く、同じグループの作者たちによって書かれている（駢拇篇の「解説」を参照）。

本篇の趣旨は、儒家の唱える「仁義・礼楽」を始め、人類の「知」の所産としての文化・

文明を、「道徳・性情」の疎外形態として非難することであるが、それが相当に政治的色彩を帯びている点が、一つの特徴である。

本篇について、今日に至るまでの通説は以下のように考えている。――褚伯秀は『老子』第六十章との繋がりを指摘し、王夫之・蘇輿は『老子』の布衍でしかないと主張し、福永光司は駢拇篇よりも一層『老子』に近いと言う。しかしながら、『老子』には、例えば、第三十七章（王弼本）の「道常無為而無不為。侯王若能守之、万物将自化。化而欲作、吾将鎮之以無名之樸。」のように、レッセ・フェール政策（前漢初期）の生み出す、万物・万民の「自化」をマイナス価値と把え、これを「鎮《しず》め」ようとする思想さえある。本篇が秦帝国の法家的な政治秩序を嫌悪し、その反措定としてのアナーキーを、ただ単純にユートピアとして構想するのと比べると、『老子』の後次性は明らかではなかろうか。それに、このユートピアは、思想内容においても文章表現においても、より古い斉物論篇に由来する万物斉同の哲学、万物一体の世界観の、社会化政治化の所産であって、それらからの展開であることが、『老子』の類似する第六十章・第八十章などよりも、ずっと直接的で明瞭なものなのである。

全篇が一章をなすべき文章である（陳景元・姚鼐）が、訳読の便宜上、三章に分けてみた。

胠篋《きょきょう》第十

総説

同時代の儒家の唱える「仁義」や「聖知」などが、為政者の大泥棒的な本質を覆い隠す単なるイデオロギーでしかないと暴露・非難し、それらを棄て去ることを通じて、昔の「至徳」が実現していた理想社会に戻ろうと、訴えかけた文章である。

本篇で注目されるのは、為政者の政治支配と儒家の「仁義」「聖知」などのイデオロギーとの相互依存の交利関係を、両者への批判者の立場に立って鋭くかつ明晰に分析している点であろう。これは、ほとんど社会科学であると言って差し支えない。

もっとも、右のような批判的分析の対象となっているのは、「曽史《そうし》」の儒家だけでなく、「楊墨《ようぼく》」の楊朱派・墨家や、「知詐《ちさ》漸毒《ぜんどく》・頡滑《きつこつ》堅白《けんぱく》・解垢《かいこう》同異《どうい》」の名家もそうであるから、作者の意図としては、恐らく当代までのありとあらゆる思想を、右のような枠組みによって知識社会学的に分析しようとしたのであろう。

しかし、自分の思想は右のような分析の対象から除外されており、自己批判の契機が全然ないので、作者の唱える「至徳の世」は、結局のところ、正しさの保証されないいただの理想に止《とど》まらざるをえなかったのである。

第一章　国を盗む大泥棒と、それを助ける聖人・知者の法

他人の篋《つづら》を開き、袋の中を探り、匱《ひつ》をこじ開けたりして、物を盗む泥棒に対して、備えておこうとすれば、必ず紐・縄をかけ、錠前《じょうまえ》を固く降ろすであろう。これが世間の言う知恵である。しかしながら、大泥棒が押しこんできて、匱《ひつ》ごと背負い、篋《つづら》ごと持ち上げ、袋ごと担《かつ》いで走って逃げる時には、ただ紐・縄、錠前《じょうまえ》が緩《ゆる》みはしないかとばかり心配する。してみると、先の世間の知恵と言うものは、むしろ大泥棒のために貯《たくわ》えておいてやることになりはしないだろうか。

そこで、一つこのことについて論じてみたい。世間の知恵と言うものに、大泥棒のために貯えてやることでないようなのがあるだろうか。世間の聖と言うものに、大泥棒のために守ってやることでないようなのがあるだろうか。

どうしてそれが分かるのかと言えば、その昔、斉《せい》（国名）の国は、隣りあった町々が互いに望見できるほど町並みが続き、鶏・犬の鳴き声が互いに聞こえるほど家畜も豊かに飼われて、網を張って鳥・魚を取る山林沼沢、鋤《すき》・鍬《くわ》で耕す田畑も広大で、二千里（約八〇〇キロメートル）四方を上回るほど広がっていた。斉《せい》の国内の全域にわたって、都に国君の先祖代々を祭る宗廟《そうびょう》や、国土神の社稷《しゃしょく》を祭る社《やしろ》を建てたことは言わずもがな、邑《ゆう》・屋《おく》、州《しゅう》・閭《りょ》、

郷曲《きょうきょく》などの行政区画を整えて、これらを治めた点に至るまで、一つとして聖人のやり方に法《のっと》らないものはなかった。ところが、大夫《たいふ》の田成子《でんせいし》（斉の大夫）は、一朝にして斉の君主（簡公）を殺して、その国を盗んでしまった。しかも盗んだものは、単に国だけではない。聖人・知者の定めた政治支配の規範までも、一緒に盗んだのである。だから、田成子は確かに盗賊という汚名は着せられたものの、その身は聖人の尭《ぎょう》・舜《しゅん》と同じ安泰《あんたい》な地位に居座《いすわ》ることができ、小国は非難することができず、大国も誅罰を加えようとせず、そんなこんなで十二代の長きにわたって、斉《せい》の国を保有し続けたのであった。してみると、これはむしろ、斉の国と、聖人・知者の定めた政治支配の規範までも、一緒に盗むことによって、盗賊である我が身を守ったことになりはしないだろうか。

原　文

將爲胠篋探嚢發匱之盜、而爲守備、則必攝緘縢、固扃鐍。此世俗之所謂知也。然而巨盜至、則負匱揭篋擔嚢而趨、唯恐緘縢扃鐍之不固也。然則鄕之所謂知者、不乃爲大盜積者也。

故嘗試論之。世俗所謂知者、有不爲大盜積者乎。所謂聖者、有不爲大盜守者乎。

何以知其然邪。昔者齊國、鄰邑相望、雞狗之音相聞、罔罟之所布、耒耨之所刺、方二千餘里。闔四竟之內、所以立宗廟社稷、治邑屋州閭鄕曲者、曷嘗不法聖人哉。然而田成子一旦殺齊君、而盜其國。所盜者、豈獨其國邪。幷與其聖知之法而盜之。故田成子有乎盜賊之名、而身處堯舜之安、小國不敢非、大國不敢誅、十二世有齊國。則是不乃竊齊國、幷與其聖知之法、以守其盗賊之身乎。

第二章　泥棒稼業にも道がある――聖・勇・義・知・仁

さらに、このことについて論じてみたい。世間の至上の知恵と言うものに、大泥棒のために貯えてやることでないようなのがあるだろうか。世間の至上の聖と言うものに、大泥棒のために守ってやることでないようなのがあるだろうか。どうしてそれが分かるのかと言えば、その昔、関竜逢《かんりゅうほう》（夏の賢臣）は暴虐な桀王《けつおう》（夏の最後の王）を諫《いさ》めて斬り殺され、王子《おうじ》比《ひ》干《かん》（殷の賢臣）は無道な紂王《ちゅうおう》を諫《いさ》めて胸を剖《さ》き殺され、萇弘《ちょうこう》（周の賢臣）は暗愚な敬王《けいおう》を諫《いさ》めて胸を胣《さ》き殺され、伍子胥《ごししょ》（呉の賢臣）は頑迷な夫差《ふさ》を諫《いさ》めて水漬けにされた。このように、それぞれの知恵は大悪党に捧げられたのであったが、あれほどの賢者でありながら、四人は刑戮《けいりく》を免れることができなかったのである。

　というわけで、大泥棒の盗跖《とうせき》の手下が、ある時、親分の跖《せき》にたずねたものである。「この稼業にもやっぱり道というものがござんすか。」親分答えて、「どんな稼業にだって、道はあるさ。そもそも家の中にどんなお宝があるか、推し測るのが、聖ってものだな。押しこみの先頭に立つのが、勇ってものだ。ずらかる時しんがりに控えるのが、義だ。やばいかどうかを見極めるのが、知だ。分け前を偏《かたよ》りなく塩梅《あんばい》するのが、仁だよ。この五つを身に着けずに白波《しらなみ》として大成した親分さんなど、この広い天下に今日ただ今まで、ただの一人もおらぬわい。」

以上から考えると、善人が聖人の道を身に着けなければ立ちいかないのは勿論《もちろん》、大泥棒の盗跖《とうせき》も聖人の道を身に着けなければ、稼業がうまく運ばないのである。天下には善人は少なくて、悪人が多いのだから、聖人の天下に与える利益は少なくて、与える損害の方が多いことになる。

それで、諺《ことわざ》にも「脣《くちびる》を開くと歯が寒く、魯《ろ》の酒が薄いと趙《ちょう》の邯鄲《かんたん》（趙の国都）が取り囲まれる。」と言うように、聖人が生まれると大泥棒が起こるものなのだ。だから、聖人を打ち倒し、盗賊などは捨てておくことによって、始めて天下は治まるだろう。一体、川の水が涸《か》れると谷も乾上《ひあ》がり、丘が平らにされると淵も埋まってしまうもの。それと同じく、聖人が死んでしまえば、大泥棒も起こらないし、天下も平和になって、何ごともなかった昔に返ることができるだろう。

原　文

嘗試論之。世俗之所謂至知者、有不爲大盜積者乎。所謂至聖者、有不爲大盜守者乎。何以知其然邪。昔者龍逢斬、比干剖、萇弘胣、子胥靡。故四子之賢、而身不免乎戮。

故跖之徒問於跖曰、盜亦有道乎。跖曰、何適而无有道邪。夫妄意室中之藏、聖也。入先、勇也。出後、義也。知可否、知也。分均、仁也。五者不備而能成大盜者、天下未之有也。

由是觀之、善人不得聖人之道不立、跖不得聖人之道不行。天下之善人少、而不善人多、則聖人之利天下也少、而害天下也多。故曰、脣竭則歯寒、魯酒薄而邯鄲圍。聖人生而大盗起。掊撃聖人、縦舎盗賊、而天下始治矣。夫川竭而谷虚、丘夷而淵實。聖人已死、則大盗不起、天下平而无故矣。

第三章　聖人が死に絶えなければ、大泥棒もなくならない

聖人が死に絶えなければ、大泥棒もなくならない。聖人を次々に繰り出して天下を治めようとしても、そんなことは盗跖《とうせき》に二重三重の利益を与えるだけである。租税の徴収を厳重にするために、聖人が斗斛《ます》（十升・十斗の枡《ます》）を作って量を量ることにすると、大泥棒はその斗斛《ます》までも一緒に盗んでしまい、権衡《はかり》（秤《はかり》の分銅《ふんどう》・棹《さお》）を作って重さを量ることにすると、その権衡《はかり》までも一緒に盗んでしまう。政令や道徳を通じた教化の実を挙げるために、聖人が符璽《ふじ》（割り符と印章）を作って政令の確かさを保証しようとすると、大泥棒はその符璽《ふじ》までも一緒に盗んでしまい、仁義の教えを作って人々の誤りを正そうとすると、その仁義までも一緒に盗んでしまうのだ。

どうしてそれが分かるのかと言えば、帯の止め金を掠《かす》め取った程度のかっぱらいは、死刑に処されるが、国を盗んだ大泥棒となると、諸侯にまで伸《の》し上がる。そして、諸侯のお屋敷にこそ、仁義の道が存在するわけであるから、これは仁義・聖知までも盗んだものではなかろうか。だから、大泥棒という汚名を拭《ぬぐ》い去り、代わりに諸侯という看板を掲げて、仁義と

それに斗斛《ます》・権衡《はかり》・符璽《ふじ》の利益までも、一緒に盗んでやろうという大悪党は、高位・高官を取らせるからと誘っても、靡《なび》かせることができず、死罪の厳刑に処するぞと威《おど》しをかけたところで、止《や》めさせることができないのだ。このように、盗跖まがいの大泥棒に二重三重の利益を与えるばかりで、それを止めさせられないようにしてしまったのは、結局のところやはり聖人の過ちである。そこで、「魚は深い淵から脱け出させてはならぬ。国を治めるための利器は、人の目にさらしてはならぬ。」と言う。まして、あの聖人という存在は、国を治めるための利器であるどころか、天下全体を治めるための利器である。天下の人々の目にさらすべきものではないのだ。

したがって、聖人を切り捨て知者を放り出してしまって、始めて大泥棒はなくなるだろう。宝玉を投げ捨て真珠を叩《たた》き壊してしまえば、こそ泥も起こるまい。割り符を焼き捨て印章を叩き割ってしまえば、人々は本来の素朴さに戻《もど》るだろう。枡《ます》を打ち砕き秤《はかり》をへし折ってしまえば、人々は争いに走らなくなるだろう。そしてまた、聖人の定めた天下支配のための規範を全て根絶やしにして、始めて人々は腹を割って議論することができるようになるだろう。

六律《りくりつ》の音楽を根こそぎかき乱し、竽《ふえ》・瑟《こと》の楽器を鑠《や》き払い、楽匠の師曠《しこう》（春秋時代の盲目の音楽家）の耳を塞《ふさ》いでしまえば、天下の人々は、それぞれ本来の聴力を内に育《はぐく》むようになる。綾飾《あやかざ》りの麗《うるわ》しさをなくし、五色の彩《いろど》りをばらばらにし、目敏《めざと》い離朱《りしゅ》（上古の目利《めき》き）の目を膠《にかわ》づけにしてしまえば、天下の人々は、それぞれ本来の視力を内に育《はぐく》むようになる。

鉤《まがりがね》・縄《すみなわ》を叩《たた》き壊し、規《ぶんまわし》・矩《さしがね》を打ち遣《や》り、細工の匠《たくみ》工倕《こうすい》（上古の工匠）の指を引き括《くく》ってしまえば、天下の人々は、それぞれ自然な技倆《ぎりょう》を身に着けるに違いない。そこで、「まことの技倆《ぎりょう》は下手くそにさも似たり。」と言う。そして、曽参《そうしん》・史鰌《ししゅう》（ともに儒家《じゅか》の思想家）の澄《す》ました行いを取り除き、楊朱《ようしゅ》・墨翟《ぼくてき》（ともに春秋・戦国時代の思想家）の口を塞《ふさ》ぎ、仁義の教えなどを振り捨ててしまえば、天下の人々の自然な持ち前は、ここに奥深い一致を取り戻《もど》すに違いないのだ。

天下の人々が、それぞれ本来の視力を内に育《はぐく》むようになれば、天下は焼けただれることもなくなり、それぞれ本来の聴力を内に育《はぐく》むようになれば、天下のごたごたも消え失せる。それぞれ自然な知恵を内に蓄《たくわ》えるようになれば、天下の惑《まよ》いも晴れるし、それぞれ自然な持ち前を内に蓄えるようになれば、天下の僻事《ひがごと》も消えるのだ。上に述べた曽参《そうしん》・史鰌《ししゅう》、楊朱《ようしゅ》・墨翟《ぼくてき》、師曠《しこう》、工倕《こうすい》、離朱《りしゅ》といった連中は、いずれも自己の能力を外面に押《お》っ立てて、天下をぎらぎらと引っかき回した輩《やから》であって、規範としては用のないものである。

原文

聖人不死、大盗不止。雖重聖人而治天下、則是重利盗跖也。爲之斗斛以量之、則并與斗斛而竊之。爲之權衡以稱之、則并與權衡而竊之。爲之符璽以信之、則并與符璽而竊之。爲之仁義以矯之、則并與仁義而竊之。

何以知其然邪。彼竊鉤者誅、竊國者爲諸侯。諸侯之門而仁義存焉、則是非竊仁義聖知邪。故逐於大盗、掲諸侯、竊仁義幷斗斛權衡符璽之利者、雖有軒冕之賞、弗能勸、斧鉞之威、弗能禁。此重利盗跖、而使不可禁者、是乃聖人之過也。故曰、魚不可脱於淵、國之利器不可以示人。彼聖人者、天下之利器也。非所以明天下也。

故絶聖弃知、大盗乃止、擿玉毀珠、小盗不起、焚符破璽、而民朴鄙、掊斗折衡、而民不爭。殫殘天下之聖法、而民始可與論議。

擢亂六律、鑠絶竽瑟、塞瞽曠之耳、而天下始人含其聰★矣。滅文章、散五采、膠離朱之目、而天下始人含其明矣。毀絶鉤繩、而弃規矩、攦工倕之指、而天下始人有其巧矣。故曰、大巧若拙。削曾史之行、鉗楊墨之口、攘弃仁義、而天下之德始玄同矣。

彼人含其明、則天下不鑠矣。人含其聰★、則天下不累矣。人含其知、則天下不惑矣。人含其德、則天下不僻矣。彼曾史楊墨師曠工倕離朱者、皆外立其德、而以爚亂天下者也。法之所无用也。

第四章　為政者が知恵を好んだばかりに、天下は大混乱に陥った

あなたもきっと、至上の徳《はたらき》（自然の持ち前）が実現していた世のことを知っているだろう。その昔、容成氏《ようせいし》・大庭氏《たいていし》・伯皇氏《はくこうし》・中央氏《ちゅうおうし》・栗陸氏《りつりくし》・驪畜氏《りちくし》・軒轅氏《けんえんし》・赫胥氏《かくしょし》・尊盧氏《そんろし》・祝融氏《しゅくゆうし》・伏戯氏《ふくぎし》・神農氏《しんのうし》（いずれも上古の帝王、同時代に天下を十二分して統治していた。）の十二人の帝王が、天下を治めていた。この時代、人々は縄《なわ》を結んで約束の証《しるし》に用い、我が食べ物を何でも美味《うま》いと思い、我が着物を何でも美しいと思い、我が習俗を全て楽

しみ、我が生活の全てに満足していた。隣りあった国々は互いに眺《なが》めやられるほど近く、鶏・犬の鳴き声が互いに聞こえるほどであったが、人々は老いて死ぬまで行き来しようともしなかった。このような時代こそが、最もよく治まった世に他ならない。

　ところが、今やとうとう人々にきょろきょろと頸《くび》を伸ばし、せかせかと爪先立《つまさきだ》ち、「どこそこに賢者《けんじゃ》がおられる。」と言っては、食糧を担《かつ》いで教えを受けに、そこへ押しかけさせるまでになってしまった。それで、人々は内では肉親を見捨て、外では主君への務めを措《お》いて、国境を越えて諸侯の国々にまで足跡を伸ばし、千里（約四〇〇キロメートル）向こうの国外にまで馬車を乗り回す、というありさま。これというのも、為政者が知恵を好んだための過ちである。もしも為政者が知恵を好んで、根源的な道を無視するならば、天下は大混乱に陥《おちい》るのだ。

　どうしてそれが分かるのかと言えば、そもそも弓《ゆみ》・弩《いしゆみ》、畢《とりあみ》・弋《いぐるみ》、あくどい仕掛けなどの知恵が多いと、鳥たちは上空で乱れ、鉤《つりばり》・餌《えさ》、網《おおあみ》・罟《こあみ》、罾《よつであみ》・笱《やな》などの知恵が多いと、魚たちは水下で乱れ、削格《きのわな》・羅絡《おいこみわな》・罝罘《うさぎわな》などの知恵が多いと、獣《けもの》たちは沢《さわ》の中で乱れる。それと同じように、ずる賢い詐《いつわ》り・ペテンによる痛めつけ、錯乱した言葉・堅さ白さの概念分析、でまかせの辯論・同異の論理法則などのまがまがしい知恵が多いと、世間の人々はその言論に惑わされる。だとすれば、現在、天下が真っ暗闇で大混乱に陥《おちい》っている、その罪は為政者の知恵好きにあることになる。

　こういうわけで、天下の人々はみな、自分のまだ知らないことを外に向かって求めるのみで、自分のすでに知っているはずの本来の知恵を内に向かって求めようとはしない。また誰もみな、自分の善くないと思うものを他に対して非難するのみで、自分の今まで善いと思っていたものを自《みずか》ら反省して否定しようとはしない。だからこそ、大混乱に陥《おちい》っているのだ。こうして、上では日月《じつげつ》の明るい輝きに背き、下では山川にこもる精気を焼き払い、中では四季の自然な運《めぐ》りをぶち壊すなどの事態さえ出現し、そのために、地中にうごめく小虫、低く飛び交《か》う蝶《ちょう》・蜂《はち》に至るまで、どれ一つとしてその生まれつきを失わぬものはない。ひどいものだ、知恵の偏重が天下を混乱に陥《おとしい》れているのは。

三代《さんだい》（夏《か》・殷《いん》・周《しゅう》の三王朝）から後の時代は、全てもうこればかりだ。あのおろおろした民衆を捨てて、こせこせした利口者だけを喜び、あの無欲・無為の生き方を放り出して、ずけずけしたやる気だけを喜んできたのである。このずけずけしたやる気こそが、ひどく天下を混乱させたのである。

原　文

子獨不知至德之世乎。昔者容成氏大庭氏伯皇氏中央氏栗陸氏驪畜氏軒轅氏赫胥氏尊盧氏祝融氏伏戲氏神農氏。當是時也、民結繩而用之、甘其食、美其服、樂其俗、安其居。鄰國相望、雞狗之音相聞、民至老死而不相往來。若此之時、則至治已。

今遂至使民延頸擧踵、曰某所有賢者、贏糧而趣之。則內弃其親、而外去其主之事、足跡接乎諸侯之境、車軌結乎千里之外。則是上好知之過也。上誠好知而无道、則天下大亂矣。

何以知其然邪。夫弓弩畢弋機變之知多、則鳥亂於上矣。鉤★〈釣〉餌網罟罾笱之知多、則魚亂於水矣。削格羅落罝罘之知多、則獸亂於澤矣。知詐漸毒頡滑堅白解垢同異之變多、則俗惑於辯矣。故天下每每大亂、罪在於好知。

故天下皆知求其所不知、而莫知求其所已知者。皆知非其所不善、而莫知非其所已善者。是以大亂。故上悖日月之明、下爍山川之精、中墮四時之施。惴耎之蟲、肖翹之物、莫不失其性。甚矣夫、好知之亂天下也。

自三代以下者、是已。舍夫種種之民、而悅夫役役之佞、釋夫恬淡无爲、而悅夫啍啍之意。啍啍已亂天下矣。

解　説

「胠篋」という篇題について、『経典釈文』は「挙事以名篇」とするが、篇首の二字を取ってきて篇に名づけたものである。また本篇は、駢拇・馬蹄の両篇と関係が深く、同じグループの作者たちによって書かれている（駢拇・馬蹄両篇の「解説」を参照）。儒家の「仁義・聖知」などは、為政者の大泥棒的な本質を覆い隠すイデオロギーでしかないと非難し、それらを棄て去って、昔の素朴な理想社会「至徳の世」に復帰しようと訴えた文章である。

篇中における理想社会のイメージは、かつてのアナーキーなユートピアから後退して、

『老子』第八十章風のリアリズムに接近しており、また「故曰」を冠した『老子』と同じ句が二つあることなどから、『老子』の形成のプロセスと並行し、すでに『老子』風文献の一部が成立していることが確認できる。

林希逸の如く戦国時代の荘周の自筆と信じる学者もいないではないが、近頃では王夫之・福永光司の如く『老子』の祖述と見なす者が多い。しかし、これも誤りと見なさざるをえないことは、既述のとおり（駢拇・馬蹄両篇の「解説」）。林疑独『荘子解』・朱得之が前漢の文としたのが正しく、『史記』荘周伝に荘周の作った「書」として「胠篋」の篇名が現れることもこの事実と符合する（司馬遷の時代までにその原形が成立）。なお、武内義雄・許地山『道教史』は、本篇と『鬼谷子』との関係を指摘している。

全篇が一章をなすべき文章である（陳景元・姚鼐）が、訳読の便宜上、四章に分けてみた。

在宥《ざいゆう》　第十一

総　説

本篇第五章には、「物を物とする者の物に非《あら》ざるを明らかにするや、豈《あ》に独《ひと》り天下百《ひやく》姓《せい》を治むるのみならんや。」という表現がある。古来一致した解釈の存在しない、なかなか難しい一文である。

「物を物とする者」は根源の「道」であり、単なる「物」ではないという理論であるが、戦国末期までは、この理論における「道」―「万物」の支配―被支配関係が、あくまで存在論の比喩として論じられていたのに対して、戦国末期以降になると、政治的な上下関係として述べられるようになる。ここの「豈《あ》に独《ひと》り天下百姓《ひやくせい》を治むるのみならんや」の部分にも、すでに哲学の政治思想化の跡が感じ取られる。

一体、「道」の「万物」に対する哲学的な支配関係は、政治思想化すると、帝王の万民に対する中央集権的な政治支配に転じやすいという性質を持っている。そして、前漢初期の道家は、戦国時代や秦代末期の社会混乱の終焉後の新しい時代の到来を、以上のような理論的な転身をもって迎えたのであるが、時代の進展とともにこの傾向は激しくなっていった。それには、道家のこうした新しい政治思想は、対立する学派である法家・儒家などにとっても歓迎できるものであったので、前漢初期以降、諸学派はこれを積極的に受け入れていった、という事情も絡んでいる。

第一章　レッセ・フェールこそ天下を治める道である

天下をあるがままにあらしめ、寛《ゆる》やかにくつろがせるということは聞いているが、天下を統治するなどということは、聞いた例《ためし》がない。あるがままにあらしめるのは、天下の人々がそれぞれの自然の生まれつきを乱すことを恐れるからであり、寛《ゆる》やかにくつろがせるのは、天下の人々がそれぞれの本来の持ち前を変えることを恐れるからである。天下の人々が生まれつきを乱さず、持ち前を変えないのであれば、ことさら天下を統治しようとする者などがいるであろうか。

その昔、聖人の尭《ぎょう》（上古の聖天子）が天下を統治した時、天下の人々に浮き浮きと、それぞれの生まれつきを楽しむようにさせた。しかし、これは心安らかなことではなかった。暴君の桀《けつ》（夏の最後の王）が天下を統治した時、天下の人々にへとへとになるまで、それぞれの生まれつきを苦しめるようにしむけた。これは、心愉《たの》しいことではなかった。そもそも安らかでもなければ、愉しくもないのは、本来の持ち前とは言えない。本来の持ち前に背きながら長続きできるものは、天下に一つたりともありはしない。

人間は、度を越えて喜ぶと、自然界の陽《よう》の気を損《そこ》なうものであり、度を過ぎて怒ると、陰《いん》の気を損なうものである。陽気と陰気がともに損なわれる事態に立ち至れば、四季は順序正しく運《めぐ》らず、寒暑のほどよい調和は保たれず、それがまた人間に跳《は》ね返って、身体を傷つけることになるのではなかろうか。ところが、尭や桀は、人々に喜怒の感情の羽目《はめ》をはずさせたのみか、立《た》ち居《い》振《ふ》る舞《ま》いの落ち着きもなくさせてしまったので、人々の思慮は自己を内省する方向に向かわず、中正の道もその美しい姿を現さなくなってしまった。このようにして、天下の人々は始めて居丈高《いたけだか》に他を責めたり、孤高を誇って他を侮《あなど》ったりするようになり、その結果、大泥棒の盗跖《とうせき》と道徳家の曽参《そうしん》・史鰌《ししゅう》（ともに儒家《じゅか》の思想家）の行いが、時を同じくして生まれるに至ったのである。

　だから、天下の財物を全て注《つ》ぎこんで、善人たちに賞を与えても追いつかず、天下の刑罰を全て適用して、悪党どもに罰を下しても追いつかないほど、善人も悪党も数が増えてしまった。だから、広大な天下を全て費やしても、彼らを賞罰しきれないという状況になっている。三代《さんだい》（夏《か》・殷《いん》・周《しゅう》の三王朝）から後は、ずっとがやがやとして賞罰のことだけに熱中してきたのだ。こんな体《てい》たらくでは、天下の人々がそれぞれの性命《せいめい》の自然な姿を楽しむ余裕など、どこにあろうか。

　それに、目が利《き》くことを喜ぶのは、美しい色彩に溺《おぼ》れることであり、耳が利くことを喜ぶのは、妙《たえ》なる音楽に蕩《とろ》かされることである。仁の徳をありがたがるのは本来の持ち前を乱すことであり、義の徳をありがたがるのは自然の条理に背くことである。礼の教えを尊ぶのは小細工を助長することで、楽の教えを尊ぶのは耽溺を助長することである。聖人を慕うのは何でも屋を奨励することで、知者を慕うのはあら探しを奨励することである。

天下の人々がそれぞれの性命《せいめい》の自然な姿に落ち着こうという時代には、以上の八つのものは、あってもよいし、なくてもよい。しかし、人々が性命《せいめい》の自然な姿に落ち着いてはいられない時代になると、この八つは、あろうことか纏《まつ》わりつき引っかき回して、天下を混乱に陥《おとしい》れるのである。それなのに、天下の人々は、やおらこんなものを尊んだり大切にしたりし始める。とんでもなくひどいことよ、人々が思い違いをしているのは。単に通りかかってやがて立ち去るというのならまだしも、身を潔《きよ》めて恭《うやうや》しくこれを語り、正座して重々しく人にもこれを進め、歌や踊りの鳴り物入りでこれを誉《ほ》め称《たた》えているではないか。こうなっては、もう私には手のつけようがないのだ。

だから、もしも君子が、やむをえず天下に君臨するようなことになった場合、無為（何もしない）でいるのが最もよい。為政者が無為であって、始めて人々はそれぞれの性命《せいめい》の自然な姿に落ち着くことができるのである。したがって、我が身を、天下の統治などよりも貴ぶ者であってこそ、天下を託することができるし、また、我が身を、天下の支配などよりも愛する者であってこそ、天下を任せることができるのだ。そこで、君子が仮りにもし、全一的な己《おのれ》の五臓の働きをばらばらに切り離さず、また己《おのれ》の自然な聴力・視力を抜き去らないでいられるならば、彼は尸《かたしろ》の如《ごと》く静止しつつ竜《りゅう》の如く変幻自在、深淵《しんえん》の如く沈黙しつつ雷鳴《らいめい》の如く轟音大声《ごうおんたいせい》、己《おのれ》の精神をめぐらしただけで天がそれに聴従し、ゆったりと構えて無為であることによって、万物は塵でも吹き上がるかのように次々に生育していくであろう。こういう君子でありたいと願う私に、またどうして天下を統治する暇などあろうか。

原　文

聞在宥天下、不聞治天下也。在之也者、恐天下之淫其性也。宥之也者、恐天下之遷其德也。天下不淫其性、不遷其德、有治天下者哉。

昔堯之治天下也、使天下欣欣焉人樂其性。是不恬也。桀之治天下也、使天下瘁瘁焉人苦其性。是不愉也。夫不恬不愉、非德也。非德也而可長久者、天下无之。

人大喜邪、毗於陽。大怒邪、毗於陰。陰陽并毗、四時不至、寒暑之和不成、其反傷人之形乎。使人喜怒失位、居處无常、思慮不自得、中道不成章。於是乎、天下始喬詰卓鷙、而後有盜跖曾史之行。

故擧天下以賞其善者不足、擧天下以罰其惡者不給。故天下之大、不足以賞罰。自三代以下者、匈匈焉終以賞罰爲事。彼何暇安其性命之情哉。

而且說明邪、是淫於色也。說聰★邪、是淫於聲也。說仁邪、是亂於德也。說義邪、是悖於理也。說禮邪、是相於技也。說樂邪、是相於淫也。說聖邪、是相於藝也。說知邪、是相於疵也。

天下將安其性命之情、之八者、存可也、亡可也。天下將不安其性命之情、之八者、乃始臠卷傖囊而亂天下也。而天下乃始尊之惜之。甚矣、天下之惑也。豈直過也而去之邪、乃齊戒以言之、跪坐以進之、鼓歌以儛之。吾若是何哉。

故君子不得已而臨莅天下、莫若无爲。无爲也而後安其性命之情。故貴以身於爲天下、則可以託天下。愛以身於爲天下、則可以寄天下。故君子苟能无解其五藏、无擢其聰★明、尸居而龍見、淵默而雷聲、神動而天隨、從容无爲而萬物炊累焉。吾又何暇治天下哉。

第二章　聖人が人の心を攖《みだ》したために、天下は大混乱に陥った

崔瞿《さいく》（架空の人物）という人が、ある時、老耼《ろうたん》（老子）にたずねて言った。「天下を統治しないとすれば、どうやって人の心を善へと向かわせるのでしょうか。」

老耼、「君はよくよく気を配って、人の心をかき乱さぬようにしたまえ。人の心というものは、下の身分を押しのけて上の身分に進もうと思い、上の者も下の者も互いに相手を囚《とら》えて殺そうと狙《ねら》う。また、なよなよと迫って剛強なものを柔《やわ》らげ、それを角目《かどめ》も鮮《あざ》やかに切りこんだり、飾りを彫《ほ》りこんで仕上げたりする。その熱さは焼け焦《こ》げる火のよう、その冷たさは凍《い》てついた氷のよう。その疾《はや》さは、人が頭を上げ下げするほんの束《つか》の間《ま》に、四方の海の外を二回りもしてくるほどだ。じっとしている時は深い淵のように静かで、一度《ひとたび》動き始めると遠く天空の彼方《かなた》にまで駆け上がる。このように、勢いよく走り回ってとても繫《つな》ぎ止めておけないもの、それが人の心に他ならない。

その昔、人類最古の聖王黄帝《こうてい》が、始めて仁義の徳を唱えて人の心をかき乱した。そこで後を継いだ聖王の尭《ぎょう》と舜《しゅん》は、自分の股《もも》の産毛《うぶげ》や脛《すね》の荒毛《あらげ》が磨《す》り切れてしまうほど、懸命に働いて天下の人々の生命を養うことに努め、自分の五臓を苦しめてまで仁義の徳を行い、自分の

血気を弱らせてまで礼法の決まりを定めた。ところが、こんなにまでしても、まだできないことがあったのだ。そこで尭は、奸臣《かんしん》の讙兜《かんとう》を崇山《すうざん》（南方の山名）に追い払い、まつろわぬ三苗《さんびょう》（上古の異民族）を三峗《さんき》（西方の山名）に退け、佞臣《ねいしん》の共工《きょうこう》を幽都《ゆうと》（北方の土地）に流し者にして、悪人ばらを処罰せざるをえなかった。これらのことは、実は尭には天下の統治ができなかったということなのだ。

やがて、下って夏《か》・殷《いん》・周《しゅう》の三代の聖王たちの時代に入ると、天下はもう大騒ぎとなった。下に桀王《けつおう》（夏の最後の王、暴君）・盗跖《とうせき》（古代の伝説的な盗賊）のような悪党がいるかと思えば、上には曽参《そうしん》・史鰌《ししゅう》（ともに儒家《じゅか》の思想家）のようなお歴々も登場して、儒家や墨《ぼっ》家《か》の学者先生が一斉《いっせい》に決起したのだ。こうして、人々が喜んだり怒ったりして疑いあい、愚か者と賢い者に分かれて欺《だま》しあい、善人と悪人で誹《そし》りあい、ほら吹きと正直者でなじりあったりしている内に、天下はすっかり衰えてしまった。本来人ごとに同じように賦与されていたはずの真の徳は雲散霧消《うんさんむしょう》し、天与《てんよ》のあるがままの性命《せいめい》は跡形《あとかた》もなく崩れ去った。天下の人々は知に長《た》けて欲も深くなったので、彼らの欲はいつまでも満たされないことになってしまった。そこでまた、このように乱れた人々を斤《おの》・鋸《のこぎり》で断ち切り、縄《なわ》・纆《つな》で縛《しば》り殺し、椎《きり》・鑿《のみ》で抉《えぐ》り切る、などの刑罰が行われるに至り、天下はわらわらと大混乱に陥《おちい》ってしまったのだ。その罪は聖人が仁義を唱えて、人の心をかき乱したことにある。そのために、真の賢者が高い山、険《けわ》しい岩の蔭《かげ》に世を避ける一方、天子は朝廷の内にあって恐れ戦《おのの》いている、というわけだ。

今の世の中は、死刑に遭った者の遺骸《いがい》が枕を並べ、足枷《あしかせ》・首枷《くびかせ》をはめられた者がひしめきあい、刑罰を受けた者がそこかしこで顔を合わせている。そして、こういう状況だからこそ、儒家や墨家の先生方が手枷《てかせ》・足枷《あしかせ》の罪人だらけの世の中で、好機到来とばかりに爪先立ち腕まくりして、やれ聖知だ、やれ仁義だと唱えていられるのだ。ああ、何とひどいことよ。彼らの厚顔無恥《こうがんむちぶ》振りは、あまりにもひどい。私には、彼らの言う聖知の道が足枷《あしかせ》・首枷《くびかせ》を締める楔《くさび》のように思われ、また彼らの言う仁義の徳が手枷《てかせ》・足枷《あしかせ》を止《と》める鑿《あな》・枘《ほぞ》のように思われる。どうして曽参《そうしん》・史鰌《ししゅう》といったお歴々が、桀王《けつおう》・盗跖《とうせき》といった悪党を呼び起こす先駆けでないと言えようか。だから、『聖徳を断ち切り知恵を棄て去れば、天下は大いに治まる。』と言うのだ。」

原文

崔瞿問於老耼曰、不治天下、安臧人心。

老耼曰、汝愼无攖人心。人心排下而進上、上下囚殺。淖約柔乎剛彊、廉劌彫琢。其熱焦火、其寒凝冰。其疾、俛仰之間、而再撫四海之外。其居也淵而靜、其動也縣而天。僨驕而不可係者、其唯人心乎。

昔者黃帝始以仁義攖人之心。堯舜於是乎、股无胈脛无毛、以養天下之形、愁其五藏以爲仁義、矜其血氣以規法度。然猶有不勝也。堯於是放讙兜於崇山、投三苗於三峗、流共工於幽都。此不勝天下也。

夫施及三王、而天下大駭矣。下有桀跖、上有曾史、而儒墨畢起。於是乎、喜怒相疑、愚知相欺、善否相非、誕信相譏、而天下衰矣。大徳不同、而性命爛漫矣。天下好知、而百姓求竭矣。於是乎、釿鋸制焉、縄墨殺焉、椎鑿決焉、天下脊脊大亂。罪在攖人心。故賢者伏處大山嵁巖之下、而萬乘之君憂慄乎廟堂之上。

今世殊死者相枕也、桁楊者相推也、刑戮者相望也。而儒墨乃始離跂攘臂乎桎梏之間。意、甚矣哉。其无愧而不知恥也、甚矣。吾未知聖知之不爲桁楊椄槢也、仁義之不爲桎梏鑿枘也。焉知曾史之不爲桀跖嚆矢也。故曰、絶聖弃知、而天下大治。

第三章　身を治める者にだけ至上の道は開示される

人類最古の帝王黄帝《こうてい》が、立って天子《てんし》となってからすでに十九年、その政令は天下によく行われていた。ある時、広成子《こうせいし》（架空の哲人）という道の体得者が空同《くうどう》（空虚・斉同を寓意する山名）の山上にいると聞き及んだ。そこで、出かけて行き、面会してたずねた。「聞くところによれば、先生は至上《しじょう》の道に達しておられるとか。失礼ながら、至上《しじょう》の道の精髄《せいずい》についてお話しいただきたい。私は、天地の精気《せいき》を手中に握り、それによって五穀の実りを助け、人民を養いたいと願っている。また、陰陽の二気をコントロールして、あらゆる物の生命を遂《と》げさせたいと願っている。それには、どうすればよかろうか。」

広成子が答えて言った。「君が聞きたいと思っているのは、物の本質のことではあるけれども、それを聞いて君がコントロールしたいと考えているのは、物を破壊することだ。そんなわけだから、君が天下を治めるようになってからというもの、雲気は集まりもしない内に雨が降り出し、草木は黄ばみもしない内に落ち始め、日月《にちげつ》の光も益々乏《ますますとぼ》しくなって、天地の運行がすっかり狂ってしまった。君は口ばかり達者な、ちゃらちゃらした心の持ち主だ。また何だって至上《しじょう》の道などを話してやれようか。」

そこで、黄帝は引き下がって、天子の位を棄て去り、一人住まいの小屋を建て、白い茅《ちがや》を敷物《しきもの》にして、三ヵ月の間、静かに暮らしてひたすら心を潔《きよ》めた。そうして、再び出かけて行って面会を求めた。時に、広成子は南 枕《みなみまくら》で横になっていたが、黄帝は下手《しもて》からすり膝《ひざ》でにじり進み、恭《うやうや》しく最敬礼して、それからたずねた。「聞くところによれば、先生は至上《しじょう》の道に達しておられるとか。失礼ながら、どのように身を治めるならば、長生きできるのでしょうか。」

これを聞いて、広成子はがばっと身を起こして、「善い質問だね。来たまえ、君に至上の道を話してあげよう。――至上の道の精髄は、深々と暗々《くらぐら》と、至上の道の極致は、黒々とひっそりと。君はこの道に従って、いかなるものも視ようとせず聴こうとせず、精神を大事に守って静かにしていれば、身体は自《みずか》ら正しい姿に戻《もど》っていくだろう。どんな場合でも静けさを保ち清らかさを保って、君の身体をこき使わず、君の精気《せいき》を騒がさなければ、長生きも可能となるのだ。目が何ものも見ず、耳が何ものも聞かず、心が何ものも知らなければ、君の精神は身体を守ってくれるだろう。身体はこうして長生きするのだ。君の内なる精神・精気を大切にし、外に向かう感覚・知覚を閉ざしたまえ。知恵などが多いと、やり損なうことになるからね。

こうして、君が以上の全てをやりおおすことができたなら、私は君のために大いなる光明《こうみよう》の天上を経《へ》めぐり、あの純粋な陽気の源《みなもと》にまで行ってきてあげよう。また、君の代わりに奥深い暗黒《あんこく》の門をくぐって地底に沈み、あの純粋な陰気の源《みなもと》にまで行ってきてあげよう。一体、天と地にはそれぞれ働きがあり、陰気と陽気にはそれぞれ力があるものだ。だから、君が慎んで身体を守りさえすれば、天地と陰陽は滞《とどこお》りなく作用して、万物は自《みずか》ら大きく生育するだろう。

私は、今日まで、純一なる至上の道を守って、その調和ある働きの内に身を置いてきた。それ故、我が身を修めてもう千二百歳になるが、私の身体はいまだに少しも衰えないのだよ。」

黄帝は、深々と最敬礼して、「広成子先生を天とお呼び申し上げます。」

広成子、「来たまえ、君に話してあげよう。――あの至上の道は、永遠に窮《きわ》まることがないものなのに、人々はみないつの日か終わりが来ると考えている。あの至上の道は、測り知れないほど広大なものなのに、人々はみな大きさに限りがあると考えている。しかし、私の道を会得《えとく》した者は、上では皇帝となり、下でも王となることができよう。私の道を会得《えとく》しえない者は、上では日月に照らされるだけの動植物となり、下ではただの土塊《つちくれ》となるだろう。ところで、全てこの世に栄える者は、みな大地から生まれて大地に返るのが定めというものだ。だから、そのような定めにある君を棄てて、私は窮まりない永遠の時間の門をくぐり、極まりない広大な空間の原野《げんや》に遊ぼうと思う。その宇宙の中で、私は日や月と並んで光り輝き、天や地とともに永《とこ》しえに生きるのだ。人々が私に近づこうとしても、ぼんやりとして把えられず、私から遠ざかるならば、暗々《くらぐら》として何も分かるまい。世の人々は尽《ことごと》く死すべき定めであるけれども、私一人だけは永遠《とわ》に生き続けるのだろうな。」

原　文

黄帝立爲天子十九年、令行天下。聞廣成子在於空同之上。故往見之曰、我聞吾子達於至道。敢問至道之精。吾欲取天地之精、以佐五穀、以養民人。吾又欲官陰陽、以遂羣生。爲之奈何。廣成子曰、而所欲問者、物之質也。而所欲官者、物之殘也。自而治天下、雲氣不待族而雨、草木不待黄而落、日月之光、益以荒矣。而佞人之心翦翦者、又奚足以語至道。

黄帝退、捐天下、築特室、席白茅、閒居三月、復往邀之。廣成子南首而臥。黄帝順下風、膝行而進、再拜稽首而問曰、聞吾子達於至道。敢問、治身奈何而可以長久。

廣成子蹷然而起曰、善哉、問乎。來、吾語女至道。至道之精、窈窈冥冥。至道之極、昏昏默默。无視无聽、抱神以靜、形將自正。必靜必清、无勞女形、无搖女精、乃可以長生。目无所見、耳无所聞、心无所知、女神將守形、形乃長生。愼女内、閉女外。多知爲敗。

我爲女遂於大明之上矣、至彼至陽之原也。爲女入於窈冥之門矣、至彼至陰之原也。天地有官、陰陽有藏。愼守女身、物將自壯。

我守其一、以處其和。故我脩身千二百歳矣、吾形未常衰。

黄帝再拜稽首曰、廣成子之謂天矣。

廣成子曰、來、余語女。彼其物无窮、而人皆以爲終。彼其物无測、而人皆以爲極。得吾道者、上爲皇而下爲王。失吾道者、上見光而下爲土。今夫百昌皆生於土、而反於土。故余將去女、入无窮之門、以遊无極之野。吾與日月參光、吾與天地爲常。當我緡乎、遠我昏乎。人其盡死、而我獨存乎。

第四章　為政者の無為、それが万物・万民の自律性を引き出す

雲の統領《とうりょう》である雲将《うんしょう》（雲の大将）が東方に出かけ、太陽の出る地点に立つ、巨大な扶揺《ふよう》（東海の神木）の梢《こずえ》を通り過《す》ぎた時、たまたま鴻蒙《こうもう》（架空の人物）という人に出会った。鴻蒙はちょうど手の平で髀《もも》を拊《たた》き、小躍《こおど》りして遊んでいるところであった。雲将はこれを見て、はたと足を止め、じっと立ち尽くして、やがて声をかけた。「ご老人はどういうお方なのでしょうか。どうしてそんなことをしておられるのですか。」

鴻蒙は手の平で髀《もも》を拊《たた》き、小躍《こおど》りを続けながら、雲将に答えた。「遊んでいるのだよ。」

雲将、「お教えいただきたいことがあるのですが。」

鴻蒙、空を振り仰《あお》いで雲将を視て、「ほほう。」

雲将、「近頃は、天の陽気が調和を欠いたまま下って来る気配がなく、地の陰気が塞《ふさ》がり結ぼれたまま上って行こうとせず、天候を司《つかさ》どる六種の気も調《ととの》わず、四季の運《めぐ》りも不順とな

っています。そこで、私は六種の気の精髄《せいずい》を集めて、生きとし生けるものを育ててやりたいと願っています。それには、どうしたらよいでしょうか。」

鴻蒙は相い変わらず手の平で脾《もも》を拊《たた》き、小躍《こおど》りを続けながら、頭を振って、「わしには分からぬ、わしには分からぬ。」と言うばかり。こうして、雲将は、問う手段《すべ》がなかったのである。

それから三年の後、雲将はまた東方に出かけ、宋《そう》（国名）の野原《のはら》を通り過ぎたところで、たまたま鴻蒙《こうもう》に出会った。

雲将は大変喜び、趨《はし》り寄り、進み出て呼びかけた。「天（鴻蒙を指す）よ、私をお忘れですか、覚えておられませんか。」そして、恭《うやうや》しく最敬礼して、教えを請《こ》うた。

鴻蒙、「わしは気の向くままに浮かびただようだけで、己《おのれ》が何を求めているのかも分からず、自由勝手に振る舞うばかりで、己《おのれ》がどこに行くのかも知りはせぬ。ひたすら夢中で遊んで、万物の実相《じっそう》を観ようとしているにすぎぬ。一体わしに何が分かろう。」

雲将、「私も、自分では自由勝手に振る舞っているつもりですが、人々が私の行くところに就《つ》いて来るのです。それで、心ならずも人々の上に立たされてしまい、今では人々の拠《よ》りどころです。こういう次第ですから、どうか一言お教え下さい。」

鴻蒙、「自然の常道《じょうどう》を乱し、万物の実相《じっそう》に逆らって、奥深い造化《ぞうか》の働きが成就されぬ。ために、獣《けもの》は群《むれ》を乱して逃げ惑《まど》い、鳥はみな夜鳴きして騒ぎ出し、災《わざわ》いは草木や昆虫にまで及んでおる。ああ、これは、人を治めようとする作為のもたらした過ちだ。」

雲将、「それでは、私はどうしたらよいのでしょうか。」

鴻蒙、「おお、重症だな。さっさと帰るがよい。」

雲将、「私が天（鴻蒙を指す）にもう一度お遇《あ》いするのは、難しいことです。どうか一言お聞かせ下さい。」

鴻蒙、「ふむ、心を養うことだ。そなたがひたすら無為の態度を守っておれば、万物は自力で育っていくのだよ。つまり、そなたの身体の働きを退け、耳目の感覚作用を除き、世人との係わりや外物の存在を忘れ去って、混沌たる奥深い暗闇《くらやみ》の道に、大きく融けこんでいきなさい。そなたが心の営みを追い払い、精神の働きを棄て去り、ひっそりと静まり返って魂のかけらさえもない、という境地に達するならば、やがて万物は一斉に勃々《ぼつぼつ》と生育し始め、それぞれ根源の道に復《かえ》っていくだろう。それぞれ根源の道に復《かえ》っていきながら、自分ではそのことに気づかなければ、万物はもやもやごちゃごちゃと道に同化して、生涯を終えるまで道から離れることはあるまい。しかし、万物がそのことに気づくならば、かえって道から離れることになる。そなたも、この物の名称は何の、あの物の実体はどうのなどといった穿鑿《せんさく》をしないことだ、そうすれば万物は自力で生育するに違いないからね。」

聞き終えて、雲将は、「天（鴻蒙を指す）は、私に根源の徳（道の働き）を教えて下さった、知恵を越えた沈黙の道を示して下さいました。自分自身で手に入れようと求めてきましたが、今始めて道を把えることができました。」と言って、深々と最敬礼し、起《た》ち上がると別れを告げて去って行った。

原文

雲將東遊、過扶搖之枝、而適遭鴻蒙。鴻蒙方將拊髀雀躍而遊。雲將見之、倘然止、贄然立曰、叟何人邪、叟何爲此。
鴻蒙拊髀雀躍不輟、對雲將曰、遊。
雲將曰、朕願有問也。
鴻蒙仰而視雲將曰、吁。
雲將曰、天氣不和、地氣鬱結、六氣不調、四時不節。今我願合六氣之精、以育羣生。爲之奈何。
鴻蒙拊髀雀躍掉頭曰、吾弗知、吾弗知。雲將不得問。
又三年、東遊、過有宋之野、而適遭鴻蒙。
雲將大喜、行趨而進曰、天忘朕邪、天忘朕邪。再拜稽首、願聞於鴻蒙。
鴻蒙曰、浮遊不知所求、猖狂不知所往。遊者鞅掌、以觀无妄。朕又何知。
雲將曰、朕也自以爲猖狂、而民隨予所往。朕也不得已於民、今則民之放也。願聞一言。
鴻蒙曰、亂天之經、逆物之情、玄天弗成。解獸之羣、而鳥皆夜鳴、災及草木、禍及止★〈昆〉蟲。意、治人之過也。
雲將曰、然則吾奈何。
鴻蒙曰、意、毒哉。僊僊乎歸矣。
雲將曰、吾遇天難。願聞一言。

鴻蒙曰、意、心養。汝徒處无爲、而物自化。墮爾形體、吐爾聰明★、倫與物忘、大同乎涬溟。解心釋神、莫然无魂、萬物云云、各復其根。各復其根而不知、渾渾沌沌、終身不離。若彼知之、乃是離之。无問其名、无闚其情、物故自生。

雲將曰、天降朕以德、示朕以默。躬身求之、乃今也得。再拜稽首、起辭而行。

第五章　独立して真に存在する人——至上の尊貴

世間の人々は誰でも、他人が自分の意見に同調することを喜び、自分の意見に反対することを嫌う。自分に同調することを望み、反対することを望まないのは、大衆の上に立ちたいという考えを持っているからだ。しかし、大衆の上に立ちたいという考えを持っている者が、どうして実際に大衆の上に立つことができようか。大衆の同調を根拠にして自分の正しさを固めようとするならば、自分の意見は大衆の技能の多様さに及ぶべくもないからである。

それなのに、人の上に立って国を統治したがっている者は、夏《か》・殷《いん》・周《しゅう》三代の聖王たちの利点に目を奪われて、その弊害を見ようとしない者である。これは、国を元手《もとで》にして博打《ばくち》を打つようなものだ。博打を打ちながら、元手の国を喪《うしな》わないですんだ者が、何人いたであろうか。彼らが国を存続させていく可能性は、万に一つもないのに反して、国を滅亡させてしまう危険性は、一国として安存することができないのに、万を越える国々が亡びてしまうのだ。悲しいことよ、国土を保有する者がこのことを自覚していないのは。

一体、国土を保有するということは、大きな物を所有することである。大きな物を所有する者は、単なる物であってはならない。存在する者として物ではありながら、しかも物を越えて、単なる一個の物でないからこそ、あれこれの物をその物たらしめることができるのだ。あれこれの物をその物たらしめる者が、単なる物ではありえないことを明確に自覚する者は、ただ天下・万民を支配するに止《とど》まるであろうか。天地・四方の宇宙の彼方《かなた》に出入《でい》りし、地上の全世界を遊びめぐって、何ものをも伴わずにただ独り行き、ただ独り帰って来る存在なのである。これを独立した真の存在と言うが、独立して真に存在する人のことは、また至上《しじよう》の尊貴《そんき》とも言う。

原　文

世俗之人、皆喜人之同乎己、而惡人之異於己也。同於己而欲之、異於己而不欲者、以出乎衆爲心也。夫以出乎衆爲心者、曷常出乎衆哉。因衆以寧所聞、不如衆技衆矣。而欲爲人之國者、此攬乎三王之利、而不見其患者也。此以人之國僥倖也。幾何僥倖而不喪人之國乎。其存人之國也、无萬分之一、而喪人之國也、一不成而萬有餘喪矣。悲夫、有土者之不知也。

夫有土者、有大物也。有大物者、不可以物。物而不物、故能物物。明乎物物者之非物也、豈獨治天下百姓而已哉。出入六合、遊乎九州、獨往獨來。是謂獨有。獨有之人、是之謂至貴。

第六章　大いなる斉同の無を凝視する者、それは天地の友

偉大な人物の教えは、ちょうど影が形に沿《そ》い、響《ひび》きが声に応ずるように、問われることがあればそれに答え、自分の懐《おも》うことを余すところなく示して、天下の人々の伴侶《はんりょ》となる。彼は、静寂《せいじゃく》の中に身を潜《ひそ》め、限定なき方向に歩み行き、君を引き連れて、ごたごたと入り乱れた混沌《こんとん》の地に行き来して、端《はて》しない境涯に遊ぶのだ。また彼は、無限の空間に出入《でい》りし、太陽とともに時間の流れを超越して、その精神・身体ともに、大いなる斉同《せいどう》の万物に合体している。大いなる斉同に合体しているので、自己というものは存在しない。自己が存在しないのだから、いかなる有《ゆう》も存在することがないのだ。こういうわけで、多様な有に目配りする者は、古代の君子であるが、大いなる斉同の無を凝視する者は、天地の友に他ならない。

原　文

大人之教、若形之於影、聲之於響。有問而應之、盡其所懷、爲天下配。處乎无響、行乎无方、挈汝適復之撓撓、以遊无端。出入无旁、與日无始、頌論形軀、合乎大同。大同而无己。无己、惡乎得有有。覩有者昔之君子、覩无者天地之友。

第七章　君主に適《ふさ》わしい天道と、臣下に適わしい人道の区別

価値は低いけれども、用いないわけにはいかないのが、物である。身分は低いけれども、従わないわけにはいかないのが、民である。煩《わずら》わしいけれども、処理しないわけにはいかないのが、事である。粗雑ではあっても、施行しなければならないのが、法である。なじみにくくても、守らなければならないのが、義である。身近に感ずるにしても、世に広めなければならないのが、仁である。折《お》り目《め》筋目《すじめ》がうるさいといっても、習熟しなければならないのが、礼である。世人と和合するための中庸《ちゅうよう》ではあるが、高めていかなければならないのが、徳である。唯一絶対ではあるが、臨機に変更しなければならないのが、道である。不可知の霊妙《れいみよう》ではあるが、修めなければならないのが、天である。

そこで聖人は、天の営みを観るけれども、それを助長することはしない。己《おのれ》の徳を完成するけれども、面倒な手数《てかず》はかけない。根源の道に立脚するけれども、思慮はめぐらさない。仁の心に適《かな》うけれども、それを頼みとはしない。義の規範に近づくけれども、それには拘《こだわ》らない。礼の定めを守るけれども、禁忌《きんき》には縛《しば》られない。日々の雑事を片づけるけれども、一々言葉に出して説明はしない。法によって民を斉《ととの》えるけれども、上から押さえつけるのではない。民の力を当てにするけれども、軽々しく徴用はしない。全ての物をその性質に因《よ》って利用するけれども、一つとして使い捨てにはしないのである。

およそ物というものは、正面から取り組むには価《あたい》しないが、しかしやはり手を下さないわけにはいかない。その際、天の営みについてははっきりと分かっていない者は、物に引きずられて、己の内なる本来の徳を純粋なままに保つことができない。また、根源の道に通暁《つうぎょう》していない者は、物に対してどう手を下そうとも、決してうまくいきはしない。道に通暁《つうぎょう》していない者は、悲しい存在である。

それでは、道とは何であろうか。道には、天道と人道がある。何の作為も施さず、いながらにして尊いのが天道である。あれこれと作為を加えて、煩《わずら》わしく立ち回るのが人道である。君主に適《ふさ》わしいのは、天道であり、臣下に適《ふさ》わしいのは、人道である。天道と人道の間に横たわる大きな相異については、はっきりと見極めておかなければならない。

原文

賤而不可不任者、物也。卑而不可不因者、民也。匿而不可不爲者、事也。麤而不可不陳者、法也。遠而不可不居者、義也。親而不可不廣者、仁也。節而不可不積者、禮也。中而不可不高者、德也。一而不可不易者、道也。神而不可不爲者、天也。

故聖人觀於天而不助、成於德而不累、出於道而不謀、會於仁而不恃、薄於義而不積、應於禮而不諱、接於事而不辭、齊於法而不亂、恃於民而不輕、因於物而不去。物者、莫足爲也、而不可不爲。不明於天者、不純於德。不通於道者、无自而可。不明於道者、悲夫。

何謂道。有天道、有人道。无爲而尊者、天道也。有爲而累者、人道也。主者、天道也。臣者、人道也。天道之與人道也、相去遠矣、不可不察也。

解説

「在宥」という篇題について、『経典釈文』は「以義名篇」とするが、篇首の二字を取って篇名としたものである。本篇が、上の駢拇・馬蹄・胠篋の三篇から、下の天地・天道・天運三篇に至る中間的過渡的な篇であることは、福永光司の指摘するとおり。ただし、福永光司が第一章・第二章を上の三篇と共通と見る（姚鼐・武内義雄に由来）のは、取らない。上三篇が天下を支配することを激しく否定していたのに対して、これらは条件つきながら肯定に転じており、この点で本篇第三章〜第六章に近いからである。もっとも、第一章・第二章が上三篇と密接に関連することは、否定できない。それから展開してきたもの（朱得之）と考えるべきであろう。また、第七章は、道家の「道」を天下の支配のために利用し、また儒家・法家の思想をも包摂しようという姿勢を示しているので、関鋒・福永光司の言うとおり下三篇に近い。

第一章の趣旨は、「君子《くんし》已《や》むを得ずして天下に臨莅《りんり》すれば、无為《むい》に若《し》くは莫《な》し。…従容《しょうよう》として无為にして万物炊累《すいるい》せん。」ということである。前漢初期のレッセ・フェール政策を述べた文章で、『老子』第五十七章などに近い。第二章は、第一章の趣旨を踏まえて、儒家・

墨家の「聖知・仁義」による政治支配を棄て去ろうと訴える。第三章は、天下を統治することよりも自己の養生を第一義と考える為政者こそが、「道」を把えた「物将《まさ》に自《みずか》ら壮《さか》んならんとす」るような「皇・王」となりうると言い、第四章は、為政者が「徒《た》だ无為《むい》に処《お》れば、物は自《みずか》ら化せん。」と言う。両者ともに第一章に近いが、後者には復帰の思想が含まれており、『老子』第十六章と並ぶ時代の作と考えられる。第五章・第六章は、従来の「物を物とする者の物に非《あら》ず」、「己《おのれ》无ければ、悪《いずく》んぞ有《ゆう》有るを得ん。」といった「道」の存在論を、「天下百姓《ひやくせい》を治む」るための政治思想に応用したもの。これら以下の諸章を、朱得之は後漢以後の作とし、馬叙倫は在宥篇の文ではないとする（林希逸に由来）が、両章は他の章よりも古い戦国末期～前漢初期の作であろうと思われる。第七章は、従来道家が否定していた「仁・義・礼・事・法」を肯定した上で、「道」を君主の「天道」と臣下の「人道」に分けて、位階秩序の確立を目指した文章。羅勉道・宣穎・王先謙・羅根沢は、後人の補筆であろうと疑う。確かに、本篇中では最も新しい章ではあるが、やはり前漢初期の作と見なすべきである。

天地《てんち》 第十二

総説

本篇第九章の夫子《ふうし》（孔子）・老聃《ろうたん》問答は、「辯者」の「堅白《けんぱく》を離す」などの理論を、道家の宗師《そうし》である老聃を登場させて、その口からつまらぬものと低く評価させた文章である。

そのつまらぬとして否定されるべき「辯者」の「堅白」論とは、本問答によれば、具体的には、何と「不可《ふか》を可《か》とし、不然《ふぜん》を然《ぜん》とす」ることだと言う。この文句は、ほぼ同じ「不是《ふぜ》を是《ぜ》とし、不然《ふぜん》を然《ぜん》とすることなり。」が斉物論篇第四章に見えていたところから知られるように、もともと初期道家の言い出したテーゼの一つであり、万物斉同の哲学を成立させる重要な基礎理論であった。それを、あたかも「辯者」や名家の唱えた詭辯であるかのように見なす本章は、自《みずか》らの起源である万物斉同の哲学を自ら放棄した、いや自らの手で葬り去ったものと評されよう。

『呂氏春秋』（紀元前二三九年以後間もなく成立）の正名篇は、「名正しければ則《すなわ》ち治まり、名喪《うしな》わるれば則ち乱る。名をして喪わしむる者は、淫説なり。説 淫なれば則ち不《ふ》可《か》を可《か》として不然《ふぜん》を然《ぜん》とし、不是《ふぜ》を是《ぜ》として不非《ふひ》を非《ひ》とす。」と主張する。このように、戦国末期には、儒家の荀子などの正名審分派（名を正し、分を審らかにすることを主張）が、その未来社会建設の展望を邪魔するものとして、万物斉同の哲学とその近親者たる名家を激しく攻撃した。道家もついにこの攻撃に屈したのである。

第一章　無為・無欲の道に通じている君主は

天地は広大であるけれども、その中で万物が生成・変化する様子は、遍《あまね》く均一である。万物は多種多様であるけれども、それには自《おの》ずから秩序があって、統一が保たれている。民衆は多数であるけれども、それを統治する者は、ただ一人の君主である。そこで君主は、根源の徳（道の働き）に原《もと》づき、天（自然）の営みの中で為政者として完成していく。だから、「太古に天下に君臨した王者は、何ごとも為さなかった。」と言うのであるが、これこそが天の営みの中の根源の徳に他ならない。

以上のような根源の道の立場に立って、人々の発言を調べるならば、天下を統治する君主が誤りを犯す恐れもなく、道の立場に立って、上下の身分秩序を整えるならば、君臣間の道義も曇《くも》りようがない。道の立場に立って、人々の能力の有無を計るならば、天下の官職が全てうまく治まり、道の立場に立って、広く世界を見わたすならば、あらゆる物への対応の方法が完備するのだ。

そういうわけで、天地の間に遍《あまね》く作用しているのが、本来の生成・変化する働きたる徳であり、広く万物の中に働いているのが、根源的な実在としての道であり、上位の君主が民衆を統治するのが、人間界に行われる政事であり、能力が至芸にまで高められるのが、統治される民衆の有する技術である。ところで、民衆の技術は君主の政事の下に統轄《とうかつ》され、政事は人間社会の正義の下に統轄され、社会の正義は天地の本来的な徳の下に統轄され、天地の徳は万物の中に働く道の下に統轄され、そして万物の中の道はとどのつまり天の自然性、すなわち無欲《むよく》・無為《むい》の下に統轄される。そこで、「その昔、天下の民衆を統治した君主は、自《みずか》ら無欲であったからこそ天下の民衆の生が充足し、自《みずか》ら無為であったからこそ万物が化育《かいく》・繁殖し、自《みずか》ら深淵《しんえん》のように静かであったからこそ万民は安定していた。」と言うのである。古《こ》記《き》にも言う、「一元《いちげん》の道に通ずるならば、万事一切が成就されるし、無心の境地に達するならば、鬼神《きしん》でさえも帰服する。」

原文

天地雖大、其化均也。萬物雖多、其治一也。人卒雖衆、其主君也。君原於德、而成於天。故曰、玄古之君天下、无爲也。天德而已矣。

以道觀言、而天下之君正。以道觀分、而君臣之義明。以道觀能、而天下之官治。以道汎觀、而萬物之應備。

故通於天地者、德也。行於萬物者、道也。上治人者、事也。能有所藝者、技也。技兼於事、事兼於義、義兼於徳、徳兼於道、道兼於天。故曰、古之畜天下者、无欲而天下足、无爲而萬物化、淵靜而百姓定。記曰、通於一而萬事畢、无心得而鬼神服。

第二章　自己の内面に大いなる心を確立する方法

先生は次のように言われた。「そもそも道は、上から万物を覆《おお》い、下から万物を載せている。広々として巨大なものよ。君子は自分の小さな心を刳《えぐ》り去って、この道に法《のっと》らなければならない。

ことさらの作為を用いずに行うことを天《てん》と言い、ことさらの作為を加えずに語ることを徳《とく》と言い、人を愛し民に利益を与えることを仁《じん》と言い、相異のある物事を同一と見なして包摂《ほうせつ》することを大《だい》（広大さ）と言い、行いが他人と際立って異ならないことを寛《かん》（寛容）と言い、さまざまの相い異なる物を全て保有することを富《ふ》（富裕）と言い、しっかりと徳を手に握ることを紀《のり》（規範）と言い、その徳が己《おのれ》の内で完成することを立《りつ》（自立）と言い、何ごとも道に従って行うことを備《び》（完備）と言い、外物によって内心の志《こころざし》が挫《くじ》かれないことを完《かん》（完全）と言う。もし君子がこの十ヵ条に通暁《つうぎょう》することができるならば、己の内面に深々と大いなる心を確立していくであろうし、また外面ではどんどん万物の自己展開を促していくに違いない。

このような境地に達した人は、あたかも黄金《おうごん》を山の奥に蔵し、珠玉《しゅぎょく》を淵《ふち》の底に蔵するかのように、根源の道を心の奥底《おくそこ》に蔵していて、財貨《ざいか》を得ることを利益と思わず、富貴《ふうき》の地位に登ろうともしない。長生きだからといって喜ばず、若死にだからといって哀しまず、栄達《えいたつ》を名誉と考えず、困窮を恥とも思わない。世の中の富を残らずかき集めて、自分の私有とすることもないし、天下に王として君臨する場合も、貴顕の地位に就《つ》いていると自惚《うぬぼ》れない。このような人にとって、万物は一つの府《くら》の中にあるもの、死生は同じ姿のものだからである。」

原　文

夫子曰、夫道、覆載萬物者也。洋洋乎大哉。君子不可以不刳心焉。无爲爲之、之謂天。无爲言之、之謂德。愛人利物、之謂仁。不同同之、之謂大。行不崖異、之謂寛。有萬不同、之謂富。故執德、之謂紀。德成、之謂立。循於道、之謂備。不以物挫志、之謂完。君子明於此十者、則韜乎其事心之大也、沛乎其爲萬物逝也。

若然者、藏金於山、藏珠於淵、不利貨財、不近貴富。不樂壽、不哀夭、不榮通、不醜窮。不拘一世之利、以爲己私分、不以王天下、爲己處顯★。萬物一府、死生同狀。

第三章　光のない真っ暗闇の中に鮮やかな曙光が見えてくる

先生は次のように言われた。「そもそも道は、深々として動かず、清らかに澄《す》みきっている。金《かね》や石の楽器も、この道がなければ鳴りようがない。だから、金《かね》や石の楽器は音を出し、人が叩《たた》けば鳴るものではあるけれども、そうした性質を決めることができるのは、次元の低い並みの万物ではないのである。

一体、王者《おうじや》の徳（道の働き）を備えた人は、生地《きじ》そのままの人生を送って、雑事に達者《たつしや》になることを恥とし、逆にそれらの根源をなす道を確立して、霊妙不可思議《れいみようふかしぎ》の世界にも通じている。だから、その徳は広大であり、その心が働き出して外に現れると、あれこれの物はそれを己《おのれ》の内に採《と》り入れて、それぞれ生を遂《と》げていく。こうして、形を有する物は道によらなければこの世に生じえないし、また、生じた物も徳によらなければ明るく輝かない。だから、形ある物を存在させ、生ある物を生き長らえさせ、根源の徳を確立し、道に通暁《つうぎよう》することこそが、王者《おうじや》の徳というものではなかろうか。広々として果《は》てしないことよ。いつの間にか現れて、たちまちにして動き出せば、万物は全てこれに従うのだ。これをしも王者《おうじや》の徳を備えた人と言う。

彼は、光のない真《ま》っ暗闇《くらやみ》に何かを視つめ、静まり返ったしじまに耳を傾ける。すると、独《ひと》り彼には、真っ暗闇の中に鮮《あざ》やかな曙光《しよこう》が見えてくる、しじまの中に和《なご》やかな響きが聞こえてくるのだ。だから、己《おのれ》を深きが上にも深くしてこそ、万物を万物として存在させることができるし、己を霊妙《れいみよう》なるが上にも霊妙にしてこそ、万物に潑溂《はつらつ》たる精気を与えることができるのだ。そこで、彼が万物と触れあう場合、己は完全な無でありながら、万物のさまざまな求めを充たしてやり、時にはあちこちを駆けめぐって、彼らの落ち着く宿《やど》を探《さが》してやる。例えば、大きなもの・小さなもの、長いもの・短いもの、細長いもの・遠いもの、などが彼らの宿《やど》となる。」

原　文

夫子曰、夫道、淵乎其居也、漻乎其淸也。金石不得、无以鳴。故金石有聲、不考不鳴、萬物孰能定之。

夫王德之人、素逝而恥通於事、立之本原而知通於神。故其德廣、其心之出、有物採之。故形非道不生、生非德不明。存形窮生、立德明道、非王德者邪。蕩蕩乎。忽然出、勃然動、而萬物從之乎。此謂王德之人。

視乎冥冥、聽乎无聲。冥冥之中、獨見曉焉、无聲之中、獨聞和焉。故深之又深、而能物焉、神之又神、而能精焉。故其與萬物接也、至无而供其求、時騁而要其宿。大小長短脩遠。

第四章　黄帝の落とした玄《くろ》い珠《たま》

人類最古の聖王黄帝《こうてい》は、ある時、赤水《せきすい》（川の名）を遡《さかのぼ》ってその北に旅をし、崑崙《こんろん》（西方の聖なる山）の丘《おか》に登って遥《はる》かに南方を見わたした。さて帰ってみると、持ち物の玄《くろ》い珠《たま》（道の擬人化）を遺《わす》れてきた。

そこで黄帝は、臣下の知《ち》（知恵の擬人化）という利口者に命じて捜《さが》させたが見つからず、目利きの離朱《りしゅ》（上古の優れた視力の持ち主）に命じて捜させたが見つからず、口のうるさい喫詬《けいこう》（口やかましさの擬人化）に捜させても見つからなかった。そこで、ぼんやり者の象罔《しょうもう》（無形の擬人化）に命じたところ、象罔はそれを見つけてきた。

黄帝は言った。「不思議なことよ、ぼんやり者の象罔にこれが見つけられようとは。」

原　文

黄帝遊乎赤水之北、登乎崐崘之丘而南望。還歸、遺其玄珠。使知索之而不得、使離朱索之而不得、使喫詬索之而不得也。乃使象罔、象罔得之。黄帝曰、異哉、象罔乃可以得之乎。

第五章　聡明・叡知《えいち》の人は、天下に禍《わざわ》いをもたらす

尭《ぎょう》（上古の聖王）の先生を許由《きょゆう》（上古の隠者）と言い、許由の先生を齧欠《げっけつ》（上古の知恵者）と言い、齧欠の先生を王倪《おうげい》（無知の哲人）と言い、王倪の先生を被衣《ひい》（架空の哲人）と言う。

ある時、尭が許由にたずねて言った。「あなたの先生の齧欠は、私の後を受けて、天子の位に即《つ》けるのに適《ふさ》わしい人でしょうか。私は、王倪に推薦してもらって、あの方を迎えたいと思うのですが。」

許由は答えた。「ひどく危険ですよ。そんなことをすれば、天下は危殆《きたい》に瀕《ひん》してしまいま

す。あの翳欠という人は、目から鼻へ抜ける利口者、口も達者でなかなかの遣《や》り手《て》です。天性が人並みはずれておりながら、さらに人為の努力を傾けて、天与の人民に対処しています。あの人は、人民の犯した過ちを取り締まることに手抜かりはないものの、人民がなぜ過ちを犯すのかを辨《わきま》えておりません。

こんな人を天子の位に即《つ》けようものなら、彼はきっと人為を頼んで、本来の天をないがしろにするでしょう。きっと我が身を第一に押《お》っ立てて、万民を形の上で差別するでしょう。きっと己《おのれ》の知恵を鼻にかけて、火のついたように駆《か》け回るでしょう。きっとつまらぬ雑務に追いまくられるでしょう。きっと外の雑事にがんじがらめに縛《しば》り上げられるでしょう。きっと四方八方に色目を使うので、人々がそれにつけこんで群がってくるでしょう。きっと人々のニーズに迎合しようとするでしょう。きっと外物に引きずられて変転し、恒常不変の己《おのれ》を棄て去ってしまうでしょう。一体、こんな人をどうして天子の位に即《つ》けることができましょうか。

しかしながら、一つの宗族《そうぞく》があれば、そこにはみなの尊ぶ先祖があるはず。あの人を民衆の父たる諸侯ぐらいにならしてみても悪くはないが、その上の諸侯を統《す》べる父、すなわち天子の位には、とても即《つ》けるわけにはいきません。あの人は、天下に治だの乱だのをもたらす張本人、臣下となっては禍《わざわ》いを招き、天子となっても賊《わざわ》いを起こす、そういう人なのです。」

原　文

堯之師曰許由、許由之師曰齧缺、齧缺之師曰王倪、王倪之師曰被衣。

堯問於許由曰、齧缺可以配天乎。吾藉王倪以要之。

許由曰、殆哉、圾乎、天下。齧缺之爲人也、聰明叡知、給數以敏。其性過人、而又乃以人受天。彼審乎禁過、而不知過之所由生。與之配天乎、彼且乘人而无天。方且本身而異形。方且尊知而火馳。方且爲緒使。方且爲物絯。方且四顧而物應。方且應衆宜。方且與物化而未始有恆。夫何足以配天乎。雖然、有族有祖。可以爲衆父、而不可以爲衆父父。治亂之率也、北面之禍也、南面之賊也。

第六章　寿・富・多男子の願望も辞するには及ばない

聖天子の尭《ぎょう》（上古の聖王）が、華《か》（地名）という土地に遊びに出かけた時、そこの関守《せきもり》（国境を守る役人）が尭を見つけて話しかけた。「おやまあ、聖人《せいじん》さまだ。一つ聖人《せいじん》さまを祝福させていただきましょう。聖人さまが長生きされますように。」

尭、「お断りする。」

「聖人さまが金持ちになられますように。」

尭、「お断りする。」

「聖人さまに男皇子《おとこみこ》が沢山授かりますように。」

堯、「お断りする。」

関守《せきもり》、「長生きと金持ちと男の子が多いのは、人々誰もが望むことだ。それをあんただけが望まないのは、どうしたわけかね。」

堯、「男の子が多ければ心配事が益し、金持ちになれば面倒も増え、長生きすれば辱《はじ》も多い。この三つは、徳を養うには役に立たぬものである。それでお断りしたまでだ。」

関守《せきもり》、「始め、わしはあんたを聖人とばかり思いこんでおったが、今はまあ高々《たかだか》君子ってところだ。そもそも天が万民を生ずるからには、必ず職というものを授けてくれるはずだ。男の子が何人生まれようと、それぞれを適《ふさ》わしい職に就《つ》けてやれば、何の心配事があるものか。金持ちになっても、人に分けてやれば、何の面倒があるものか。一体、聖人という者は、鶉《うずら》の如《ごと》く草むらに住まい、雛鳥《ひなどり》の如くあてがわれたものを食らい、鳥の如く虚空《こくう》を飛び回って、きららの檜舞台《ひのきぶたい》に立ちたいなどとは、夢にも思わぬ。天下に道が行われて世が太平であれば、万民とともに弥栄《いやさか》に栄え、天下に道が行われぬ乱世であれば、独り徳を修めて静かに暮らす。こうして千年もの久しきを生きて、この世を味わい尽くしたなら、ここに別れを告げて天空《おおぞら》の彼方《かなた》に舞い上がり、浮かびただようあの白雲に乗って、上帝《じようてい》のおわします御《み》郷《くに》に入っていくのだ。そこには、あんたの言う三つの心配も近づかず、身の病《やま》いも永遠にやって来ないのだから、何の辱《はじ》があるものか。」

こう言い捨てて関守は立ち去ろうとした。堯は追いすがって、「どうかお教えいただけませんか。」

関守、「退《さ》がるがよい。」

原　文

堯觀乎華。華封人曰、嘻、聖人。請祝聖人。使聖人壽。

堯曰、辭。

使聖人富。

堯曰、辭。

使聖人多男子。

堯曰、辭。

封人曰、壽富多男子、人之所欲也。女獨不欲、何邪。

堯曰、多男子則多懼、富則多事、壽則多辱。是三者、非所以養德也。故辭。

封人曰、始也、我以女爲聖人邪。今然君子也。天生萬民、必授之職。多男子而授之職、則何懼之有。富而使人分之、則何事之有。夫聖人、鶉居而鷇食、鳥行而无彰。天下有道、則與物皆昌、天下无道、則脩德就閒。千歲厭世、去而上僊、乘彼白雲、至于帝鄉。三患莫至、身常无殃、則何辱之有。

封人去之。堯隨之曰、請問。

封人曰、退已。

第七章　そこで、伯成子高は諸侯を辞《や》めて畑を耕し始めた

聖天子の尭《ぎょう》（上古の聖王）が、天下を治めていた時、伯成子高《はくせいしこう》（尭《ぎょう》・舜《しゅん》の臣下）は尭に仕えて諸侯《しょこう》となっていた。やがて尭が舜《しゅん》（上古の聖王）に位を譲り、舜が禹《う》（夏王朝《かおうちょう》の創始者）に位を譲ると、伯成子高は諸侯を辞《や》めて畑を耕《たがや》し始めた。

天子の位に即《つ》いた禹が、会いに行くと、折しも彼は野良《のら》で畑を耕している。禹は小趨《こばし》りに進んで下手《しもて》に行き、立ったままたずねた。「昔《むかし》、尭が天下を治めていた時、先生は諸侯となって仕えておられた。それなのに、尭が舜に位を譲り、舜が私に位を譲ると、先生は諸侯を辞めて畑を耕し始められた。失礼ながら、そのわけをおたずねしたい。」

子高《しこう》、「昔《むかし》、尭が天下を治めていた時には、賞を与えなくても人民はよく励《はげ》み、罰を加えなくても人民は畏《おそ》れ慎んだものです。ところが、今、あなたが賞罰を持ちこんだばかりに、人民の中から仁《やさ》しさが消えようとしている。これから以後は、根源の道徳が衰え、刑罰ばかりが肥大して、後世の大乱が始まることでしょう。さあ、さっさとお帰り下され。私の仕事の妨げになります。」子高はこう答えた後、せっせと畑を耕して振り向こうともしなかった。

原文

堯治天下、伯成子高立爲諸侯。堯授舜、舜授禹、伯成子高辭爲諸侯而耕。

禹往見之、則耕在野。禹趨就下風、立而問焉曰、昔堯治天下、吾子立爲諸侯。堯授舜、舜授予、而吾子辭爲諸侯而耕。敢問、其故何也。

子高曰、昔堯治天下、不賞而民勸、不罰而民畏。今子賞罰而民且不仁。德自此衰、刑自此立、後世之亂自此始矣。夫子闔行邪。无落吾事。俋俋乎耕而不顧。

第八章　無から分化して人間本性へ、人間本性から復帰して道へ

世界の真の根源は無《む》である。それは実有《じつゆう》の正反対であり、無と名づけられることさえないものであって、未分化の一《いち》はこれに由来する。この一《いち》は、始めまだその中にあれこれの物が、形を具えて現れるに至っていないが、やがて諸物《しょぶつ》がこれによって生成するようになる。そのような一の持つ働きを徳《とく》と言う。すなわち、まだあれこれの物が現れるに至っていない未分化の一の中に、最初はそれほど大きな間隙《かんげき》ではないにしても、あれとこれへの分化が発生する。このような分化の必然性を命《めい》と言う。すでに分化し始めた一は、さらに流動・変化して色々の物を生み出すが、それらの物ができ上がって、それぞれの物としての理《り》（属性）を具える。このような物の属性の一つを形《かたち》と言う。この形体が精神を保持して、人々が銘々《めいめい》の内に完備した規範を宿す。このようにして宿されたものを性《せい》（人間の本性）と言う。

そこで、己《おのれ》に宿された性がよく修まると、人々は徳（万物を生成させる一の働き）に立ち返る。その徳を十全に働かせるならば、世界の真の根源に同化することができる。己《おのれ》が世界

の根源に同化するならば、全ての存在は虚無となり、虚無となれば、それが無辺の大きさへと広がっていくので、己は鳥の如《ごと》き小さな喙《くちばし》を閉ざして、沈黙を守るのだ。沈黙の結果、静謐《せいひつ》が支配するようになると、己は天地・宇宙と合一するに至る。暗闇《くらやみ》にも似たこの合一の時、己はあたかも愚か者のようであり、あたかも盆暗者《ぼんくらもの》のようである。そして、このような合一によって回復した一の働きを奥深い徳と言うが、それはまた大いなる順応の道に同化することでもある。

原　文

泰初有无、无有无名、一之所起。有一而未形、物得以生、謂之德。未形者有分、且然无閒、謂之命。留動而生物、物成生理、謂之形。形體保神、各有儀則、謂之性。性脩反德、德至同於初。同乃虛、虛乃大、合喙鳴。喙鳴合、與天地爲合。其合緡緡、若愚若昬。是謂玄德、同乎大順。

第九章　物を忘れ、天を忘れて、己を忘れよう

孔子《こうし》が、老耼《ろうたん》（老子）にたずねて言った。「ここに一人の人物がおります。この人物の道を修めるやり方は、全て世間に逆らうかのようで、世間の不可《よくない》としているものが実は可《よい》であり、世間の不然《それでない》としているものが実は然《それ》である、などと主張しております。あの辯者《べんしゃ》たち

のモットーに、『軒端《のきば》に掲《かか》げて示すが如《ごと》く、堅さと白さを明白に分かたん。』というのがありますが、彼こそ正《まさ》にこれを実行している人物です。このような人物であれば、聖人《せいじん》と呼んでよろしいでしょうか。」

　老耼が答えた。「そんなのは、精々《せいぜい》小役人の雑役か、職人の小細工であって、身体を苦しめ精神をさいなむだけのものにすぎない。譬《たと》えてみれば、繋《つな》がれている犬がさまざまの妄想に取りつかれ、猨狙《さる》のはしこく手足を動かすのが、山林に住んでいるためであるのと同じだな。

　丘《きゅう》（孔子の名）よ、私はそんなつまらぬことではなく、君の聞くこともできなければ、言うこともできない、まことの聖人のことを話してあげよう。――そもそもこの世には、頭があり足があって五体は具足しておりながら、心・耳がないために知覚・感覚を持たない生き物は多い。しかし、それら有形の生き物の中に、無形・無状の道と一体になり、ともどもに永遠の生を生き長らえられる存在などは、一ったりともありはしないのだ。それに、物の挙《きょ》措動作《そどうさ》、生老病死《せいろうびょうし》、栄枯《えいこ》盛衰《せいすい》などといった現象も、彼らが自《みずか》らの力で起こしうるものではない。これらを治めようと努めるのは、心・耳の働きに基づく人為の悪あがきだね。まことの聖人というものは、そうした有形の物のことを忘れ、立ち返るべき天のことも忘れるのだが、これは己《おのれ》の存在をすら忘れ果てるということだ。己の存在をすら忘れ果てた人であれば、巧《たく》まずして天に没入することができた、まことの聖人と言ってよかろうね。」

原文

夫子問于老耼曰、有人、治道若相放、可不可、然不然。辯者有言曰、離堅白若縣寓。若是則可謂聖人乎。

老耼曰、是胥易技係、勞形怵心者也。執留之狗成思、猨狙之便自山林來。丘、予告若而所不能聞、與而所不能言。凡有首有趾、无心无耳者衆。有形者、與无形无狀而皆存者、盡无。其動止也、其死生也、其廢起也、此又非其所以也。有治在人。忘乎物、忘乎天、其名爲忘己。忘己之人、是之謂入於天。

第十章　帝王・大聖が天下を統治する道は

将閭葂《しょうりょべん》（人の姓名）という人が、季徹《きてつ》（魯《ろ》の人）に面会して言った。「魯国《ろこく》の君《きみ》が私に、『どうか国政についてお教えいただきたい。』と言われました。私は辞退したのですが、お許しが得られない。それで、お話ししてしまいましたものの、果たして当を得ているかどうか、いまだに自信が持てません。一つ耳を貸していただけませんか。私は魯君《ろくん》にこう申し上げたのです。『君自《みずか》らは必ず恭敬《きょうけい》・謹慎《きんしん》に努め、臣下には公正・忠実な人々を抜擢して、依《え》怙《こ》贔屓《ひいき》をしなければ、人民は全て和《なご》やかに治まります。』」

季徹はこれを聞くと、くすくすと笑い出した。「あなたの言われたようなことなど、帝王の根源的な徳（道の働き）から見ると、蟷螂《かまきり》が臂《ひじ》を怒《いか》らして道跡《みちあと》の車に立ちはだかっていくようなもので、とても事の重さに耐《た》えられません。それに、そんなやり方では、魯君の自ら手を下すべき政務が多すぎて、そのために監視の物見櫓《ものみやぐら》を高く築かなければならず、そうなると夥《おびただ》しい人々が魯君を目がけて集まってきて、中には魯君のやり方をまねる者も増えることでしょう。」

将閭葂はぎくりと驚いて、「私、先生のお話をおうかがいして、何が何やらぼんやりと分からなくなりました。ではありますが、お考えのあらましでもお聞かせいただけませんか。」

季徹が答えて言った。「偉大な聖人が天下を治めるやり方は、人民の心を遠大・広寛《こうかん》なものにした上で、彼らが教えを身に着け風俗を改め、他人を賊《そこな》う険悪な心をすっかり洗い流して、誰しもみな独立の志向を伸長させるようにし、何ごとを行うにも本性《ほんせい》の命ずるところに従って振《ふ》る舞《ま》いながら、しかもこちらの働きかけでそうなったのだとは気づかない、人民をそんな風に仕向《しむ》けるのです。このような偉大な聖人が、またどうして尭《ぎょう》・舜《しゅん》の人民に教えたことを兄として敬《うやま》い、自分はただおろおろと弟の地位に甘んじて、そのまねをしなければならないのでしょうか。彼はひたすら、根源的な徳（道の働き）に同化して、心安らかでありたいと願っている者なのです。」

原　文

将閭葂見季徹曰、魯君謂葂也曰、請受敎。辭不獲命。既已告矣、未知中否。請嘗薦之。吾謂魯君曰、必服恭儉、拔出公忠之屬、而无阿私、民孰敢不輯。

季徹局局然笑曰、若夫子之言、於帝王之徳、猶螳蜋之怒臂以當車軼、則必不勝任矣。且若是、則其自爲遽、危其觀臺、多物將往、投迹者衆。將閭葂覷覷然驚曰、葂也汒若於夫子之所言矣。雖然、願先生之言其風也。季徹曰、大聖之治天下也、搖蕩民心、使之成教易俗、擧滅其賊心、而皆進其獨志、若性之自爲、而民不知其所由然。若然者、豈兄堯舜之教民、溟涬然弟之哉。欲同乎德而心居矣。

第十一章　道の内だけでなく外をも治めて、世俗の間に遊ぶ者であるならば

孔子の弟子の子貢《しこう》が、南方の楚《そ》（国名）に旅をして、晋《しん》（北方の国名）に引き返す途中のこと、漢水《かんすい》（川の名、長江《ちょうこう》の最大の支流）の南を通り過ぎようとした時に、一人の老人がちょうど野菜畑で野良仕事《のらしごと》を始めたところに出くわした。切り通しの道を穿《うが》ちながら進んで、そこから井戸の中に入り、水を汲んだ甕《かめ》を抱きかかえて出てきては、畑に灌《そそ》いでいる。せっせと骨を折ってむやみに労力をかけるばかりで、仕事はさっぱり捗《はかど》らない。見かねて子貢が声をかけた。「仕掛け道具というものがありまして、一日に百畦《ひゃくけい》（約九一ヘクタール）もの畑に水をやれますよ。手間はほとんどかからないのに、なかなか捗《はか》がいくものです。ご老人、使ってみたいとは思いませんか。」

畑仕事をしていた老人、顔を上げて子貢を視つめて、「どんなものだね。」

「木に孔《あな》を空《あ》けて仕掛けを作り、後を重く前を軽くしつらえます。これを使うと、引き抜く

ように軽々と水を汲み上げ、沸《わ》いた湯が溢《あふ》れ出るかのような勢いで、あたり一面を潤《うるお》します。跳《は》ねつるべ、という名前なのです。」

畑仕事の老人は、むっとして顔色を変えたが、やがて笑い出した。「わしの師匠の言葉だがね、『仕掛け道具のある者には、必ず仕掛け事があり、仕掛け事がある者には、必ず仕掛け心があるものだ。仕掛け心が胸中にあれば、純白の徳が欠けてしまい、純白の徳が欠けると、霊妙《れいみょう》なるべき本性《ほんせい》が落ち着きを失う。霊妙な本性が落ち着かぬ者など、道から見放《みはな》されるに決まっている。』こう教えられたな。わしとて知らぬわけではないが、羞《は》ずかしくて使わないまでのことさ。」

子貢はどぎまぎして慙《は》じいり、俯《うつ》むいたまま何とも答えられない。暫《しばら》くして、畑仕事の老人、「あんたは、どういうお方かな。」

「孔丘《こうきゅう》（孔子の姓名）の門人です。」

畑仕事の老人、「とすると、あんたは、あの物識《ものし》りで聖人を気取り、でたらめをしゃべって大衆を惑《まど》わし、独り琴をかき鳴らし哀れな声で歌いながら、天下中の人々に名声を押し売りしておる手合いではないか。お前さん、その抜け目のない分別を全て忘れ、その身体の働きを棄て去りさえすれば、それでもういいところまで行くのだがね。お前さんは自分の身すら治められないのに、またどうして天下を治める暇《ひま》がある。さあ、行きなされ。仕事の邪魔をされては困る。」

子貢は顔をしかめて真っ青になり、ふらふらとなったまま正気に返らず、三十里（約一二キロメートル）も歩いたところで、やっと我に返った。

同行した子貢の弟子がたずねた。「先ほどの人は、どういう人物なのでしょうか。先生があの人にお会いになった後、顔つきも変わり、顔色も悪くなられて、一日中もとの様子に戻《もど》られなかったのは、どうしてでしょうか。」

「これまで私は、天下にただ孔子一人あるのみとばかり思いこんでいて、あのような方が他におられるとは、気づかなかったのです。私が先生から教えられたのは、『物事を善くしようと努め、成果を挙げようと励《はげ》み、労力はなるべくかけずに、仕事は立派に仕上げる、これが聖人の道である。』ということでした。ところが、そうではなかったのです。根源の道をしっかりと執《と》らえれば徳（道の働き）も十全に備わり、徳が十全に備われば身体も十全に動き、身体が十全に動けば精神も十全に働く。この精神を十全に働かせることこそが、聖人の道だと覚《さと》りました。

このような聖人は、生き方を人民に任《まか》せて彼らとともに歩み、どこに行こうという狙《ねら》いもない。ふわっと大きく広がって、純白の徳がよく備わっていることよ。仕事の成績や利益、道具の仕掛けや技巧などは、きっとあの方の心中に存在しないに違いない。あのような方は、己《おのれ》の志《こころざし》に適《かな》わなければどこへも行かず、己の心に納まらなければ何ごとも行わない。たとえ天下中の人々がこぞって誉めそやし、彼の考えを正しいと認めたとしても、ふんと言ったまま振り向きもせず、逆に天下中の人々がこぞって貶《けな》しつけ、彼の考えを誤りとしたとしても、しらっとして取りあわない。つまり、天下の毀誉褒貶《きよほうへん》も、あの方を左右することはないのです。こういうのを、根源の徳（道の働き）が十全に備わった人と言うのでしょうね。それに比べると、私などは落ち着きなく浮かれ騒ぐ、風波《ふうは》の民と言わなければなりません。」

さて、子貢は魯《ろ》の国に帰って、ことの次第を孔子に報告した。すると、孔子は言った。

「その老人は、上っ面だけ渾沌氏《こんとんし》の道を修めた者だね。道の一面を知っているだけで、他の一面を知らない。道の内回りを治めただけで、外回りを治めていないのだ。一体、何ごとにも明白に通ずる英知を抱いて生まれながらの素朴に復《かえ》り、一切の人為を棄て去って本来の質朴に戻《もど》り、あるがままの本性《ほんせい》を全うして精神の霊妙《れいみょう》さを守りながら、その上で世俗の間に止《とど》まって己《おの》が生を楽しむ、というような人であったとすれば、君もきっと驚きはしなかっただろうよ。ちなみに、渾沌氏《こんとんし》の道などというものは、私にも君にも、到底分かるだけの力がないね。」

原文

子貢南遊於楚、反於晉、過漢陰、見一丈人、方將爲圃畦。鑿隧而入井、抱甕而出灌。搰搰然用力甚多、而見功寡。

子貢曰、有械於此、一日浸百畦。用力甚寡、而見功多。夫子不欲乎。

爲圃者、卬而視之曰、奈何。

曰、鑿木爲機、後重前輕。挈水若抽、數如泆湯。其名爲槔。

爲圃者、忿然作色、而笑曰、吾聞之吾師、有機械者、必有機事。有機事者、必有機心。機心存於胷中、則純白不備。純白不備、則神生不定。神生不定者、道之所不載也。吾非不知、羞而不爲也。

子貢瞞然慙、俯而不對。有閒、爲圃者曰、子奚爲者邪。曰、孔丘之徒也。爲圃者曰、子非夫博學以擬聖、於于以蓋衆、獨弦哀歌以賣名聲於天下者乎。汝方將忘汝神氣、墮汝形骸、而庶幾乎。而身之不能治、而何暇治天下乎。子往矣。无乏吾事。

子貢卑陬失色、頊頊然不自得、行三十里而後愈。其弟子曰、向之人何爲者邪。夫子何故見之變容失色、終日不自反邪。曰、始吾以爲天下一人耳、不知復有夫人也。吾聞之夫子、事求可、功求成、用力少、見功多者、聖人之道。今徒不然。執道者德全、德全者形全、形全者神全。神全者、聖人之道也。託生與民竝行、而不知其所之。汒乎淳備哉。功利機巧、必忘夫人之心。若夫人者、非其志不之、非其心不爲。雖以天下譽之、得其所謂、謷然不顧。以天下非之、失其所謂、儻然不受。天下之非譽、无益損焉。是謂全德之人哉、我之謂風波之民。

反於魯、以告孔子。孔子曰、彼假脩渾沌氏之術者也。識其一、不知其二。治其內、而不治其外。夫明白入素、无爲復朴、體性抱神、以遊世俗之閒者、汝將固驚邪。且渾沌氏之術、予與汝何足以識之哉。

第十二章　聖人の政治よりももっと深いところに

諄芒《じゅんぼう》（架空の人物）が、東方の大きな壑《たに》（道の象徴）に行こうとして、東海のほとりで苑《えん》風《ふう》（架空の人物）という人にばったり出会った。

苑風がたずねた。「先生、どこに行かれるのですか。」

「大きな壑《たに》に出かけるところさ。」

「行って何をされるのですか。」

「あの大きな壑《たに》というものは、いくら水を注《そそ》ぎこんでも一杯にならず、いくら水を汲み出しても乾《ひ》上《あ》がらない。まことに広大無辺の存在だ。私はそこへ遊びにいくのさ。」

苑風、「先生は、あの横長《よこなが》の目を有する人類に興味はないのですか。彼らを治める聖人の政治について、どうかお聞かせ下さい。」

諄芒、「聖人の政治ねえ。聖人は、人々を官職に登用してそれぞれに適《ふさ》わしく、人材を抜擢して能《のう》ある者を見落とさず、こうして任用した臣下たちの働き振りを尽《ことごと》く正確に掌握して、なすべき職務を実行させる。このようにするならば、発言と実行を臣下たちが自主的に改めて、天下はうまく治まるだろうし、ちょっと手招きし目配せするだけで、四方八方の人民は一斉《いっせい》に集まってくるだろうな。聖人の政治というのは、まあ、こんなところだ。」

「では、根源の徳（道の働き）を抱く人についてお教え下さい。」

「徳を抱く人という者は、行住《ぎょうじゅう》にも思いはなく、坐臥《ざが》にも考えはなく、胸中に是非《ぜひ》だの善悪だのといったドグマを留《とど》めておらぬ。四方の海の内、天下の人々がともに利益を受けるのを見ては、己《おの》が喜びとし、誰もが満足して暮らすのを眺《なが》めては、己《おの》が安《やす》らぎとする。とはいうものの、乳《ち》飲み子が母親を亡くしたかのようにしょんぼりと、旅人が道に迷ったかのようにおろおろとして、何とも頼りがないのだ。しかし結局のところ、どこから出てくるのか分からぬが、天下の財貨はあり余り、どうしてなのかは知りえぬが、人々の飲食は充たされる。これが、徳を抱く人の姿というものだな。」

「では、霊妙な力を有する神人《しんじん》についてお教え下さい。」

「その人は、己《おのれ》の精神を遥《はる》か宇宙の彼方《かなた》まで翔《か》け上らせ、日月の輝く光を乗りこなしながら、やがて己の身体ともども烏有《うゆう》に帰するのだ。これを光こぼれる虚《むな》しい広がりと言う。このような人は、己の天命を余すところなく遂《つ》げ尽くし、与えられた本性《ほんせい》を残らず生き尽くす。そうすると、天地も己《おのれ》を楽しむかのように安らかに保たれて、煩《わずら》わしい千万の僻事《ひがごと》も全て消え去り、万物・万民もそれぞれ本来の真実に復《かえ》っていくだろう。これを文目《あやめ》も分かぬ奥深い暗闇《くらやみ》と言うのだが、神人《しんじん》とはこのような存在だろうね。」

原　文

諄芒將東之大壑、適遇苑風於東海之濱。

苑風曰、子將奚之。

曰、將之大壑。

曰、奚爲焉。

曰、夫大壑之爲物也、注焉而不滿、酌焉而不竭。吾將遊焉。

苑風曰、夫子无意于橫目之民乎。願聞聖治。

諄芒曰、聖治乎。官施而不失其宜、拔擧而不失其能、畢見其情事、而行其所爲、行言自爲、而天下化、手撓顧指、四方之民、莫不俱至。此之謂聖治。

願聞德人。

曰、德人者、居无思、行无慮、不藏是非美惡。四海之內、共利之、之謂悅、共給之、之爲安。怊乎若嬰兒之失其母也、儻乎若行而失其道也。財用有餘、而不知其所自來、飲食取足、而不知其所從。此謂德人之容。

願聞神人。

曰、上神乘光、與形滅亡。此謂照曠。致命盡情、天地樂、而萬事銷亡、萬物復情。此之謂混冥。

第十三章　周の武王や舜の政治ではなく、「至徳の世」の理想の政治を

門无鬼《もんむき》（架空の人物）と赤張満稽《せきちょうまんけい》（架空の人物）の二人が、殷《いん》（王朝の名）の暴君紂王《ちゅうおう》を討とうとして行進中の、周《しゅう》（王朝の名）の武王《ぶおう》（周の初代の王）の軍隊を眺《なが》めていた。

赤張満稽がつぶやいた。「武王《ぶおう》の器量は、帝位を禅譲された有虞氏《ゆうぐし》（舜《しゅん》）にとても及ばな

いね。だから、こんな風に難儀をしなければならないのだ。」

それを聞いて、門无鬼、「君は有虞氏《ゆうぐし》が武力を行使しなかったかのように言うが、有虞氏だって天下が平和に治まっていたのを、わざわざ治めたのではあるまい。やはり天下が乱れていたからこそ、治めたのではなかろうか。」

赤張満稽、「確《かつ》かにそうだ。天下が平和に治まることを願うのであれば、何もことさら有虞氏の道などを担ぎ出すこともないのだね。有虞氏が天下を治めたそのやり方は、頭にできた悪性の瘍《かさ》を治《なお》すのに、禿《は》げてから髢《かつら》を被《かぶ》せ、悪化してから医者に駆けこむようなものだ。始めから瘍《かさ》などないのが一番だよ。あるいは、孝行息子《こうこうむすこ》が薬を手に取り、父親の病気を治そうとして、憔悴《しょうすい》しきって痛々しい顔をしているのに似ている。世間は孝行息子と誉《ほ》め称《たた》えるかもしれないが、始めから父親を病気などにしない方が優れているね。だから聖人は、こんな親孝行を羞《は》ずかしく思うのだ。

至上の徳（道の働き）が実現して、天下が平和に治まっていた世では、ことさら賢者を尊びもせず、能力ある者を用いもせず、為政者は高木の梢《こずえ》のようにただ上にいるだけ、人民は野原に遊ぶ鹿のようにひたすら純朴であった。人々は、行いが方正であったけれども、それが義《ぎ》であるとは意識せず、互いにいたわりあっていたけれども、それが仁《じん》であるとは意識せず、態度が誠実であったけれども、忠《ちゅう》であるとは思わず、言行が一致していたけれども、信《しん》であるとは思わず、虫のように体を蠢《うご》かして互いに奉仕しあっていたけれども、それが賜《たまもの》（恩恵）であるとは思わなかった。こういうわけで、どんなに優れた行いがあっても、その跡形《あとかた》は残らず、どんなに立派な仕事を成し遂げても、その記録は伝わらないのだよ。」

原　文

門无鬼與赤張滿稽觀於武王之師。

赤張滿稽曰、不及有虞氏乎。故離此患也。

門无鬼曰、天下均治而有虞氏治之邪、其亂而後治之與。

赤張滿稽曰、天下均治之爲願、而何計以有虞氏爲。有虞氏之藥瘍也、禿而施髢、病而求醫。

孝子操藥以脩慈父、其色燋然、聖人羞之。

至德之世、不尙賢、不使能。上如標校★〈枝〉、民如野鹿。端正而不知以爲義、相愛而不知以爲仁、實而不知以爲忠、當而不知以爲信、蠢動而相使不以爲賜。是故行而無迹、事而無傳。

第十四章　全世界が惑《まよ》っている現代の痛ましさ

孝行の子は自分の親に諛《おもね》らず、忠義の臣下は自分の君《きみ》に諂《へつら》わない。これが、臣下たり子たる者の優れた態度である。反対に、親の言うことなら何でも肯定し、親の行うことなら何でも賛成するならば、世間はこれを馬鹿な息子と言うだろう。君主の言うことなら何でも肯定し、君主の行うことなら何でも賛成するならば、世間はこれを馬鹿な臣下と言うだろう。しかし、本当にこれが正しいのだろうか。例えば、世間の言うことなら何でも肯定し、世間の言うことなら何でも賛成する人であっても、誰もこの人のことを、無定見なご機嫌取《きげんと》りと言いはしない。そうだとすれば、世間というものは親よりも偉く、君主よりも尊いものなのだろうか。誰しも自分のことをおべっか使いと言われると、むっとして顔色を変え、自分のことをご機嫌取《きげんと》りと言われると、ぷんとして顔色を変えるものだ。そのくせ実は、死ぬまでおべっか使いであり、死ぬまでご機嫌取りであることに、気がつかないのである。

こうして見ると、上手に比喩を用い言葉を飾り立てて、多くの弟子たちをかき集める学者先生という者は、その議論に一貫した終始・本末もあらばこそ、ゆったりとした衣装を身にまとい、それにきらきらと飾りを施し、しかつめ顔にもったいをつけて、世間のどなたさまにも媚《こ》び諂《へつら》っておりながら、自分が無定見なご機嫌取《きげんと》りであることに、とんと気づかない。かき集めた弟子たちと一緒になって、是《ぜ》が非《ひ》であり非が是であるなどという議論に明け暮れ、自分が大衆の一人であることに、とんと気づかないのだ。愚の骨頂である。

自分の愚かしさに気づいている者は、大馬鹿者ではない。自分の惑《まよ》いが分かっている者は、大痴《おおし》れ者《もの》ではない。大痴《おおし》れ者《もの》は死ぬまで分からず、大馬鹿者は死ななきゃ治らない。

三人が一緒に道を行く場合、一人が惑《まよ》っただけなら、まだ目的地に行きつける。惑《まよ》った者の方が少ないからである。しかし二人が惑ったとなると、くたびれるばかりでたどり着けない。惑った者の方が多いからである。ところが、現代は天下の人々が全て惑っている事態だ。いくら私に実現したい理想があったとしても、どうすることもできないのだ。悲しいことよ。

偉大な古典音楽は、俗人の耳には入らないが、折楊《せつよう》とか皇荂《こうか》（ともに古代の俗曲の名）とかいった流行歌を聞くと、分かりやすいためか、わあわあと大笑いする。こんなわけで、高《こう》邁《まい》な理想は、大衆の心に受け入れられない。至上の真理が表に現れないのは、世俗の屁理屈《へりくつ》が幅を利《き》かせているからである。三人に二人の足が道に惑ってすら、目的地に行きつけないのだ。まして現代は、天下の人々が全て惑っている事態である。私に実現したい理想があったとしても、どうすることができようか。

どうすることもできないと分かっていながら、無理押《むりお》ししようとするのは、重《かさ》ね重《がさ》ねの惑いというものだ。とすれば、むしろこんなことは放り出して、無理押《むりお》しを止《や》めるに越したことはない。無理押しさえ止めてしまえば、私の苦しみを苦しむ人も現れずにすむだろう。あるハンセン氏病患者が、夜中に自分の子を生んだ。急いで灯火《あかり》を取ってじっと視つめ、自分と同じではないかとばかりに、おどおどと恐れていたという。――私もまた、同じ苦しみを苦しむ息子の生まれることを恐れる、一人の同病者である。

原文

孝子不諛其親、忠臣不諂其君、臣子之盛也。親之所言而然、所行而善、則世俗謂之不肖子。君之所言而然、所行而善、則世俗謂之不肖臣。而未知此其必然邪。世俗之所謂然而然之、所謂善而善之、則不謂之道諛之人也。然則俗故嚴於親而尊於君邪。謂己道人、則勃然作色、謂己諛人、則艴然作色、而終身道人也、終身諛人也。

合譬飾辭聚衆也、是終始本末不相坐。垂衣裳、設采色、動容貌、以媚一世、而不自謂道諛。與夫人之爲徒、通是非、而不自謂衆人。愚之至也。知其愚者、非大愚也。知其惑者、非大惑也。大惑者、終身不解、大愚者、終身不靈。三人行而一人惑、所適者猶可致也。惑者少也。二人惑、則勞而不至。惑者勝也。而今也以天下惑。予雖有祈嚮、不可得也。不亦悲乎。大聲不入於里耳、折楊皇荂、則嗑然而笑。是故高言不止於衆人之心。至言不出、俗言勝也。以二缶★〈垂〉鍾★〈踵〉惑、而所適不得矣。而今也以天下惑。予雖有祈嚮、其庸可得邪。知其不可得也而強之、又一惑也。故莫若釋之而不推。不推、誰其比憂。厲之人、夜半生其子。遽取火而視之、汲汲然唯恐其似己也。

第十五章　人間の本性を失わせる五つの原因

山中で百年もの歳月を経た自然の大木を見出《みいだ》し、これを叩《たた》き割って祭祀の儀礼用の犠樽《ぎそん》（鳥獣を彫刻した酒樽）を作り、青黄の彩《いろど》りを施して美しく仕上げると、その削《けず》りくずは溝の中に捨てられる。仕上がった犠樽と、溝の中の削りくずを比べてみると、美醜《びしゅう》に雲泥《うんでい》の開きがあるけれども、しかし、どちらも木の自然な本性《ほんせい》を失っているという点では同じである。人間の場合も同様で、大泥棒の盗跖《とうせき》（古代の盗賊）と、行い澄《す》ました曽参《そうしん》・史鰌《ししゅう》（ともに儒家《じゅか》の思想家）では、振《ふ》る舞《ま》いの善悪に天と地ほどの隔たりがあるけれども、しかし、どちらも人間の自然な本性を失っているという点では同じである。

それに、そもそも人間が本性を失うに至るには、五つの原因がある。第一に、五色《ごしょく》（青・黄・赤・白・黒）は目の働きをかき乱し、盲目《もうもく》にしてしまう。第二に、五音《ごおん》（宮《きゅう》・商《しょう》・角《かく》・徴《ち》・羽《う》）は耳の働きをかき乱し、聾唖《ろうあ》にしてしまう。第三に、五臭《ごしゅう》（羶《せん》・薫《くん》・香《こう》・鯹《せい》・腐《ふ》）は鼻を薫《いぶ》し、鼻詰《はなづ》まりが痛みとなって額《ひたい》に出てしまう。第四に、五味《ごみ》（酸《さん》・辛《しん》・甘《かん》・苦《く》・鹹《かん》）は口の働きを濁《にご》らせ、口にただれを起こさせてしまう。第五に、是非《ぜひ》・善悪の分別は心の働きをかき乱し、自然の本性を舞い上がらせてしまう。この五つは、いずれも人間の生命を害するものである。ところが、楊朱《ようしゅ》・墨翟《ぼくてき》（ともに春秋・戦国時代の思想家）などの先生方と来ると、そんなことにはお構いなく爪先立《つまさきだ》ちしてまで本性を捨て去るのに夢中で、自分では真実を会得したと思いこんでいる。しかし、それは私の言う真実の会得とは違う。

一体、真実を会得したはずの先生方が、現に苦しんでいるにもかかわらず、それでもなお会得したと見なすことができるだろうか。それができるのであれば、籠《かご》の中に閉じこめられている鳩《はと》・鴞《こばと》でさえ、やはり真実を会得したと見なせることになる。また、そもそも是非・善悪の分別を弄《もてあそ》び、音楽・色彩の官能的欲望に耽《ふけ》って、自分の内面の本来の働きを閉じこめてしまい、上は白い鹿皮《しかがわ》を縫いあわせた弁《かんむり》に、翡《かわせみ》の羽で飾った翠色《みどりいろ》の冠《かんむり》、下は腰のあたりに搢《さ》し挟んだ笏《しゃく》に、端《はし》を長く垂らした幅広の大帯、といった大仰《おおぎょう》な役人装束に身を固めて、自分の外面の自由な動きを縛り上げる、すなわち、内は分別と欲望のしがらみに塞《ふさ》ぎ止められ、外は礼儀と秩序の荒縄《あらなわ》を幾重《いくえ》にもかけられて、がんじがらめの身でありながら、それでも自分では真実を会得したと見なすのであれば、罪人となって後手《うしろで》にお縄を頂戴し、指《ゆび》枷《かせ》をはめられていたとしても、また虎《とら》・豹《ひょう》が捕《と》らわれて、檻《おり》の中に繋《つな》がれていたとしても、やはり真実を会得したと見なせることになってしまうのだ。

原　文

百年之木、破爲犧樽、青黃而文之。其斷在溝中。比犧樽於溝中之斷、則美惡有閒矣、其於失性一也。跖與曾史、行義有閒矣、然其失性均也。

且夫失性有五。一曰、五色亂目、使目不明。二曰、五聲亂耳、使耳不聰★。三曰、五臭薰鼻、困★惾中顙。四曰、五味濁口、使口厲爽。五曰、趣舍滑心、使性飛揚。此五者、皆生之害也。而楊墨乃始離跂、自以爲得、非吾所謂得也。

夫得者困、可以爲得乎、則鳩鴞之在於籠也、亦可以爲得矣。且夫趣舍聲色、以柴其內、皮弁鷸冠、搢笏紳脩、以約其外、內支盈於柴柵、外重纆繳、睆睆然在纆繳之中、而自以爲得、則是罪人交臂歷指、而虎豹在於囊★〈帣〉檻、亦可以爲得矣。

解　説

「天地」という篇題について、『釈文』は「以事名篇」とするが、篇首の二字を取って篇名としたものである。本篇は、羅根沢が始めて唱え、関鋒・福永光司が支持したように、天道・天運の両篇との間に緩やかな共通性がある（武内義雄・葉国慶も同じ説）。『荘子』編纂者が同一グループに属する人々の筆に成ると考えた文章を集め、かつ三篇に分けたのではなかろうか。その共通性とは、「道」の内容をかつての否定的な虚無から救い出して、いくつかの条件をつけながらも、儒家の「仁義」や法家の「刑（形）名」などを包摂し、こうした理論的整備によって新しい時代の現実に対応しよう、特に君主の政治支配をより有効ならしめよう、という積極的な意欲を持つことである。したがって、これらの多くは前漢初期の作であり（羅根沢）、『老子』やいわゆる『管子』四篇（心術上・心術下・白心・内業の四篇）の形成ともほぼ並行する、いわゆる黄老思想の文献である。

第一章は、あるべき君主像を、「无欲」「无為」などの天の徳を内容とする「道」に基づくべしと主張したもの。第二章・第三章は、「夫子」を登場させて彼の口から「道」を解説した文章である。道家の存在論・自然論に基づいて、「君子」「王徳の人」が万物・万民を支配することを述べる。第四章は、「道」が感覚・知覚では把えられないことを寓話化したもの。第五章は、「聡明叡知、給数以敏。」の能力が、天子たるに適《ふさ》わしくないことを言う。第十章もこれと類似している。第六章は、「寿・富・多男子」への願望を禁欲する古い道家思想に対し、こうした禁欲は「天」に反するが故に「聖人」の道ではないとして、欲望解放の新しい道家思想（神仙道）を唱道する。第七章は、禹の賞罰による政治を批判したもので、前漢時代の作であろう。駢拇篇などに近い文献である。第八章は、「泰初」の「无」から「性」を賦与されて「物」として生じてきた人間が、その誕生の過程を逆に遡っていかにして「道」を把えるべきかを説く。第九章は、初期道家の万物斉同の哲学を、あたかも名家の言い出した詭辯であるかの如く見なすことによって、それからの離脱を宣言した文章。戦国末期〜前漢初期の作であろう。第十一章は、世俗に妥協しようとしない漢陰丈人《かんいんじょうじん》を、「其の内を治めて、其の外を治めず。」と貶《けな》して、古い道家思想からの脱却を図ったもの。第十二章は、「聖治」を徳人、また神人、さらに大壑（「道」の比喩）よりも低いと見なし、第十三章は、周の武王は舜に及ばず、その舜も「至徳の世」に及ばないとした、ともにやや古い文章である。第十四章は、新しい時代を迎え、道家思想が社会化政治化していく趨勢の中にあって、これに納得しない思想家の独白であろうか。第十五章は、駢拇以下の三篇の主張に近く、現代の士大夫たちがその欲望・感覚・知覚によって自己の本性を失っている点を批判している。

天道《てんどう》　第十三

総　説

「無為」は、道家の思想や立場を表す言葉として、古来甚だ有名である。この「為す無し」は、もともと直接的には、人間の世間的な作為性・実践性を棄て去ることであるのは勿論であるが、しかし単なる非作為性・非実践性を意味するものではない。『荘子』や『老子』などの道家文献中の生きた用法に基づいて考えるならば、「無為」とは、それを通じて、

第一に、人間が「道」の、世界におけるオールマイティーの働きを阻碍《そがい》しないための態度であり、

第二に、人間が「道」に近づき「道」を把え「道」と一体になるための方法であり、

第三に、かえって何ごとをも為しうる（「為さざる無し」）ための逆説的辨証法的な前提である。

最後の第三の場合は、あくまで哲学的な主観性内部の問題でしかないにしても、激しい作為性・実践性を目的としていることは、言うまでもない。そしてそれは、（第二の）

人間が「道」と一体になることを通じて、（第一の）「道」の、「万物」を存在させ「万物」を変化・運動させるオールマイティー性を自己のものとする、という内容において成り立っているのである。

ところで、本篇（例えば第四章）の「無為」は、帝王が「為す無し」であることによって、臣下・万民が「為さざる無し」となるという政治思想、特に法家流の「形名参同」の政術に変化してしまっている。前漢初期に成った、いわゆる黄老思想を記した文章と考えられるが、最早《もはや》ここには道家本来の哲学はない。

第一章　聖人の静かな心は天地・万物を映し取る鏡である

天の道は絶えず運《めぐ》って、一時《いっとき》として滞《とどこお》ることがない。だから万物は生成する。帝王の道は絶えず運って、一処《いっしょ》として滞《とどこお》ることがない。だから天下の国々は帰服する。聖人の道は絶えず運って、一事《いちじ》として滞《とどこお》ることがない。だから四海《しかい》の内の人々は服従するのである。そこで、こうした天の道を明知し、聖人の道に精通し、帝王の徳（道の働き）のどんな部分にでも熟達している人は、その身の処し方が、ぼんやりとただ静まり返っているのだ。

聖人が静かな境地にあるのは、静かであることが善いことだと考えて、そのために意識的に静かにしている、というわけではない。外界のいかなる物も、彼の心を乱すほどのものではないので、それで自《おの》ずから静かなのである。水が静かであれば、その澄《す》んだ明るさは人の鬚《ひげ》や眉《まゆ》まではっきりと映し出すし、その平らかさは水盛《みずも》りにぴたりと合って、大工の棟梁《とうりょう》もこれを基準とする。ただの物でしかない水でさえ、静かであればこのように明るく澄《す》む。まして、精明かつ霊妙な働きを有する聖人の心が静かである場合は、その澄《す》みきった明るさには、測り知れないものがあるだろう。正《まさ》に、天地の全てを照らし出す鑑《かがみ》であり、万物の一つ一つを映し取る鏡《かがみ》なのである。

原　文

天道運而无所積、故萬物成。帝道運而无所積、故天下歸。聖道運而无所積、故海内服。明於天、通於聖、六通四辟於帝王之德者、其自爲也、昧然无不靜者矣。聖人之靜也、非曰靜也善、故靜也。萬物无足以鐃心者、故靜也。水靜、則明燭鬚眉、平中准、大匠取法焉。水靜猶明、而況精神聖人之心靜乎。天地之鑒也、萬物之鏡也。

第二章　虚静・無為こそオールマイティーの道

そもそも虚しくて静か、恬《やす》らかで淡《あわ》く、寂《さび》しくて漠《ひろ》く、作為を行わないというのは、天地の模範的なあり方であり、道徳（道とその働き）の最も優れた精華《せいか》である。だから、帝王たる者、聖人たる者は、この境地に身を休める。帝王・聖人がここに身を休めれば、彼の心は虚しくなり、彼の心が虚しくなれば、天下に万物が実《み》ち溢《あふ》れ、実ち溢れた万物の間に秩序が形成されるだろう。また、帝王・聖人の心が虚しくなれば、彼の心は静かになり、彼の心が静かになれば、天下の人々は活発に動き出し、人々が活発に動き出せば、物事はよろず宜《よろ》しきを得るだろう。また、帝王・聖人の心が静かになれば、彼は作為を行うことがなくなり、彼が作為を行わなくなれば、職務に当たる臣下たちがそれぞれの責任を全うするだろう。また、帝王・聖人が作為を行わなくなれば、彼はゆったりと楽しむようになるが、ゆったりと楽しむ者には、いかなる心配事も訪れようがなく、だから彼は本来の長寿を保つことができるだろう。

まこと、虚しくて静か、恬《やす》らかで淡《あわ》く、寂《さび》しくて漠《ひろ》く、作為を行わないというのは、万物の根本なのである。この境地に精通することによって天下に君臨したのが、偉大な帝王たる堯《ぎょう》であり、これに精通することによって帝王を補佐したのが、偉大な臣下たる舜《しゅん》である。これを身に守って上位にいるならば、それが帝王や天子の徳（道の働き）となり、これを身に守って野《や》に下るならば、それが玄聖《げんせい》（玄徳の聖人）や素王《そおう》（王位に即《つ》いていない王者）の道となる。これを身に着けて、世を避けて悠々自適《ゆうゆうじてき》の生活を楽しむならば、江海《こうかい》や山林《さんりん》に逃れ住む隠士たちもみな喜んで集まってくるし、これを身に着けて、進んで世に出て人々を治めるならば、功績は大いに挙がり、名声は響きわたって、天下も統一されるのだ。

要するに、この境地をしっかりと確立した者は、静かにしていれば聖人となり、動き出せば帝王となり、それで作為を行わなければ益々《ますます》尊ばれ、なお本来の素朴さを保っていれば、天下の何者も彼と善を競いえないのである。

原　文

夫虚靜恬淡、寂漠无爲者、天地之平、而道德之至。故帝王聖人休焉。休則虚、虚則實、實者倫矣。虚則靜、靜則動、動則得矣。靜則无爲、无爲也則任事者責矣。无爲則兪兪、兪兪者憂患不能處、年壽長矣。

夫虚靜恬淡、寂漠无爲者、萬物之本也。明此以南鄉、堯之爲君也。明此以北面、舜之爲臣也。以此處上、帝王天子之德也。以此處下、玄聖素王之道也。以此退居而閒游、江海山林之士服。以此進爲而撫世、則功大名顯而天下一也。

靜而聖、動而王、无爲也而尊、樸素而天下莫能與之爭美。

第三章　天の楽しみとは、聖人の心で天下の万物・万民を養うこと

そもそも天地の働きを明確に把えている者は、あらゆる物の本家《ほんけ》本元《ほんもと》と言うことができる。それは、天と一体になった者であるが、同時にまた天下の人々を一つに治めて、人と一体になるための帝王の道でもある。そして、人と一体になることを、人の楽しみと言い、天と一体になることを、天の楽しみと言う。かつて荘子《そうじ》（戦国時代の思想家、本書の作者）はその書の中で次のように言ったことがある。「ああ、私の老師《ろうし》よ、老師たる道よ。万物を粉々《こなごな》に打ち砕きながら、暴虐を働いているわけではなく、万世《ばんせい》の後にまで及ぶ恵みを垂れな

がら、仁の徳を施しているわけではなく、上古から成長して今に至っておりながら、長寿を誇るでもなく、天地を包んで万物をさまざまな形に彫《ほ》り上げながら、技巧を鼻にかけるでもない。」正《まさ》にこのような境地こそが、天の楽しみに他ならない。

そこで次のように言う。「天の楽しみを心得た者は、人の世に生きてある限り、天の運行と一つになりきり、死んでこの世を去る場合も、万物転生《ばんぶつてんせい》の一つに徹する。じっとしている時には、陰《いん》の気に命ぜられて静かに働き、走り回る時には、陽《よう》の気に命ぜられて波のように動く。」だから、天の楽しみを心得た者は、天から怨《うら》まれることもなければ、人から誹《そし》られることもなく、物に累《わずら》わされることもなければ、鬼《おに》（鬼神《きしん》）から咎《とが》められることもない。そこで、「このような者は、動く時は天に法《のっと》り、静かな時は地に従い、ただ独り心が定まって、ここに天下の王者となる。彼の霊魂は祟《たた》りをなさず、彼の精神は疲れを覚えず、ただ独り心が安らいで、ここに万物が帰服する。」とも言う。この言葉は、自分の虚しく静かな心境を、広く天地にまで推し及ぼし、遍《あまね》く万物の中に行きわたらせる、という意味であるが、天の楽しみとは、正《まさ》しくこういうことなのである。すなわち、天の楽しみとは、聖人の心でもって、天下の万物・万民を養っていくことに他ならない。

原　文

夫明白於天地之徳者、此之謂大本大宗、與天和者也。所以均調天下、與人和者也。與人和者、謂之人樂、與天和者、謂之天樂。莊子曰、吾師乎、吾師乎、韲萬物而不爲戾、澤及萬世而不爲仁、長於上古而不爲壽、覆載天地刻彫衆形而不爲巧。此之謂天樂。
故曰、知天樂者、其生也天行、其死也物化。靜而與陰同德、動而與陽同波。故知天樂者、无天怨、无人非、无物累、无鬼責。故曰、其動也天、其靜也地、一心定而王天下。其鬼不祟、其魂不疲、一心定而萬物服。言以虛靜推於天地、通於萬物。此之謂天樂。天樂者、聖人之心、以畜天下也。

第四章　帝王は無為の徳で天下の人々を使役する

そもそも帝王の徳（道の働き）というものは、天地の大枠《おおわく》を根本の時空とし、道徳の存在を働きの中心とし、無為《むい》の態度を不変の規範としている。帝王が無為《むい》であれば、彼は天下の人々を自在に使役して、なお余力を残す。反対に、有為《ゆうい》であれば、天下の人々に思うさま使役されて、力はとても足りない。そこで、古代の人は、帝王が無為《むい》であることを貴《たっと》んだのである。

ところで、上の帝王が無為《むい》であり、下の臣下も無為であるならば、下位者が上位者と同じ徳を持つことになる。下位者が上位者と同じ徳を持つならば、彼は最早《もはや》臣下ではない。また、下の臣下が有為《ゆうい》であり、上の帝王も有為であるならば、上位者が下位者と同じ道を執《と》ることになる。上位者が下位者と同じ道を執るならば、彼は最早《もはや》君主ではなくなってしまう。だから、上の帝王が必ず無為であって天下の人々を使役し、下の臣下が必ず有為であって天下の人々に使役される、これこそが永遠に変わらぬ道なのだ。

それ故、その昔、天下に君臨した帝王は、天地を包みこむほど豊かな知恵を持っていたけれども、自分で思慮をめぐらすことはなかった。万物を論じ尽くすほどよどみない辯舌《べんぜつ》を持っていたけれども、自分で説き明かすことはなかった。四海の内を知《し》ろしめすほどさえざえとした能力を持っていたけれども、自分で手を下すことはなかったのだ。一体、天は何も産まないからこそ万物は自《みず》ら生まれ出で、地は何も育てないからこそ万物は自《みず》ら生い立ち、帝王は無為《むい》であるからこそ天下の万民は自《みず》ら功を挙げるのである。そこで、「天ほど霊妙なものはなく、地ほど豊饒《ほうじょう》なものはなく、帝王ほど偉大なものはない。」と言い、それ故「帝王の徳は、天地の造化の働きにも匹敵する。」とも言う。これこそが、天地の上に乗り、万物を駆使して、人間の社会を使いこなす帝王の道なのである。

原　文

夫帝王之德、以天地爲宗、以道德爲主、以无爲爲常。无爲也、則用天下而有餘。有爲也、則爲天下用而不足。故古之人、貴夫无爲也。

上无爲也、下亦无爲也、是下與上同德。下與上同德、則不臣。下有爲也、上亦有爲也、是上與下同道。上與下同道、則不主。上必无爲而用天下、下必有爲爲天下用、此不易之道也。

故古之王天下者、知雖落天地、不自慮也。辯雖彫萬物、不自說也。能雖窮海內、不自爲也。天不產而萬物化、地不長而萬物育、帝王无爲而天下功。故曰、莫神於天、莫富於地、莫大於帝王。故曰、帝王之徳配天地。此乗天地、馳萬物、而用人羣之道也。

第五章　形名や賞罰は後に回して、まず天と道徳を明らかにしよう

およそ根本のことは上の者が握り、末節《まっせつ》の技《わざ》は下の者が扱う。要所は君主が押さえ、細部は臣下に任せるものだ。例えば、三軍《さんぐん》を運《めぐ》らし五兵《ごへい》を繰り出して、戦争を勝利に導くなどというのは、徳の中でも末節である。賞罰を行って利害を押しつけ、五刑《ごけい》を適用して人々をしょっ引くなどというのは、教えの中でも末節である。礼法制度を細かく整え、役人たちの仕《し》事振《ごとぶ》りを詳しく詮議《せんぎ》するなどというのは、政治の中でも末節である。鐘鼓《しょうこ》の鳴物《なりもの》の響き、それを下座《げざ》にして舞う舞人《まゆうど》たちの羽旄《うぼう》の装いなどというのは、音楽の中でも末節である。肉親の死を前に、哭泣《こっきゅう》のやり方・喪服の着け方を細々と定め、血の繋《つな》がりの親疎《しんそ》で重い軽いの差があるなどというのは、哀しみを尽くすことの中でも末節である。以上の五つの末節は、根本である帝王の精神がまず存分に働き、彼の心情がまず十分に動いた後、それを待って始めて後から付いていって、与えられた役割を果たすべきものだ。末節のことを習う学問は、確かに古人の間でも行われてはいたが、しかし全てに優先するものなどではなかったのである。

さて、君主は先立ち臣下はその後に従い、父は先立ち子はその後に従い、兄は先立ち弟は後に従い、年上は先立ち若者は後に従い、男は先立ち女は従い、夫は先立ち妻は従う。およ

そ尊いものと卑しいものに差別があり、先立つものと後に従うものに順序があるのは、天地の必然的な行《めぐ》りである。だから、聖人はこれを規範とする。例えば、天は上にあって尊く、地は下にあって卑しい、これが霊妙かつ真実な世界の位階《いかい》である。春夏は先に来て秋冬は後から訪れる、これが四季の違《たが》うことのない順序である。万物は生まれ落ちた後、それぞれの形を取って芽生《めば》え、やがて咲いたり凋《しお》れたりの時を迎える、これが変化の渝《か》わることのない流れである。一体、天地という最も霊妙な存在にさえ、このように尊いものと卑しいもの、先立つものと後に従うものの序列がある。まして、人間の道の場合は、なおさらのことだ。宗廟《そうびょう》の祭礼において親しい血縁の繋《つな》がりを上とし、朝廷の政治において官爵を尚《たっと》び、村落の寄りあいにおいて長《た》けた年歯《よわい》を敬い、仕事の実行において有能を重んずるなどというのは、そのような人間の大道《たいどう》の序列なのである。

だから、道について論じていながら、以上の本末・先後の序列を忘れたようなものは、大道とは言えない。道について論じていながら、以上の大道でないようなものは、真の道を把えているはずがないのだ。こういうわけで、その昔、この大道に精通していた聖人は、まず最初に全ての根源である天を明らかにして、真の道徳（道とその働き）をその次に置いた。道徳が明らかになると、仁義の教えをその次に置いた。仁義が明らかになると、その次に職分の遵守《じゅんしゅ》を置き、職分が明らかになると、その次に職分と実績の一致の規定を置いた。この規定が明らかになると、能力による役人の任用を次に置き、役人の任用が明らかになると、実績の検査を次に置いた。検査が明らかになると、次に善し悪しの評価を置き、善し悪しが明らかになると、次に賞罰の適用を置いた。こうして賞罰が明らかにされた結果、愚者も知者もそれぞれ適所を得、貴人《きじん》も賤人《せんじん》もそれぞれ位に就《つ》き、仁者・賢者も不肖者《ふしょうしゃ》もそれぞれありのままの姿を隠しえないために、全ての人々が能力ごとに分けられて、必ず職分に見あった実績を挙げるようになった。当時の人々は、一筋《ひとすじ》この大道に従って、ある者は臣下となって君主に仕え、ある者は君主となって臣下を養い、またある者は帝王となって万民を治《おさ》め、ある者は聖人となって我が身を修めていた。他に知恵や謀略などは一切用いず、あらゆる人々が己《おのれ》の内なる天に落ち着いていたのである。これをしも太平《たいへい》の世と言う。平和の極致に他ならない。

だから、ある書物に「実態と名目、それは一致させねばならぬもの。」とあるように、職分と実績の一致の規定は、古人の間でも行われてはいたが、しかし全てに優先するものなどではなかった。その昔、この大道について論じた聖人は、根源の天から数えて五番目になって、やっと職分と実績の一致を挙げることができたのであり、九番目になって、やっと賞罰の適用に言及することができたのである。今日のように、一足跳《いっそくと》びに職分と実績の一致を論ずるのは、根本を知らぬというもの。一足跳びに賞罰の適用を論ずるのは、先決を知らぬというものだ。こんな風に道の本末・先後の序列を逆《さか》さまにして言い、それに逆《さか》らって説く連中などは、人から統治されるだけの存在であって、到底《とうてい》人を統治する地位に就《つ》けるはずがない。要するに、一足跳《いっそくと》びに職分と実績の一致、賞罰の適用を論ずる連中は、統治の手段は知っているにしても、統治の本質は知っていない者である。天下の人々のために使役されるならよいが、天下の人々を使役するには荷が重すぎる。それで、このような連中のことを、口《くち》達者《だつしゃ》あるいは小利口者《こりこうもの》と呼ぶのだ。今日のように、礼法制度を細かく整え、役人たちの仕事《しごと》振《ぶ》りを詳しく詮議《せんぎ》するなどのことは、なるほど古人の間でも行われてはいたが、しかしこれは臣下が君主に仕えるためのものであって、君主が臣下を養うためのものではないのである。

原文

本在於上、末在於下。要在於主、詳在於臣。三軍五兵之運、徳之末也。賞罰利害、五刑之辟、教之末也。禮法度數、刑名比詳、治之末也。鐘鼓之音、羽旄之容、樂之末也。哭泣衰絰、隆殺之服、哀之末也。此五末者、須精神之運、心術之動、然後從之者也。末學者、古人有之、而非所以先也。

君先而臣從、父先而子從、兄先而弟從、長先而少從、男先而女從、夫先而婦從。夫尊卑先後、天地之行也。故聖人取象焉。天尊地卑、神明之位也。春夏先秋冬後、四時之序也。萬物化作、萌區有狀、盛衰之殺、變化之流也。夫天地至神、而有尊卑先後之序。而況人道乎。宗廟尚親、朝廷尚尊、鄉黨尚齒、行事尚賢、大道之序也。

語道而非其序者、非其道也。語道而非其道者、安取道。是故古之明大道者、先明天而道徳次之。道徳已明而仁義次之。仁義已明而分守次之。分守已明而形名次之。形名已明而因任次之。因任已明而原省次之。原省已明而是非次之。是非已明而賞罰次之。賞罰已明而愚知處宜、貴賤履位、仁賢不肖襲情、必分其能、必由其名。以此事上、以此畜下、以此治物、以此脩身。知謀不用、必歸其天。此之謂太平、治之至也。

故書曰、有形有名。形名者、古人有之、而非所以先也。古之語大道者、五變而形名可擧、九變而賞罰可言也。驟而語形名、不知其本也。驟而語賞罰、不知其始也。倒道而言、迕道而說者、人之所治也、安能治人。驟而語形名賞罰、此有知治之具、非知治之道。可用於天下、不足以用天下。此之謂辯士一曲之人也。禮法數度、刑名比詳、古人有之、此下之所以事上、非上之所以畜下也。

第六章　天地と自然に法《のっと》った、古《いにしえ》の理想の政治とは

その昔、有徳者として名高い舜《しゅん》（堯《ぎょう》の臣下）が、天子の堯《ぎょう》にたずねて言った。「天王《てんおう》（天子の尊称）さまは、天下を治めるについて、どんなところに心を用いておられますか。」

堯が答えて、「私は、寄るべなき貧民に威張らず、困窮した民を見捨てず、死者を悼《いた》み、幼子《おさなご》を言祝《ことほ》ぎ、婦人《おんな》をいたわっている。これこそが、私の心を用いているところだ。」

舜、「立派なことは立派です。しかし、まだ偉大とまでは言えません。」

堯、「それではどうするのだね。」

舜、「天は障《さわ》りなく平らぎ、地は安らかに落ち着き、日月はくまなく照《て》らし、四季は代わる代わる行《めぐ》っています。天王さまもこれに法《のっと》って、昼と夜が乱れなく運《めぐ》り、雲が浮かべば雨が潤《うるお》す、といった巧《たく》まぬ政治をされてはいかがでしょうか。」

尭、「なるほど、深々として麗《うるわ》しく、ゆったりとして大きいことだね。あなたはすでに天と一体になった存在だ。私などはまだ人と一体になっているにすぎないな。」

このように、およそ天地という存在は、古代から偉大とされたものであって、最古の黄帝《こうてい》から尭《ぎょう》・舜《しゅん》に至る聖天子たちも、口をそろえて賛美したものである。だから、古代の天下に君臨した帝王たちが、何に努めたかと言えば、それは他でもない、この天地に従おうと努めたのである。

原文

昔者舜問於堯曰、天王之用心何如。

堯曰、吾不敖无告、不廢窮民、苦死者、嘉孺子、而哀婦人。此吾所以用心已。

舜曰、美則美矣、而未大也。

堯曰、然則何如。

舜曰、天德而出★〈土〉寧、日月照而四時行。若晝夜之有經、雲行而雨施矣。

堯曰、膠膠擾擾乎。子天之合也、我人之合也。

夫天地者、古之所大也、而黄帝堯舜之所共美也。故古之王天下者、奚爲哉。天地而已矣。

第七章　孔子の仁義の教えは、ああ、幾《あや》うきかな

ある時、孔子《こうし》（魯《ろ》の思想家）が西方の周《しゅう》（国名）の王室に自分の修めた書物を収納してもらおうと思い立った。弟子の子路《しろ》が一計を案じて言うには、「由《ゆう》（子路の名）が聞くところによりますと、周の王室の蔵書係《ぞうしょかかり》の役人に、老聃《ろうたん》（老子）という人物がおりまして、今は辞めて田舎暮《いなかぐ》らしをしているとか。先生が書物を収納してもらいたいとお考えでしたら、一度田舎まで足を運んで、取り次いでもらうのがよいでしょう。」

孔子、「分かりました。」

さて、出かけて行って老聃に会ったが、老聃はうんと言わない。そこで孔子は、携《たずさ》えてきた十二種の経典を次々に繰り播《ひろ》げて、説得し始めた。

聞いていた老聃は、ついに話の腰を折って、「ひどくまだるっこしいな。要点だけを言ってくれないかね。」

孔子、「要点は仁義の教えになります。」

老聃、「では聞くが、仁義というのは人に具わる本性《ほんせい》かね。」

孔子、「そのとおりです。君子は仁の教えに背けば何ごとも成しえませんし、義の教えに背けば生きていくこともできません。ですから、仁義は真《まこと》に人の本性《ほんせい》です。この上、さらに努めるべきことがあるでしょうか。」

老聃、「その仁義とは、どういうことなんだね。」

孔子、「心の底から一切の万物を慈《いつく》しみ、広く天下の人々を愛して私心がない。これが仁義というものです。」

老耼、「ああ、危ないね。またあの博愛を持ち出すなんて、回り道のしすぎだな。それに、私心をなくそうとするのが、それこそ私心ではないかね。もしもあなたが天下の人々に、その生を享受《きょうじゅ》する道を失わせまいと願うのなら、見たまえ、天地には不変の秩序が、日月には輝く光が、星辰《ほしぼし》には居並《いなら》ぶ位置が、鳥・獣《けもの》には生まれついた群《むれ》が、樹木には立つ姿が、みな本来それぞれに備わっているだろう。あなたも同じように、自分に備わる本来の徳（道の働き）に従って歩み、その根源の道に循《したが》って進んでいけば、それでもう十分なのだよ。また何だってえんやこりゃと仁義の看板を引っぱり上げて、まるで太鼓を叩《たた》いて家出息子を捜し回るような、そんな馬鹿なまねをするのだね。ああ、あなたは人に備わる本性を引っかき回しているのだ。」

原　文

孔子西藏書於周室。子路謀曰、由聞周之徵藏史、有老耼者、免而歸居。夫子欲藏書、則試往因焉。

孔子曰、善。

往見老耼、而老耼不許。於是繙十二經以說。

老耼中其說曰、大謾。願聞其要。

孔子曰、要在仁義。

老耼曰、請問仁義人之性邪。

孔子曰、然。君子不仁則不成、不義則不生。仁義眞人之性也。又將奚爲矣。

老聃曰、請問何謂仁義。

孔子曰、中心物愷、兼愛无私、此仁義之情也。

老聃曰、意、幾乎。後★〈復〉言夫兼愛、不亦迂乎。无私焉乃私也。夫子若欲使天下无失其牧乎、則天地固有常矣、日月固有明矣、星辰固有列矣、禽獸固有羣矣、樹木固有立矣。夫子亦放德而行、循道而趨、已至矣。又何偈偈乎揭仁義、若擊鼓而求亡子焉。意、夫子亂人之性也。

第八章　巧知・神聖のレベルをすでに乗り越えていた老子

士成綺《しせいき》（人の姓名）が、老子《ろうし》に面会してこう問いただした。「私、先生が聖人であるという評判を耳にしました。それで、遠い旅路をものともせずに出て参り、お目通りを願いました。百日に及ぶ道のりを、足中胼胝《たこ》だらけにしながら、一服したいなどついぞ思わず、急いで参りました。さて、ご様子を拝見してみますと、あなたが聖人だなんてとんでもない。大体、あたりの鼠《ねずみ》の巣に、鼠が食い残すほど米が余っていながら、これをうっちゃっておくのは、不道徳というものです。きっと生物《なまもの》・煮物《にもの》が食べきれないほどある上に、財産を貯めこんで厭《あ》くことを知らないのでしょう。」

老子は何とも応《こた》えず、ひたすら淡々としていた。

翌日、士成綺は、改めて老子に面会して言った。「昨日《きのう》は、あなたをとっちめてやろうという気持ちを、抑えられませんでしたが、今日《きょう》になってみると、心がすっかり落ち着きを取り戻《もど》し、何のわだかまりもありません。どうしたわけでしょうか。」

老子、「あの達者な利口者だとか、ずば抜けた聖人だとかの境地を、私はすでに乗り越えたつもりだ。昨日《きのう》、もし君が私のことを牛だと呼んだなら、自分でも牛だと思いこんだことだろうし、馬だと呼んだなら、馬だと信じたことだろう。いやしくも自分にそう呼ばれるだけの実があって、人が名をつけてそう呼んでくれるのに、無下にそれを拒《こば》むなら、重ね重ね咎《とが》めを受けるに違いないからね。私が人の言葉に従って、そのままそのとおりに自分のことを思いこむのは、常に変わらぬ当たり前の振《ふ》る舞《ま》いでね、何もことさら人に従おうと思って、従っているわけではないのだよ。」

士成綺は老子の言葉を聞き、長者に対する礼を思い起こすと、あわてて斜め後へ回って老子に付き従い、影《かげ》を踏まないように気を配りながら、一歩また一歩と足を踏みしめ、やがて老子の前に進み出てたずねた。「我が身を修めるには、どうすればよいでしょうか。」

老子、「君の顔形《かおかたち》は角々《かどかど》しくて人を寄せつけず、君の目つきはぎろぎろと人を射すくめ、君の額《ひたい》は驕《おご》りの色を載せてむくむくと盛り上がり、君の口は物言いたげにぱくぱくと開き、君の体つきは脅《おど》しつけるように反《そ》り返っている。まるで、暴れ馬を無理に繋《つな》いで引き留めている、といった趣《おもむ》きだ。動き出そうとして満を持し、解き放てば仕掛け弓のように素早く、目もよく利いて細かいが、利口者で大局を見落とさず、他人の話ならどんなことでも疑ってかかる、そういう男だね。そうそう、近頃、田舎界隈《いなかかいわい》に『こそ泥《どろ》』という名の男がうろついているそうだが、さては君のことか。」

原　文

士成綺見老子而問曰、吾聞夫子聖人也。吾固不辭遠道而來、願見。百舍重趼而不敢息。今吾觀子、非聖人也。鼠壤有餘蔬★而弃妹、不仁也。生熟不盡於前、而積斂无崖。

老子漠然不應。

士成綺明日復見曰、昔者吾有刺於子。今吾心正卻矣。何故也。

老子曰、夫巧知神聖之人、吾自以爲脫焉。昔者子呼我牛也、而謂之牛。呼我馬也、而謂之馬。苟有其實、人與之名而弗受、再受其殃。吾服也恆服、吾非以服有服。

士成綺鴈行避影、履行遂進而問、脩身若何。

老子曰、而容崖然、而目衝然、而顙頯然、而口闞然、而狀義然、似繫馬而止也。動而持、發也機、察而審、知巧而覩於泰、凡以爲不信。邊竟有人焉、其名爲竊。

第九章　道とはどういうものか――夫子《ふうし》の言葉

先生は次のように言われた。「そもそも道は、どんなに大きな物を容《い》れても、まだ裕《ゆと》りがあって一杯に詰《つ》まることがなく、どんなに小さな物でも一つとして捨て去らず、その中に包みこんでいる。だからこそ、ありとあらゆる物がここに具わるのである。広々として何一つ容れないものはなく、深々として測り知れないものである。

今日行われているような、刑罰による政治、仁義による教化は、人間の精神にとって枝葉末節のことでしかない。だがそれにしても、道に達した至人《しじん》でなければ、誰にこれらを司《つかさ》どることができようか。一体、至人が世の中を治めるのは、何と偉大なことであろうか。しかし、それさえ彼の心を悩ませるほどのこととはならない。天下中の人々が彼の権力行使によって奮《ふる》い立っている時でも、気にも留めず独り静かにしている。彼は仮象《かしょう》でない根源の道を知悉《ちしつ》しているので、一時の利に心を動かされず、万物の真実を一つ残らず明《あき》らめながら、自分はその根源を守りえている。こうして、天地を度外《どがい》に視、万物を忘れ去って、その精神はいささかも悩み苦しむことがない。要するに、真実たる道に精通し、根源の徳から離れず、枝葉でしかない仁義を退《しりぞ》け、末節でしかない礼楽を払《はら》いのけて、至人の心はここにひっそりと落ち着くのである。」

原　文

老★〈夫〉子曰、夫道、於大不終、於小不遺。故萬物備。廣廣乎其无不容也、淵乎其不可測也。形德仁義、神之末也。非至人、孰能定之。夫至人有世、不亦大乎。而不足以爲之累。天下奮棅而不與之偕。審乎无假、而不與利遷、極物之眞、能守其本。故外天地、遺萬物、而神未嘗有所困也。通乎道、合乎德、退仁義、賓禮樂。至人之心、有所定矣。

第十章　道は言葉や書物では把えられない、それらを貴ぶのは止《や》めよう

世間の人々が道だとして貴んでいるものは、書物である。しかし、書物は人の語った言葉を記録したものであるから、語った言葉の中に貴いものが含まれているに違いない。ところで、言葉に含まれる貴いものというのは、意味内容である。意味内容は、何かある根源的なもの（道）から出てくる。ところが、意味内容がそれから出てくる根源的なもの（道）というのは、言葉で他人に伝えることができないものだ。それにもかかわらず、世間の人々は言葉を貴ぶが故に書物をも貴んで、他人に伝えあっている。だが、世間の人々がいかにこれを貴ぼうとも、やはり貴ぶには価《あたい》しないと思う。彼らの貴んでいるものが、本当に貴いものではないからである。

こういうわけで、目で視ようとして見ることができるものは、わずかに物の形と色だけであり、耳で聴こうとして聞くことができるものは、わずかに物の名と音だけである。悲しいことに、世間の人々はその形と色、名と音によって、あの根源的なもの（道）の実相を、十分に把握できると思いこんでいるのだ。しかし、そもそも形と色、名と音では、あの根源的なもの（道）の実相は、本当のところ把握できない。そうであればこそ、「道を知っている者は言葉で言わず、言葉で言う者は道を知らない。」と言うのである。しかし、世間の人々にこの真理が分かるであろうか。

原文

世之所貴道者、書也。書不過語、語有貴也。語之所貴者、意也。意有所隨、意之所隨者、不可以言傳也。而世因貴言傳書。世雖貴之哉、猶不足貴也。爲其貴非其貴也。故視而可見者、形與色也。聽而可聞者、名與聲也。悲夫、世人以形色名聲、爲足以得彼之情。夫形色名聲、果不足以得彼之情、則知者不言、言者不知。而世豈識之哉。

第十一章　書物は古人の糟粕《そうはく》にすぎない

斉《せい》（国名）の桓公《かんこう》（春秋時代の五覇《ごは》の一人）が、ある時、広間の上で書物を読んでいた。広間の下では、車大工《くるまだいく》の扁《へん》（扁は名）が車の輪を削《けず》っていた。手にしていた椎《つち》と鑿《のみ》をやおら傍《かたわ》らへ置くと、扁《へん》は広間に上がりこみ、桓公にたずねて言った。「ご無礼ながらおたずね申します、お殿様の読んでおられるのは、いかような言葉でございましょうか。」

公、「聖人《せいじん》のお言葉だ。」

「その聖人はご存命でございましょうか。」

公、「もう亡くなられた。」

「ならば、お殿様の読んでおられるのは、古人《こじん》の精髄《せいずい》のただの絞《しぼ》り粕《かす》にすぎませんわい。」

桓公は立腹して言った。「寡人《かじん》（諸侯の自称）が書見《しょけん》しておるのを、車大工ふぜいにどうしてとやかく言うことが許されよう。申し開きができればよし、できなければ一命はないと思え。」

車大工の扁が答えた。「手前《てまえ》、車作りの仕事で申し上げます。輪の削り方でございますが、ゆっくりと静かに削りますと、嵌《は》めこみが甘すぎて締《し》まりが悪く、急《せ》いて激しく削りますと、渋《しぶ》すぎて嵌《は》まりません。ゆっくりでもなく急《せ》きもせず、よい按配に加減いたしますのは、ただ諸手《もろて》で覚えて、心に落ちるより他ございません。口で説き明かすことは適《かな》わずとも、その間《かん》には呼吸ってものがある。それは、手前、せがれにも教えられず、せがれも手前から受けることができません。そんなわけで、齢《よわい》七十にもなりますが、老いてなお輪を削っておるのでございます。古《いにしえ》の聖人は、誰にも教えられぬ本当の道と一緒に、もう亡くなられた。ならば、お殿様の読んでおられるのは、古人《こじん》の精髄《せいずい》の絞《しぼ》り粕《かす》にすぎませんわい。」

原　文

桓公讀書於堂上。輪扁斲輪於堂下。釋椎鑿而上、問桓公曰、敢問、公之所讀爲何言邪。
公曰、聖人之言也。
曰、聖人在乎。
公曰、已死矣。
曰、然則君之所讀者、古人之糟魄已夫。
桓公曰、寡人讀書、輪人安得議乎。有說則可、无說則死。

輪扁曰、臣也以臣之事觀之。斲輪、徐則甘而不固、疾則苦而不入。不徐不疾、得之於手、而應於心。口不能言、有數存焉於其閒。臣不能以喩臣之子、臣之子亦不能受之於臣。是以行年七十而老斲輪。古之人、與其不可傳也、死矣。然則君之所讀者、古人之糟魄已夫。

解説

「天道」という篇題について、『経典釈文』は「以義名篇」とするが、篇首の二字を取って篇名としたものである。本篇の、天地・天運の両篇との共通性については、天地篇の「解説」に既述。関鋒・福永光司は、三篇をいわゆる『管子』四篇とともに宋鈃《そうけん》・尹文《いんぶん》学派の遺著とする。しかし、一九七三年の馬王堆帛書の出土とその研究を通じて、最近ではこれらがいずれも戦国末期〜前漢初期の黄老思想の産物であること、なかんずく『管子』四篇は（戦国末期の作である心術上篇を除いて）この三篇よりも否定の契機がさらに弱まって、「道」などを把握する上での感覚・知覚の果たす役割を肯定したり、また感応説を取り入れて、精神の虚静↓精気の充実↓帝王の世界支配、のプロセスを宗教化したり等々、三篇と並行するがやや後れる成立であること、などが明らかになっている。ちなみに、王夫之は「此篇之説、有与荘子旨迴不相侔者。特因老子守静之言而演之、亦未尽合于老子。蓋秦漢間学黄老之術、以干人主者之所作也。」と言っている。

第一章は、「静か」であることによって天地・万物に君臨する帝王・聖人の姿を描き、第二章は、それを受けて、「虚静・无為」などが帝王・聖人の臣下・万民に対する支配に有効であると主張し、第三章は、その「虚静」が「天地の徳」に他ならず、それ故、聖人は難なく天下・万物を服従させることができるのだと述べる。第四章は、その「无為」は帝王の徳であって、臣下の徳としての「有為」と峻別されなければならないと説き、第五章は、「形名・賞罰」という支配のための法家的な手段が、「天・道徳・仁義」などの後に回されるべき、末のことであると位置づける。第六章は、舜の述べたように、天地の自然なあり方に法《のっと》って天下を支配するのがよいと勧め、第七章は、孔子・老聃《ろうたん》会見物語に仮託して、人間の本性を乱す儒家の「仁義」を棄てて、道家の「道徳」によるのがよいと説き、第八章は、「巧知・神聖」のレベルを遥かに超越した老子を描写する。第九章は、天地篇の第二章・第三章に類似するが、「仁義・礼楽」を退けている点が特徴的である。第十章は、根源の「道」は「言」や「書」で把えられるものではないので、それらを貴んではならないと主張する。後代、特に六朝時代に強い影響力を発揮した文章である。第十一章は、前章を踏まえて、斉の桓公と輪扁の問答を設《しつら》え、「道」が書物によって伝えられるものでないことを述べる。

天運《てんうん》　第十四

総　説

本篇には、孔子《こうし》と老聃《ろうたん》（老子）との会見物語が三つ含まれている。いずれも、フィクションとしておもしろく読める、よく練られた文学と言ってよい。

これらの孔子・老子会見物語が、ただの一介の二人の話し合いならまだしも、今を時《とき》めく代表的な二学派の開祖と開祖の思想的な対決であり、また物語の作者が自己の思想の表現としてこれを創作している限り、孔子が老子の下風に立たせられるのも、蓋《けだ》し当然のことであろう。

ところで、司馬遷が『史記』の孔子世家と老子列伝において、孔子が老子に会見して「礼」を問うたと描写して以来、それを前漢時代の儒家も歴史的事実と信じて、もともと道家が孔子や儒家を貶《おとし》めるために作ったフィクションに由来するものであることを、忘れてしまったらしい。漢代儒教の文献である『礼記』曾子問篇などでも、孔子は老聃から「葬礼」について細かな教えを受けているのである。思うに、これは、漢代儒教が前漢初期の黄老思想の支配の中から成長してきた歴史的事実の反映であろうけれども、それ以上に、彼らが道家思想の洗礼を受けそれを克服してついには勝利したと描くことを通じて、自《みずか》らに重みと深みを加えようという計算の所産ではなかろうか。

第一章　天の六極・五行の道に従って、帝王は天下の政治を行う

一体、天空《てんくう》は自《みずか》ら動いているのであろうか、大地は自《みずか》ら止《と》まっているのであろうか、日月《じつげつ》は自《みずか》ら座を争って運《めぐ》っているのであろうか。あるいは、誰かが天地・日月の運行を主宰《しゅさい》しているのであろうか、誰かがこれらを秩序づけているのであろうか、誰かが己《おのれ》は無為のままに、これらを推し動かしているのであろうか。それとも、天地・日月の内にからくり仕掛けがあって、せん方なく動き続けているのであろうか。それとも、もともと始めから運行していて、自分では止《と》まることができないのであろうか。

雲が自《みずか》ら降《くだ》って雨となるのであろうか、雨が自《みずか》ら升《のぼ》って雲となるのであろうか。それとも、誰かがこの雨雲の循環を差配《さはい》しているのであろうか、誰かが己《おのれ》は無為のままに、淫楽《いんらく》に耽《ふけ》ってこれを促《うなが》しているのであろうか。

風は北方から吹き起こり、西に向かい東に向かい、また高く舞い上がって、彼方此方《かなたこなた》に吹き回る。誰かがこの風の巡行《じゅんこう》を、気息《きそく》の呼吸によって導いているのであろうか、誰かが己《おのれ》は無為のままに、これを煽《あお》り立てているのであろうか。私はおたずねしたい、これらの根源をなすものは何であろうか。

これについて、名高い巫祝《みこ》の巫咸《ふかん》（巫祝の名）が次のように答えた。「来たまえ、私がそなたに話してあげよう。天（自然）の世界には、東西・南北・上下が六つの極に向かってどこまでも広がり、木・火・土・金・水の五行《ごぎょう》の気がその内で運動を繰り返している。これがそなたの求める根源の道に他ならない。人間界に君臨する帝王が、この道に従って政治を行うならば天下がよく治まり、この道に逆らって政治を行うならば天下に災《わざわ》いが降《くだ》るだろう。さらに、この道に基づいて作られた、あの九疇洛書《きゅうちゅうらくしょ》（上帝《じょうてい》が夏王朝《かおうちょう》の禹《う》に賜《たまわ》ったとされる神秘の書）の政治規範にこれ努めるならば、やがて平和がもたらされ、徳（道の働き）が円《まろ》やかに備わって、帝王が下《しも》なる全土を見そなわし、天下の万民もこぞって推戴《すいたい》する、こうしたことも夢ではないだろう。これを、こよなき皇帝《すめらぎ》と言うのだ。」

原　文

天其運乎、地其處乎、日月其爭於所乎。孰主張是、孰維綱是、孰居无事、推而行是。意者其有機緘而不得已邪、意者其運轉而不能自止邪。雲者爲雨乎、雨者爲雲乎。孰隆施是、孰居无事、淫樂而勸是。風起北方、一西一東、有上彷徨。孰噓吸是、孰居无事、而披拂是。敢問、何故。巫咸祒曰、來、吾語女。天有六極五常。帝王順之則治、逆之則凶。九洛之事、治成德備、監照下土、天下載之。此謂上皇。

第二章　儒家の唱える孝悌仁義を真に超克するために

宋国《そうこく》の宰相《さいしょう》である蕩《とう》（大宰《たいさい》の字《あざな》）という人が、荘子《そうじ》（戦国時代の思想家、本書の作者）に仁《じん》の徳のことをたずねた。

荘子は答えて言った。「虎《とら》や狼《おおかみ》が仁《じん》です。」

「どういう意味かね。」

荘子、「虎《とら》や狼《おおかみ》は親子が互いに親しみあいます。どうして仁でないと言えましょう。」

「私が聞きたいのは、至上《しじょう》の仁のことなのだが。」

荘子、「至上の仁は、何者にも親しむことがありません。」

宰相、「私は、『親しむことがなければ愛は生まれず、愛がなければ親孝行にはならぬ。』と教えられておる。今、先生の言うとおりだとすれば、至上の仁は親不孝だということになるが、そう考えてよろしいかな。」

荘子、「いいえ、そうではありません。そもそも至上の仁とは、非常に次元の高いものです。世間の孝行などではとてもこれを言い表せません。しかし、だからと言って、あなたのたずねられた親不孝が、世間の孝行を乗り越えた至上の仁を意味しているわけではない。あなたのは、世間の孝行に及ばない、ただの親不孝でしかありません。一体、南方へ旅行する旅人が、楚《そ》（国名）の郢《えい》（楚の首都）の都あたりまでやって来ると、北方を眺《なが》めてみても、もう冥山《めいざん》（韓《かん》の山名、宋と楚の中間にある）は目に入りません。なぜかと言えば、冥山を通り過ぎて遠く隔たってしまったからです。至上の仁もこれと同じで、世間の孝行を通り過ぎて遠く隔たってしまっていますから、世間の孝行など目に入らないのです。

ですから、そこのところを次のように言うのです。『恭敬《きょうけい》の礼を整えて親孝行するのは易《やさ》しいが、心から愛情をこめて孝行することは難しい。愛情をこめた親孝行はまだ易しいが、親の存在を忘れ果てることは難しい。親の存在を忘れるのはまだ易しいが、親にこちらの存在を忘れさせてしまうことはもっと難しい。親にこちらの存在を忘れさせるのはまだ易しいが、天下の人々の存在を全て忘れ果てることはさらに難しい。天下を全て忘れるのはまだ易しいが、天下の人々全てにこちらの存在を忘れさせてしまうことは最も難しい。』世間の親孝行を通り過ぎて、ここまで遠く隔たってしまえば、もう至上の仁と言って差し支えないでしょう。一体、このような人に備わる徳の深さといったら、聖天子として名高い尭《ぎょう》や舜《しゅん》を眼中に置かず、彼らを手本としてまねようという気はさらさらない。また、天下の人々に施す恩沢《おんたく》の豊かさといったら、万世の後にまで及ぶほどでありながら、人々は誰一人それと気づくことがない、という域に達しています。あなたのように大げさにため息をついて、仁よ孝よと担《かつ》いで回っているだけなのとは桁《けた》が違います。

そもそも孝悌《こうてい》だの仁義《じんぎ》だの、忠信《ちゅうしん》だの貞廉《ていれん》だのといったお説教は、どれもみな自分に無理を強《し》いて、内面の根源的な徳（道の働き）を酷使する代物《しろもの》。重んずるに価《あたい》しないお題目でしかありません。ですから、『この上なく高貴な者は、国家の定める爵位などを寄せつけず、この上なく富裕な者は、国家の賜《たまわ》る財物などを寄せつけず、この上なく敬慕される者は、世間のもてはやす名誉などを寄せつけない。』とも言います。こういうわけで、移ろいやすい爵位・財物・名誉などとは違って、真の道は永遠に変わらないものなのです。」

原　文

商大宰蕩問仁於莊子。

莊子曰、虎狼仁也。

曰、何謂也。

莊子曰、父子相親、何爲不仁。

曰、請問至仁。

莊子曰、至仁无親。

大宰曰、蕩聞之、无親則不愛、不愛則不孝。謂至仁不孝、可乎。

莊子曰、不然。夫至仁尙矣。孝固不足以言之。此非過孝之言也、不及孝之言也。夫南行者、至於郢、北面而不見冥山。是何也。則去之遠也。

故曰、以敬孝易、以愛孝難。以愛孝易、而忘親難。忘親易、使親忘我難。使親忘我易、兼忘天下難。兼忘天下易、使天下兼忘我難。夫德遺堯舜而不爲也。利澤施於萬世、天下莫知也。豈直太息而言仁孝乎哉。

夫孝悌仁義、忠信貞廉、此皆自勉以役其德者也。不足多也。故曰、至貴國爵幷焉、至富國財幷焉、至願名譽幷焉。是以道不渝。

第三章　黄帝の奏でた宇宙的シンフォニー——道

その昔、北門成《ほくもんせい》（太古の人の姓名）という人が、人類最初の帝王黄帝《こうてい》にたずねて次のように言った。「先に、陛下がご自身の作られた咸池《かんち》の楽《がく》（黄帝の作った楽曲の名）を、虚《むな》しく広がる果てしない洞庭《どうてい》（天地の間を喩える）の野《の》で、盛大に鳴りわたらせられました時、私は最初にその調べを聞いて懼《おそ》ろしくなり、次に聞いて気《け》だるい思いがし、最後に聞いて心が乱れました。全てがゆらゆらと広がり、暗々《くらぐら》として何も把えられず、それでついに自分で自分のことが分からなくなってしまいました。」

帝が答えた。「君は、恐らくそうなったことだろうな。私は、この音楽を人の世の事柄を用いて奏し始め、天の理法によってかき鳴らし、礼儀の折り目に適《かな》えて先へ進め、太清《たいせい》（澄《す》みきった無為）の境地でまとめたのだ。そうすると、四季が代わる代わる起こって、万物が次から次へと生まれ、栄えたり衰えたりの繰り返しの中にも、文の和《やわ》らぎと武の厳《きび》しさが正しく整い、陰陽の二気も清《す》んだり濁《にご》ったりして、ほどよくその働きが調和したものである。私がこの調べをあたり一面に流してみたところ、冬ごもりの生物《いきもの》たちが土の中からはい出してきた。そこで私は、雷霆《いかずち》の轟《とどろ》きを鳴り響かせて驚かせてやったことだ。ところで、この咸《かん》池《ち》の楽《がく》というものは、どこで終わるということもなく、どこから始まるということもない永遠の存在で、しかもそこには、死ぬ物あり生まれる物あり、僨《たお》れる物あり起《お》き上がる物あり、一切の万物が常に千変万化して、どれ一つとして頼りにできない、そういう世界なのだよ。だから、君は懼《おそ》ろしくなったのだろう。

続いて私は、この音楽を陰陽の調和を用いて奏し、日月《じつげつ》の光を取ってきて華やかさを添えた。その調べは短いも長いも、柔らかいも剛《かた》いも全て自由自在、どれもみな不断に変化して、これと決まった一つの調べにとらわれない。谷に出会えば谷を満たし、阬《あな》に出会えば阬《あな》を満たすというように、遍《あまね》く万物に行きわたって余すところがないが、こちらは全ての隙間《すきま》(耳目鼻口)をぴたりと閉ざして内なる霊妙さを失わず、よろず物《ごと》のあるがままにただ付いていく。その響きは明るく輝いて、咸池《かんち》の楽《がく》というその名も天の如く高く明らかだ。そのために、鬼神《きしん》たちは幽界《ゆうかい》に留《とど》まって人に祟《たた》りをなさず、日月《じつげつ》や星辰《ほしぼし》は軌道を正しく行《めぐ》って災異をもたらすことがない。私はこの調べを、ある時は有限の天下に限って奏したり、ある時は無限の宇宙にまで広げて流したりしてみた。こんなわけで、あなたがいかに思慮をめぐらそうとも知ることはできず、いかに目を凝《こ》らそうとも見ることはできず、いかに後を追おうとも近づくことはできないのだよ。あなたは、ただぼんやりとして、果てしなく広がる虚無の道の四つ辻に立ち尽くすか、さもなければ、梧桐《あおぎり》の古机《ふるづくえ》にもたれかかって、この調べの講釈のためにうめき声を上げる、それより他になかっただろうね。なぜなら、目や知の働きには限界があり、見たいと思うものが何でも見えるわけはないし、足の力にも限界があって、追いかけたいと思うものが何でも追いつけるはずはないのだから。この咸池《かんち》の楽《がく》に対して、目・知や足などは何の役にも立たないのだ。かく言う私とて、最早《もはや》近づくことができないのだよ。一体、人の身体は、内に虚無が充ちてくると、やがてぬらりくらりと柔らかくなるもの。君もぬらりくらりになった、だから気《け》だるい思いがしたのさ。

さらに私は、この音楽を、気《け》だるい感じを一掃する調べを用いて奏し、万物の自律性の中に貫かれている天命《てんめい》によって調子を調えた。すると、ちょうど、鳥・獣《けもの》が混じりあって追いかけ、草木があちこちに群がり生えて、万物がみな喜ぶ大きな楽しみが行われておりながら、これらを主宰しているものの姿形《すがたかたち》は把えられない、といったありさまとなった。この妙《たえ》なる調べは、遍《あまね》く万物の上に響きわたるけれども、誰かが引っぱって届けているわけではなく、奥深い静けさが極まって、実は全く音を出すことがない。行方《ゆくえ》を定めずあらゆる方向に動き回ると同時に、測り知れぬ奥深さの内に落ち着いてもいるのだ。この調べのことを、ある者は死と言いある者は生と言い、ある者は実と言いある者は栄《えい》と言う。それというのも、絶えず流転し終始《しゅうし》移動して、これと決まった調べに拘《こだわ》らないので、聞く人によりまちまちに聞こえるのだからね。そこで世間の人々はいぶかって、聖人におうかがいを立てることになる。ところが、聖人というのは、己《おのれ》の本性《ほんせい》を残すところなく生き尽くし、その天命《てんめい》を余すところなく遂げ尽くす、そういった存在に他ならない。天から与えられた生《せい》の仕組みに手を加えず、五官がみな具わって滞《とどこお》りなく働くことを、天の楽しみと言うが、以上のような聖人の生き方は、正《まさ》に天の楽しみそのものだ。だから、聖人が口を開いてあれこれ説明するはずがない。ただ心の中でこの調べを喜んでいるだけである。このような聖人の一人である有焱氏《ゆうえんし》（太古の帝王）も、咸池《かんち》の楽《がく》を称《たた》える頌《ほめうた》を作って、

『耳そばだてて定かに聴かんに、かそけくだにも音《おと》に聞こえず。形に見ばやと目をば凝《こ》らせど、ただ闇《やみ》のみぞ著《しる》きは口惜《くちお》し。しかはあれど、天地《あめつち》の内を尽くして充てるものの、満ちわたりたるあり、いといみじ。さのみあらんや、かのものは宇宙《おおぞら》を上下《かみしも》・四方《よも》の極みより、包み収むとぞ大いなる。』と歌ったことだった。まして君など聴こうとしようにも、近づく手段《すべ》がない。だから君は心が乱れたのさ。

一体、この咸池《かんち》の楽《がく》というものは、最初に聞いた時には懼《おそ》ろしさを感ずる。懼ろしさに取りつかれると、災《わざわ》いに襲われはせぬかと不安になるものだ。私は続いて、聞く者に気《け》だるい思いを起こさせた。気だるさに身を任せていると、一切を越え出ていくことも可能となるだろう。最後に、私は聞く者の心を乱れさせた。心の乱れが昂《こう》じると、その果てに人は愚か者になってしまう。そして、愚かになると、そこに道が現れてくるのだ。こうして始めて、道を我が身の上に載せて、道と一体になって生きていくことができるのだよ。」

原　文

北門成問於黃帝曰、帝張咸池之樂於洞庭之野、吾始聞之懼、復聞之怠、卒聞之而惑。蕩蕩默默、乃不自得。

帝曰、女殆其然哉。吾奏之以人、徵★〈徽〉之以天、行之以禮義、建之以太淸★。四時迭起、萬物循生、一盛一衰、文武倫經、一淸一濁、陰陽調和。流光其聲、蟄蟲始作、吾驚之以雷霆。其卒无尾、其始无首、一死一生、一僨一起、所常无窮、而一不可待。女故懼也。

吾又奏之以陰陽之和、燭之以日月之明。其聲能短能長、能柔能剛、變化齊一、不主故常。在谷滿谷、在阬滿阬、塗郤守神、以物爲量。其聲揮綽、其名高明。是故鬼神守其幽、日月星辰行其紀。吾止之於有窮、流之於无止。子欲慮之而不能知也、望之而不能見也、逐之而不能及也。儻然立於四虛之道、倚於槁梧而吟。目知窮乎所欲見、力屈乎所欲逐。吾既不及已夫。形充空虛、乃至委蛇。女委蛇、故怠。

吾又奏之以无怠之聲、調之以自然之命。故若混逐叢生、林樂而无形、布揮而不曳、幽昏而无聲、動於无方、居於窈冥。或謂之死、或謂之生、或謂之實、或謂之榮。行流散徙、不主常聲。世疑之、稽於聖人。聖也者、達於情而遂於命也。天機不張、而五官皆備、此之謂天樂。无言而心說。故有焱氏爲之頌曰、

聽之不聞其聲、視之不見其形。
充滿天地、苞裹六極。

女欲聽之、而无接焉。而故惑也。

樂也者、始於懼。懼故祟。吾又次之以怠。怠故遁。卒之於惑。惑故愚。愚故道。道可載而與之俱也。

第四章　孔子のアナクロニズムと時代に応じて変わるべき礼法制度

ある時、孔子《こうし》（魯《ろ》の人）が西方の衛《えい》（国名）を目指して旅に出た。

後に残った弟子の顔淵《がんえん》は、魯《ろ》（国名）の楽師《がくし》（楽官の長）の師金《しきん》（金は名）にたずねた。

「先生のこの度《たび》の旅行をどう思われますか。」

師金が答えて、「残念ながら、あんたの先生は窮地に陥《おちい》るだろうね。」

顔淵、「どうしてでしょうか。」

師金、「一体、祭りの時、悪霊除《あくれいよ》けに使う犬の藁人形《わらにんぎょう》は、脇立《わきだ》ちの守りに並べられるまでの間は、綺麗《きれい》な竹製の行李《こうり》に納められ、その上に刺繡模様《ししゅうもよう》の布をかけ、尸祝《かんぬし》が精進潔斎《しょうじんけっさい》して恭《うやうや》しく送り出す。ところが、並べ終わって祭りも済《す》むと、道端《みちばた》に捨てられてしまい、行く人は頭と言わず背と言わず践《ふ》んづけ、草刈《くさか》りは拾い上げて焚きつけにしてしまう。こんな場合、誰かがもう一度それを拾い上げて、綺麗《きれい》な竹製の行李《こうり》に納め、上に刺繡模様《ししゅうもよう》の布をかけて、その周《まわ》りでぶらぶらと過ごしたり、だらしなく寝そべったりしようものなら、彼は恐ろしい夢でも見るか、さもなければ、きっと夜通しうなされるに違いない。

さて、あんたの先生の件だが、やはりまた文王《ぶんのう》・武王《ぶおう》（ともに周《しゅう》の君主、初代が武王、文王はその父）といった先王たちの、並べ終わった仁義などという藁人形《わらにんぎょう》を拾い上げ、弟子たちをかき集めて、その周《まわ》りでぶらぶらと過ごし、だらしなく寝そべっている。だから、これまでも宋《そう》（国名）では危うく伐り倒された大木の下敷《したじ》きになりかけ、衛《えい》では去った後、足跡《そくせき》を全て消し去られるまで忌《い》み嫌《きら》われ、殷《いん》（王朝の名）の古都や周《しゅう》（王朝の名）の都では、どうにもならぬ窮地に陥《おとしい》れられたのだ。これこそ、恐ろしい夢というものではないのか。また、陳《ちん》と蔡《さい》（ともに国名）の狭間《はざま》で軍隊に取り囲まれて、七日もの間、火で煮炊《にた》きしたものを口に入れることができず、死と生が隣りあわせるほどの目に遭った。これこそ、うなされたということではないのかね。

そもそも水上を行くには舟を使うのが一番よいし、陸地を行くには車を使うのが一番よい。けれども、舟が水上を行くのによいからと言って、これを陸地に持ってきて、推して進めようとするならば、一生かかっても数尺とは進まぬだろう。ところで、古《いにしえ》と今の違いは、この水上と陸地ではなかろうか。周の国と魯の国の違いは、この舟と車ではなかろうか。それなのに、君の先生のように、古《いにしえ》の周で行われていた道を、今の魯で行おうと努めるのは、舟を陸地に持ってきて、推して進めようとするようなものだ。疲れるばかりでさっぱり捗《はか》が行かず、きっと身に災いが降りかかるだろう。あの人は、一つ方向に縛られず、自由に変転していけるあの道こそが、どんな物にも対応して行きづまることのない境地だと、まだ分かっていないのだな。

それに、君もきっとあの跳《は》ねつるべというものを、見たことがあるだろう。引っぱれば下を向き、手を放せば上を向く。それは、ただ人に引っぱられて従うばかりで、人を引っぱっていくものではない。だから、無心に上を向きまた下を向いて、人から咎《とが》めを受けることがないのさ。

それ故、あの太古の聖王である三皇《さんこう》・五帝《ごてい》（伝説上の太古の帝王）が思い思いに定めた、その時々の礼法制度《れいほうせいど》も、互いに同じかどうかが大切なのではなく、天下を治められるかどうかが大切なのだ。だから、三皇《さんこう》・五帝《ごてい》の礼法制度《れいほうせいど》を果物に譬《たと》えてみれば、ちょうど柤《しどみ》・梨《なし》・

橘《たちばな》・柚《ゆず》のようなものだろうか。味は全く違っていながら、どれもみな美味《うま》い。こういうわけで、礼法制度というものは、時の推移に応じて変化するものなのだ。今もし猨狙《さる》を捕《つか》まえてきて、周公《しゅうこう》（孔子の尊敬した聖人、名は旦《たん》）の礼服を着せてみるとすれば、そいつはきっと嚙《か》み切ったり引き裂いたり大暴れをしでかして、残らずかなぐり捨てない内は、とても静かに収まらんだろう。古《いにしえ》と今の時代の違いも、ちょうど猨狙《さる》と周公《しゅうこう》が違うようなものだね。

その昔、絶世の美女の西施《せいし》（古代の代表的美人）がたまたま胸を病《や》み、眉《まゆ》をしかめて田舎《いなか》に帰ったことがあった。それを目にしたとある田舎の醜女《しこめ》、えも言われぬ美しさにうっとりして、一旦家に戻《もど》ると、自分も胸に手を当てて、村中をしかめっ面で伸《の》し歩いたものだ。するとこれを見て、村の金持ちは固く門を閉《と》ざしたまま外に出ようとせず、貧乏人は妻子を引き連れて一目散に逃げ出したそうな。その醜女には、西施《せいし》のしかめっ面のえも言われぬ美しさは分かったが、しかめっ面がなぜうっとりするほど美しいのかまでは、分からなかったのだ。残念ながら、あんたの先生は窮地に陥《おちい》るしかないね。」

原　文

孔子西遊於衞。顏淵問師金曰、以夫子之行爲奚如。師金曰、惜乎、而夫子其窮哉。顏淵曰、何也。

師金曰、夫芻狗之未陳也、盛以篋衍、巾以文繡、尸祝齊戒以將之。及其已陳也、行者踐其首脊、蘇者取而爨之而已。將復取而盛以篋衍、巾以文繡、遊居寢臥其下、彼不得夢、必且數眯焉。

今而夫子、亦取先王已陳芻狗、取弟子、遊居寢臥其下。故伐樹於宋、削迹於衞、窮於商周。是非其夢邪。圍於陳蔡之閒、七日不火食、死生相與鄰、是非其眯邪。

夫水行莫如用舟、而陸行莫如用車。以舟之可行於水也、而求推之於陸、則沒世不行尋常。古今非水陸與、周魯非舟車與。今蘄行周於魯、是猶推舟於陸也。勞而无功、身必有殃。彼未知夫无方之傳、應物而不窮者也。

且子獨不見夫桔槹者乎。引之則俯、舍之則仰。彼人之所引、非引人也。故俯仰而不得罪於人。

故夫三皇五帝之禮義法度、不矜於同、而矜於治。故譬三皇五帝之禮義法度、其猶柤梨橘柚邪。其味相反、而皆可於口。故禮義法度者、應時而變者也。今取猨狙而衣以周公之服、彼必齕齧挽裂、盡去而後慊。觀古今之異、猶猨狙之異乎周公也。

故西施病心而矉其里。其里之醜人見而美之、歸亦捧心而矉其里。其里之富人見之、堅閉門而不出。貧人見之、挈妻子而去之走。彼知美矉、而不知矉之所以美。惜乎、而夫子其窮哉。

第五章　孔子は老子から采真《さいしん》の遊びを教えられた

孔子《こうし》は、おん年五十一にもなりながら、まだ真の道を体得することができないでいた。そこで、ある時思い立ち、南方は沛《はい》（地名）の町に赴いて、老耼《ろうたん》（老子）に面会した。

老耼、「よくぞ見えられた。かねがねあなたのことを、北方の賢者だとうかがっておりました。あなたもさぞ道を体得しておられることだろうな。」

孔子、「いえ、それがまだなのです。」

老子《ろうし》、「して、どの方面に道を求められたのかな。」

「私、まず礼法制度《れいほうせいど》を習ってみました。ですが、五年かかっても得るところがありませんでした。」

老子、「で、それから何に求められた。」

「天地自然を動かす陰陽《いんよう》二気の理《ことわり》を学びました。これには十二年もかけましたが、いまだに道を得られないでいます。」

老子、「そうそう、それでは道は得られまい。大体、真の道が、もし他人に献上《けんじょう》できるようなものなら、誰だって自分の仕《つか》える主君に献上することだろうし、もし他人に進上《しんじょう》できるようなものなら、誰だって大切な親に進上することだろう。また、もし人に教えられるものなら、誰しも親しい兄や弟に教えてやるし、もし人に与えられるものなら、誰しも可愛い子や孫にくれてやるだろう。にもかかわらず、それができないのは、他でもない、我が心の内に主体が確立しているのでなければ、道は受け止められず、外に受け皿が設けられていなければ、道は出て行かないからだ。我が心の内から引き出して人に伝えたい道でも、相手に受け止めるだけの深みがなければ、聖人は黙して語りかけない。相手から告げられる道も、心の内に受け止める主体が確立してこなければ、聖人は蔵《おさ》めないのだよ。

ところで、名声というものは、天下公共の道具であって、一人占《ひとりじ》めすることは許されない。仁義の教えというものは、古《いにしえ》の帝王が宿った旅の旅籠屋《はたごや》であって、一宿一飯《いっしゅくいっぱん》の世話にはなっても、長逗留は禁物だ。これらは成し遂げれば成し遂げるほど、咎《とが》めを被《こうむ》ることにもなる。だから、古《いにしえ》の至人《しじん》（聖人に同じ）は、往来する道路として仁の教えを拝借し、仮り寝の宿として義の教えに一泊しながらも、とらわれなき自由の逍遥《しょうよう》の丘にゆったりと遊び、簡素な生活に甘んずる苟簡《こうかん》の田《た》から満足して食を得、根源の道を瞬時も手放さぬ不貸《ふたい》の畑に立ち続けていたのだ。逍遥《しょうよう》の丘に遊ぶ者には、一切の作為がなかったし、苟簡《こうかん》の田《た》で食べる者は、我が身を養いやすかったし、不貸《ふたい》の畑に立つ者は、むやみに道を語りかけはしなかった。そして、昔はこのような生き方を、道の真実を把える自由な遊び、と呼んでいたのだよ。

これに反して、富《とみ》を善しとする君主は、それを貪《むさぼ》って臣下に財禄《ざいろく》を譲《ゆず》ることを渋《しぶ》り、栄達《えいたつ》を善しとする王侯は、それに拘《こだわ》って臣下に名誉を分かつことを嫌がり、権力を愛する帝王は、それにしがみついて臣下に権限を与えることを恐れる。これらを手にした時には、奪われないかと震え、失いでもしようものなら、悲嘆の涙に暮れるのだ。それでいて、一事《ひとこと》として我《われ》と我《わ》が身を省《かえり》みもせず、それらの在《あ》りかを虎視眈々《こしたんたん》と狙《ねら》って止《や》まない。こんな者どもは、天の刑罰を受けてとらわれの身となった、救いようのない罪人だ。

確かに、悪事を怨んだり恩愛に感じさせたり、奪取したり施与《しよ》したり、臣下の諫言《かんげん》を聴いたり人民を教化したり、無実の者を赦《ゆる》したり有罪の者を殺したり、といった八つのことは、天下を治める政治の道具ではある。しかしそれとても、万物・万民が大きく変転していくのに順応して、余計な細工でその流れを塞《せ》き止めたりしない者、すなわち道を把えた至人《しじん》でなければ、誰も使いこなすことはできないのだ。それ故にこそ、『天下を治める政治とは、まず我が身を正すこと。』と言う。この言葉を、もし心の奥底からそのとおりと納得できないようでは、道に至る入り口、天の門は、とてもあなたには開かれまいな。」

原　文

孔子行年五十有一而不聞道。乃南之沛、見老聃。

老聃曰、子來乎。吾聞子北方之賢者也。子亦得道乎。

孔子曰、未得也。

老子曰、子惡乎求之哉。

曰、吾求之於度數。五年而未得也。

老子曰、子又惡乎求之哉。

曰、吾求之於陰陽。十有二年而未得。

老子曰、然。使道而可獻、則人莫不獻之於其君。使道而可進、則人莫不進之於其親。使道而可以告人、則人莫不告其兄弟。使道而可以與人、則人莫不與其子孫。然而不可者、无他也、中无主而不止、外无正而不行。由中出者、不受於外、聖人不出。由外入者、无主於中、聖人不隱。名公器也、不可多取。仁義先王之蘧廬也、止可以一宿、而不可久處。覯而多責。古之至人、假道於仁、託宿於義、以遊逍遙之虛、食於苟簡之田、立於不貸之圃。逍遙无爲也、苟簡易養也、不貸无出也。古者謂是采眞之遊。

以富爲是者、不能讓祿。以顯爲是者、不能讓名。親權者、不能與人柄。操之則慄、舍之則悲。而一无所鑒、以闚其所不休者、是天之戮民也。怨恩取與、諫教生殺八者、正之器也。唯循大變无所湮者、爲能用之。故曰、正者正也。其心以爲不然者、天門弗開矣。

第六章　孔子に続いて、弟子の子貢《しこう》も老子に挑んではみたが

孔子《こうし》が、ある時、老聃《ろうたん》（老子）に面会して仁義の話をした。すると老聃が言った。「一体、箕《み》を振るって簸上《ひあ》げた糠《ぬか》が、ふと目に入って目を眩《くら》ましただけで、天と地がひっくり返り、東西南北が分からなくなる。また、蚊《か》や虻《あぶ》が肌を刺《さ》しただけで、もう一晩中眠れない。まして仁義というものは、ずきんずきんと刺しこんで、己《おのれ》の心をかき乱すばかり。これほどひどく天下を乱しているものはない。あなたも、天下の人々に生まれながらの純朴さを失わせたくないのなら、風の吹くままにとらわれなく動き、根源の徳（道の働き）を握りしめて立っていたまえ。また何だって一人高々《たかだか》と抜きん出て、背中に担《かつ》いだ大太鼓《おおだいこ》を賑《にぎ》やかに打ち鳴らしながら、家出息子《いえでむすこ》を捜し回る者のような、そんな馬鹿なまねをするのだね。

そもそも鵠《くぐい》は毎日湯を使うまでもなく真っ白、烏《からす》は毎日染めるまでもなく真っ黒だ。その生地《きじ》が黒いとか白いとかについては、とやかく論じてみても始まらない。仁義で手に入れた

名声などという外面《そとづら》は、広く人々に知らせるほどの価値《ねうち》はないのだよ。泉の水が涸《か》れて、魚たちが乾上《ひあ》がった泥の上に集まり、互いの吐息《といき》で潤《うるお》しあい、互いのあぶくで濡らしあう、などといった惨《みじ》めな美徳よりも、豊かに水を湛《たた》えた大川・広湖の中で、互いを忘れて泳いでいる方がずっとましではないかね。」

孔子は老耼に会って帰ってくると、そのまま三日間、誰とも口をきかなかった。

弟子たちが疑問に思って、「先生は老耼にお会いになって、またどのようにお導きになったのですか。」

孔子、「私はこの度《たび》初めて竜《りゅう》（老耼を指す）にお目にかかりました。この竜という神獣《しんじゅう》は、陰陽《いんよう》の二気が集まっては形を具え、散らばっては文目《あやめ》を画き、やがて虚空《おおぞら》の雲気《うんき》に乗り、陰陽二気の間を翔《か》けめぐって、思いのままに万物を作り出す、そういう存在なのです。私はこれに見ほれて、あんぐりと大口を開けたまま、閉じることもできませんでした。そんな私に、一体、どうして老耼を導くことなどできましょうか。」

聞いていた弟子たちの中から、子貢《しこう》（孔子の弟子）が進み出て、「お言葉のとおりだとしますと、世の中には、尸《かたしろ》のようにじっとしていながら、飛竜《ひりゅう》のように変幻自在《へんげんじざい》に出没し、雷鳴《らいめい》のように大音《たいおん》を発しながら、深淵のように沈黙を守り、一旦《いったん》活動を開始すると、天地のように偉大な営みを行う、そんな人もおられるのでしょうか。僕も何とか一度お目にかかりたいと思います。」

こうして子貢は、孔子の口利《くちき》きで老耼に会うことになった。

さて、子貢が行ってみると、老耼は折しも表座敷《おもてざしき》の真ん中に、胡座《あぐら》をかいて坐りこもうとしていたところ。子貢の挨拶《あいさつ》に低い声で言葉を返した。「わしもすっかり年を取った。君はこんなわしに、また何を教えて下さるのかな。」

子貢、「そもそも三王《さんおう》（三代の聖王）・五帝《ごてい》（伝説上の太古の帝王）が天下を治めたやり方は、それぞれ違っておりますが、いずれも名声を博《はく》して聖人と称《たた》えられている点では、同じであります。それなのに、先生だけが、彼らのことを聖人でないと言っておられるのは、どういうご所存でしょうか。」

老耼、「お若いの、もう少しこっちへ来たまえ。君は何を指して、三王・五帝の治め方が違っていると言うのだね。」

答えて、「尭《ぎょう》（五帝の一人）は、天下を治める天子の位を舜《しゅん》（五帝の一人）に譲り、舜は、それを禹《う》（夏王朝《かおうちょう》の聖王、以下が三王）に譲りました。禹は、治水に人力を用いて天下の利を興こし、殷《いん》（王朝の名）の湯王《とうおう》（初代の王）は、夏《か》（王朝の名）の桀王《けつおう》（最後の王）の討伐に武力を用いて天下の害を除きました。周《しゅう》（王朝の名）の文王《ぶんのう》（初代武王の父）は、殷の紂王《ちゅうおう》（最後の王）に仕えて反逆の挙に出ようとはせず、息子の武王《ぶおう》は、紂王への反逆に起《た》ち上がって仕えようとはしませんでした。ですから僕は、それぞれ違っていると申し上げたのです。」

老耼、「お若いの、もう少しこっちへ来たまえ。わしがお前に、三王・五帝が天下を治めた本当のところを話してあげよう。その昔、黄帝《こうてい》（五帝の一人）が天下を治めた時には、人民の心を無理に一つにさせて、親疎《しんそ》の分け隔てなど起こらぬようにしむけたものだ。そのため、親が死んで哭《な》き悲しまない者がいても、当時の人民は別にそれを誹《そし》ることはなかった。次に、尭《ぎょう》が治めた時には、人民の心に親愛の情というものを植《う》えつけた。その結果、親のために疎遠の者を粗略に扱う者が出てきたが、当時の人民は別にそれを誹《そし》らなかった。次に、舜《しゅん》が治めた時には、人民の心に競争の念というものを教えこんだ。その結果、妊婦はわずか十ヵ月で子を生み落とし、生まれた子はわずか五ヵ月でものを言い始め、ろくに笑顔も作れない内から人見知《ひとみし》りするようになって、中には若死《わかじ》にする者さえ出るようになったのだ。さらに、禹《う》が天下を治めるに至って、人民の心をがらりと一変させた。人々が私心を抱いて利を貪《むさぼ》るからと称して、武器の使用さえ正当と見なし、泥棒を殺すのは人殺しではない、とか何とか言って勝手に人を殺し、己《おのれ》が根本にあっての天下・万民だなどと豪語したからだ。こうして、天下は大騒ぎとなり、儒家《じゅか》や墨家《ぼっか》の学者先生が一斉《いっせい》に決起したという次第だ。事の始まりの黄帝あたりは、それでもまだ筋道が立っていたけれども、近頃と来たらもう女子供《おんなこども》のわめきあいだな。何を言ってみたところでしょうがないよ。

そこで次に、三王・五帝よりも優れているとされる三皇《さんこう》（五帝の前の最古の帝王）・五帝《ごてい》が天下を治めた本当のところを、お前に話してあげよう。彼らのやり方は、天下を治めたとは名ばかりで、実はこれほどひどく乱した者はいないのだ。三皇の知恵といったら、上では日月《じつげつ》の明るい輝きに背き、下では山川にこもる精気に逆らい、中では四季の自然な運《めぐ》りをぶち壊す、というものだった。彼らの知恵の刺しこむ痛さは、猛毒の蠆蠆《さそり》の尻尾《しっぽ》よりも甚だしく、そのために、生きとし生けるもの、小動物《こもの》に至るまで、自己の性命《せいめい》の自然な姿に落ち着いていられるものはなかった。それでもなお彼らは、自分のことを一角《ひとかど》の聖人と思いこんでいたのだ。何とも恥ずかしいことではないか、その厚顔《こうがん》無恥《むち》振《ぶ》りは。」

子貢はわなわなと震えて、じっと立っていられなかった。

原文

孔子見老聃而語仁義。

老聃曰、夫播穅眯目、則天地四方易位矣。蚊虻噆膚、則通昔不寐矣。夫仁義憯然、乃憒★〈憒〉吾心。亂莫大焉。吾子使天下无失其朴、吾子亦放風而動、捴★徳而立矣。又奚傑然若負建鼓而求亡子者邪。

夫鵠不日浴而白、烏不日黔而黑。黑白之朴、不足以爲辯。名譽之觀、不足以爲廣。泉涸、魚相與處於陸、相吻以濕、相濡以沫、不若相忘於江湖。

孔子見老聃歸、三日不談。

弟子問曰、夫子見老聃、亦將何規哉。

孔子曰、吾乃今於是乎見龍。龍合而成體、散而成章、乘乎雲氣、而養乎陰陽。予口張而不能嗋。予又何規老聃哉。

子貢曰、然則人固有尸居而龍見、雷聲而淵默、發動如天地者乎。賜亦可得而觀乎。

遂以孔子聲見老聃。

老聃方將倨堂、而應微曰、予年運而往矣。子將何以戒我乎。

子貢曰、夫三王五帝之治天下不同、其係聲名一也。而先生獨以爲非聖人、如何哉。

老耼曰、小子少進。子何以謂不同。

對曰、堯授舜、舜授禹。禹用力、而湯用兵。文王順紂而不敢逆、武王逆紂而不肯順。故曰不同。

老耼曰、小子少進。余語女三王五帝之治天下。黃帝之治天下、使民心一。民有其親死不哭、而民不非也。堯之治天下、使民心親。民有爲其親殺其殺、而民不非也。舜之治天下、使民心競。民孕婦十月生子、子生五月而能言、不至乎孩而始誰、則人始有夭矣。禹之治天下、使民心變。人有心而兵有順、殺盜非殺人、自爲種而天下耳。是以天下大駭、儒墨皆起。其作始有倫、而今乎婦女。何言哉。

余語女三皇五帝之治天下。名曰治之、而亂莫甚焉。三皇之知、上悖日月之明、下睽山川之精、中墮四時之施。其知憯於蠆蠆之尾、鮮規之獸、莫得安其性命之情者。而猶自以爲聖人。不可恥乎、其无恥也。

子貢蹵蹵然立不安。

第七章　孔子は老子に教えられて、万物の自化の道を会得した

孔子《こうし》が、ある時、老耼《ろうたん》（老子）に向かって言った。「私はこれまでに、『詩《し》』『書《しょ》』『礼《れい》』『楽《がく》』『易《えき》』『春秋《しゅんじゅう》』の六種の経典を修めまして、自分では年季も入れたし、その内容も熟知しているつもりです。ところが、これを政治に生かそうと、すでに七十二人の君主にお目通《めどお》

り願って、古《いにしえ》の聖王の道を論じ立て、周公《しゅうこう》・召公《しょうこう》（周公旦《たん》と召公奭《せき》）の治績《ちせき》を説明してきたのですけれども、一人としてこれを取り上げようという君主がおりません。随分難しいのですね、人を説得することや、道を説明することは。」

老子は、これに答えて言った。「いや、幸いだったね、あなたの道で世の中を治めてみようなどと思う君主にめぐり会わなかったのは。およそ六種の経典などというものは、古《いにしえ》の聖王たちが残した古くさい足跡にすぎず、その足跡を生み出したもとの、聖王たちの生き方や彼らが抱いていた道とは違うのだ。そして、今あなたが口にしていることだが、これとてもやはり足跡にすぎぬ。そもそも足跡は、靴でつけるものであって、靴そのものとは違うのだよ。

一体、白鵖《しらさぎ》という水鳥は、雌雄《しゆう》が視つめあう時、互いにじっと瞳《ひとみ》をこらしている内に、やがて感じあって身ごもる。また、虫の類は、雄《おす》が風上で鳴き始めると、雌《めす》が風下で鳴き交《か》わして、やがて新たな生命を宿す。このように、どんな種類の生き物も、自分たちの力で雌雄の交わりを営み、それで感じあって身ごもるのだ。このように、物の生まれついた本性《ほんせい》は取り換えることができず、その与えられた天命《てんめい》は改めることができぬ。移りゆく時の流れは引き止めることができず、万物の中に貫通する道は壅《ふさ》ぎ止めることができぬ、これが真理《ことわり》というものだよ。それ故、いやしくもこの道を把えておりさえすれば、どんな場合でも万事うまく運ぶが、この道に背いてしまうと、する事なす事一つとしてうまく行かないのだよ。」

孔子は、それ以来三ヵ月の間、家に引きこもってじっと思索に耽《ふけ》った。そして、再び老子をたずねると、こう言った。「ついに私は道を把えました。烏鵲《かささぎ》などの鳥類は卵を温めて雛《ひな》を生み、魚の類は沫状《あわじょう》の精子をかけつけて卵を孵《かえ》し、蜂の類は青虫を取ってきて我が子とし、人間は幼い子を可愛がるので、弟が生まれると兄が泣くのですね。思えばまことに永い間のことでした、私が万物のこの自律的な変化を友とする、真の生き方に背いていたのは。万物の自律的な変化を友とすることなしに、どうして人々を教化することができましょう。」

老子、「それでよいのだ。丘《きゅう》（孔子の名）よ、ついに道を把えたね。」

原　文

孔子謂老聃曰、丘治詩書禮樂易春秋六經、自以爲久矣、孰知其故矣。以奸者七十二君、論先王之道、而明周召之迹、一君无所鉤用。甚矣夫、人之難説也、道之難明邪。老子曰、幸矣、子之不遇治世之君也。夫六經、先王之陳迹也。豈其所以迹哉。今子之所言、猶迹也。夫迹履之所出、而迹豈履哉。夫白鶂之相視、眸子不運而風化。蟲雄鳴於上風、雌應於下風而〔風〕★化。類自爲雌雄、故風化。性不可易、命不可變、時不可止、道不可壅。苟得於道、无自而不可、失焉者、无自而可。孔子不出三月、復見曰、丘得之矣。烏鵲孺、魚傅沫、細要者化、有弟而★兄啼。久矣夫、丘不與化爲人。不與化爲人、安能化人。老子曰、可。丘得之矣。

「天運」という篇題について、『経典釈文』は「以義名篇」とするが、篇首の二字を取って篇名としたものである。『釈文』司馬彪が「天員」に作ると言う「員」は、馬叙倫の言うように「運」の仮借字である（王念孫・王引之「淮南内篇雑志」を参照）。本篇の、上の両篇との共通性については、両篇の「解説」を参照。本篇の各章は、上両篇と同じく、相互にそれほど緊密な繋がりを持っていない。

第一章は、帝王に「天地・日月」の「道」を把持して、天下に君臨するようにと勧める文章である。第二章は、天下を兼ね忘れ、また天下から兼ね忘れられるような至上の為政者は、儒家の唱える「仁孝」などの道徳を越えていると述べる。第三章は、音楽の演奏論という形を取って、「道」を根源実在とする存在論・自然論を詳述し、また、音楽の享受論に仮託して、「道」を体得する階梯を描く。第四章は、孔子の思想及びその実現に努める彼の努力を、アナクロニズムと言って嘲笑したもの。以下の諸章には、孔子や儒教を攻撃する内容の問答が集めてあるが、黄老学派と儒家の対立が先鋭化しつつあった時代の文献であって、前漢、文帝期〜武帝期の作ではなかろうか。第五章は、孔子・老耼会見物語である。老子の口を借り孔子に対して、「仁義」などは一時的なものでしかないと批判し、「道」を把えるために「逍遥・苟簡」の方向で己を正すべきことを勧める。第六章も、孔子・老耼会見物語。孔子や儒家の説く「仁義」、またそれに基づく「三皇・五帝・三王」の政治を、甚だしく天下を乱すものでしかなかったと難ずる。第七章も、孔子・老耼会見物語。「道」とは万物の自化自生（自主的自律的な変化）のことであるとし、これに親しむことに比べると、儒教経典「六経」などは陳跡《ちんせき》にすぎないと断ずる。

刻意《こくい》 第十五

総説

本篇の主張するところは、「恬惔寂漠《てんたんせきばく》、虚無無為《きょむむい》」の心境を守ることによって、「精神」を養うということである。この主張は、道家の思想として、一見何の変哲もないかのようである。しかし、実はそうでなく、ここには新しい思想の試みがある。

というのは、この「精神」は、人間の身体内部にある精神であり精気であると同時に、世界の「万物」の構成や運動を論ずる自然学上の質料因「気」でもある。それ故、人間が自己の「精神」を養うことに成功するならば、右のような仕組みを通じて、世界をコントロールすることも可能となるとしているからである。——「精神は四達並《したつぼう》(旁)流《りゅう》して、極《きわ》まらざる所無《な》く、上は天を際《きわ》め、下は地に蟠《わだかま》り、万物を化育《かいく》するも、象《しょう》を為す可《べ》からず。其の名を同帝《どうてい》と為す。」とあるのを見られたい。そして、これは一種の天人相関説の、原理的なメカニズムの究明なのである。

なお、右の引用文とほぼ同じ内容のことを、本篇はまた「一の精《せい》は通じて、天倫《てんりん》に合《がっ》す。」とも言っているが、これらと類似の文句が、『淮南子』原道篇に「一の理は四海に施し、一の解は天地を際《きわ》む。」、『管子』心術下篇に「聖人の一言の解は、上は天を察《きわ》め、下は地を察《きわ》む。」、同内業篇に「一言の解は、上は天を察《きわ》め、下は地を極む。」、馬王堆帛書『十六経』成法篇に「一の解は、天地を察め、一の理は四海に施す。」などとある。ほぼ同じ前漢初期の道家思想の表現として参照される。

第一章　五つの人間類型――その未熟さを克服する方法

思想を鋭くみがいて行動を高潔に保ち、世間から離れて俗習に背を向け、高らかに理想を論じては己《おのれ》の不遇を怨み、世間の腐敗をののしって、ひたすら己を高く持する。このような態度は、深山《しんざん》・幽谷《ゆうこく》を放浪する人士《じんし》、世間をののしって止《や》まない者、憔悴《しょうすい》しきって淵《ふち》に身を投げる連中の好むところである。人々に向かって仁義や忠信の教えを語り、慎み深さと謙譲の徳の大切さを説いて、ひたすら修養に努める。このような態度は、世の平和を実現しようとする人士、人々の教育にたずさわる者、諸国に遊説したり、自宅に静居したりして、学問をする連中の好むところである。天下を治める大功《たいこう》について論じ、古今に並びなき名声を得たいと願い、君臣間《くんしんかん》の礼儀を整え、上下の関係を厳正にして、ひたすら国家を治めることに没頭する。このような態度は、朝廷にあって国政にたずさわる人士、君主を尊重し国家を強大にしようと努める者、功績を挙げて領土の拡張に腐心する連中の好むところである。藪沢《そうたく》の繁《しげ》みに身を潜《ひそ》め、人里遠く離れた閑静《かんせい》・広漠《こうばく》の境《きょう》に時を過ごし、ひっそりした渓流で魚釣りを楽しんで、ただただ無為《むい》を決めこむ。このような態度は、江海《こうかい》（大河・東海）のほとりに隠れる人士、乱世を避ける者、人生を暇《ひま》つぶしと心得た連中の好むところである。呼吸の緩急・深浅をさまざまに調整して、故気《こき》を吐《は》き出し新気を吸いこみ、熊のように仁王《におう》立ちするかと思えば、鳥のように頸《くび》を伸ばして、ただただ不老長寿に心がける。このような態度は、導引《どういん》の法（霊気を導き身体に引き入れる術）を修行する人士、身体を鍛錬する者、彭祖《ほうそ》（伝説上の長寿者）の長寿にあやかりたいと願う連中の好むところである。

以上の五つのタイプよりも優れているのは、ことさら思想を鋭くみがかなくても高潔であり、わざわざ仁義を持ち出さなくても人心が修まり、無理に功名《こうみょう》を立てるまでもなく国家が治まり、何も江海《こうかい》くんだりまで逃げ出さなくても心静かであり、特に導引《どういん》の法に入れこまなくても天寿《てんじゅ》を全《まっと》うできる、というような境地の人である。このような人は、全てを忘却しつつ同時に全てを所有しうるだろうし、ゆったりと落ち着き無限の働きを遂《と》げる内にも、人々の願うあらゆる幸いがここから生まれるだろう。これこそが、天地の中に行われている道であり、聖人の身に備わっている徳（道の働き）である。それ故、「そもそも恬《やす》らかで淡《あわ》く、寂《さび》しくて漠《ひろ》く、虚《むな》しくて作為を行わないというのは、天地の模範的なあり方であり、道徳（道とその働き）のもともとの姿である。」と言い、また、「聖人はこの境地に身を休める。」とも言う。聖人がここに身を休めれば、彼の心は平安になり、平安であれば、恬《やす》らかで淡《あわ》くなる。心が平安で、恬《やす》らかで淡《あわ》ければ、いかなる苦悩も入りこむ余地がなく、いかなる邪気《じゃき》もつけ入る隙《すき》がない。だから、聖人の徳は完全であって、その精神にも欠けるところがないのである。

原　文

刻意尚行、離世異俗、高論怨誹、爲亢而已矣。此山谷之士、非世之人、枯槁赴淵者之所好也。語仁義忠信、恭儉推讓、爲脩而已矣。此平世之士、教誨之人、遊居學者之所好也。語大功、立大名、禮君臣、正上下、爲治而已矣。此朝廷之士、尊主彊國之人、致功幷兼者之所好也。就藪澤、處閒曠、釣魚閒處、無爲而已矣。此江海之士、避世之人、閒暇者之所好也。吹呴呼吸、吐故納新、熊經鳥申、爲壽而已矣。此道引之士、養形之人、彭祖壽考者之所好也。

若夫不刻意而高、無仁義而脩、無功名而治、無江海而閒、不道引而壽、無不忘也、無不有也、澹然無極、而衆美從之。此天地之道、★聖人之德也。故曰、夫恬惔寂漠、虛無無爲、此天地之平、而道德之質也。故曰、聖人休★焉。休則平易矣、平易則恬惔矣。平易恬惔、則憂患不能入、邪氣不能襲。故其德全而神不虧。

第二章　聖人の生と死は、天の運行と一致する

そこで次のように言う。「聖人という者は、人の世に生きてある限り、天の運行と一つになりきり、死んでこの世を去る場合も、万物転生《ばんぶつてんせい》の一つに徹する。じっとしている時には、陰《いん》の気に命ぜられて静かに働き、走り回る時には、陽《よう》の気に命ぜられて波のように動く。」つまり、人々に福を恵んでやろうなどとは思わず、また禍《わざわ》いで懲らしめてくれようともしな

い。外からの働きかけを受けて始めてこれに応じ、他の物に差し迫られて始めて動き出し、やむをえない事態に立ち至って始めて起《た》ち上がる。聖人は、知恵と人為を棄て去って、ひたすら天の理法《ことわり》に従うのである。

だから、聖人は、天から災《わざわ》いを降《くだ》されることもなければ、物に累《わずら》わされることもなく、人から誹《そし》られることもなければ、鬼《おに》（鬼神《きしん》）から咎《とが》められることもない。この世に生きている時は、流れに浮かぶ物のように全てを成りゆきに任せ、死んでいく時は、疲れた者が休息でもするかのように安らかで静かである。己《おのれ》の心を思慮分別で汚《けが》さず、先走った謀《はか》り事で乱さず、内に光を備えていても、外にぎらぎらと燿《かがや》かさず、人となりは信実でありながら、約束を楯《たて》に取ることはない。寝ては夢にうなされず、覚めては憂いに悶《もだ》えず、その精神は絶えず純粋に保たれて、その霊魂は疲れを知らずに働き続ける。要するに、聖人は、虚《むな》しい上に恬《やす》らかで淡《あわ》い境地にあり、こうして天の働きにぴたりと合致するのである。

そこで、「悲しみや楽しみの感情は、本来の徳（道の働き）が歪《ゆが》んだものであり、喜びや怒りの感情は、根源の道が過《あやま》ったものであり、好《この》みや悪《にく》しみの感情は、本来の徳が失われたものである。」と言う。したがって、心に憂いや楽しみの感情が起こらなくなれば、それが本来の徳の極致《きよくち》である。心が一定して、いかなる事態にも不動となるならば、それが静けさの極致である。外物の動きに素直《すなお》に従って、摩擦を起こさなくなれば、それが虚《むな》しさの極致である。外物との交渉を断《た》って、それを追い求めようとしなくなれば、それが淡さの極致である。外物の動きに合わせて、その逆を行くようなことがなくなれば、それが純粋さの極致である。

原　文

故曰、聖人之生也天行、其死也物化。靜而與陰同德、動而與陽同波。不爲福先、不爲禍始。感而後應、迫而後動、不得已而後起。去知與故、循天之理。

故無天災、無物累、無人非、無鬼責。其生若浮、其死若休。不思慮、不豫謀、光矣而不耀、信矣而不期。其寢不夢、其覺無憂。其神純粹、其魂不罷。虛無恬惔、乃合天德。

故曰、悲樂者德之邪、喜怒者道之過、好惡者德之失。故心不憂樂、德之至也。一而不變、靜之至也。无所於忤、虛之至也。不與物交、淡之至也。无所於逆、粹之至也。

第三章　偉大な精神の働きは、上帝にも匹敵する

そこで次のように言う。「人間の身体は、酷使するばかりで休むことがなければ疲弊するし、その精神も、消費するばかりで歯止めをかけないと疲労する。さらに、疲労が重なると、枯れ尽きてしまう。」

水の本性《ほんせい》というものは、不純物を雑《ま》じえなければ清らかに澄《す》み、揺《ゆ》すって動かさなければ水平であるが、塞《ふさ》ぎ止めて流れないようにすると、やはり清らかに澄《す》むことはできない。これは、一切の万物の中に貫かれている、天の働きの本当の姿でもあるのだ。そこで、「純粋

さを保って雑念を雑《ま》じえず、不動の静けさを守って変わることがなく、気持ちを淡《あわ》くした上で作為をも行わず、動き出す場合には天の運行さながらである。」と言う。これこそが、精神を養う方法に他ならない。

一体、呉《ご》や越《えつ》（ともに国名）で作られた名剣を所有している者は、剣匣《けんこう》に蔵《おさ》めて大切にしまいこみ、めったなことでは使用しない。これが宝物扱《たからものあつか》いの最たるものである。まして、剣よりも遥《はる》かに大切な人間の精神の場合は、なおさらのことだ。およそ精神というものは、四方・八方に進んで広く行きわたり、どんな果てでも行きつかぬところはない。上は天の彼方《かなた》をかすめ、下は地の奥底に横たわって、その間の全ての物を育《はぐく》むが、姿形《すがたかたち》は把えられない。そこで、これを上帝《じょうてい》にも等しい存在と言う。今まで述べてきた純粋・素朴の道とは、実は、この精神をひたすら己《おのれ》の内奥《ないおう》に守ることに他ならない。守り続けて失うことがなければ、己《おのれ》は高まって精神それ自体と一体になるであろう。己と一体となった精神それ自体は、万物の中に自由に入りこんで、天の理法《ことわり》に合致することであろう。

民間の諺《ことわざ》にも言うとおり、「大多数の凡人は利益を重んじ、けじめ正しい廉潔《れんけつ》の士は名誉を重んじ、賢明な君子は志節《しせつ》を尊び、道を体得した聖人は精神を貴ぶ。」それで、素朴というのは、持って生まれた精神のままで不純物を雑《ま》じえないこと、純粋というのは、その精神を大切に守り続けて損《そこ》なわないことであるが、このようにして純粋・素朴を体得することができた人こそが、真人《しんじん》（真の人）と呼ばれる存在なのである。

原文

故曰、形勞而不休則弊、精用而不已則勞。勞則竭。

水之性、不雜則清、莫動則平、鬱閉而不流、亦不能清、天德之象也。故曰、純粹而不雜、靜一而不變、淡而无爲、動而以天行。此養神之道也。

夫有干越之劍者、柙而藏之、不敢用也。寶之至也。精神四達竝流、无所不極、上際於天、下蟠於地、化育萬物、不可爲象。其名爲同帝。純素之道、唯神是守。守而勿失、與神爲一。一之精通、合于天倫。

野語有之、曰、衆人重利、廉士重名、賢士尚志、聖人貴精。故素也者、謂其無所與雜也、純也者、謂其不虧其神也。能體純素、謂之眞人。

解説

「刻意」という篇題について、『経典釈文』は「以義名篇」とするが、篇首の二字を取って篇名としたものである。本篇は、次の繕性篇と関係が深く、同じグループに属する思想家たちによって書かれた文章である（王夫之・羅根沢・関鋒・福永光司など）。また、天地篇以下の三篇よりもやや後れて成立したようで、前漢初期の作であろう（姚鼐・関鋒）。

五つの人間類型を挙げて、彼らの生の目的「高・脩・治・間・寿」を是認しつつ、それぞれの方法に代わり、「恬惔寂漠《てんたんせきばく》、虚無《きょむ》無為《むい》」によって精神を養守すべきことを提案する。従来、世界の構成・運動を論ずる自然学の原理であった元素の「気」を、人間の精神と同じものと見なして観念化し、そのことを通じて、天人相関説に基づく帝王の世界支配を可能にしようとした新しい試みである。この点でいわゆる『管子』四篇に似ており（関鋒・福永光司）、当時盛んになりつつあった非合理主義の一分流と考えられる。これを王夫之が養生家と言い、羅根沢が神仙家と言うのは、恐らく当たるまい（関鋒）。

全篇が一章をなす文章である（陳景元・姚鼐）が、訳読の便宜上、三章に分けてみた。

繕性《ぜんせい》　第十六

総説

本篇の文章で注目すべきものは、人が「知《ち》と恬《てん》と交《こもご》も相《あ》い養え」ば、彼の「性」の中から「和」と「理」が生まれる、という主張である。

本篇は、この「和」とは「徳」であり、「理」とは「道」であると、それぞれ同定しているので、このあたりまでは、一応今まで見てきた『荘子』の思想と大きくは齟齬しない、道家的な思想であると言ってよい。

ところが、次に作者は、この道家の「徳」を儒家の「仁」と、道家の「道」を儒家の「義」と、それぞれ等号で結んでしまうのである。これは、道家の儒家への接近が、同じ傾向の目立つ本書天道篇第五章よりも一歩進んだと見ることができよう。さらに作者は、儒家の「忠」「楽」「礼」も道家の「道」「徳」の生んだ嫡子であるかのように言う。

ここには確かに「礼楽」の偏重に対する自戒があるにはあるが、コンテキストの上では論理性の乏しい自戒である。かくて道家による儒家思想の包摂は、極まれりと言わなければならない。なお、戦国末期～前漢初期の道家の文献である『管子』心術上篇にも、儒家・法家の「義」「礼」「法」は道家の「道」「徳」から出てきたので、正当なものと評価すべきだとする主張が見える。ほぼ同時代の同傾向にある道家思想の営みと把えることができよう。

第一章　道徳・仁義などは、みな人間の本性に由来する

自己の本性《ほんせい》を世間の風俗によって取り繕《つくろ》っておきながら、学問を通じてその初めの姿に立ち復《かえ》ろうと努めたり、本来の欲望《こころ》を世間的生活の中でかき乱しておきながら、思索を通じて絶対の明知を手に入れようと努める者、こういう者のことを、目を塞《ふさ》がれた愚かな人々と言う。

それに引き替え、その昔、正しく道を修めた人たちは、外物に乱されない恬《やす》らかな心によって知恵を養い育てた。知恵が育ってきても、その知恵を使用して何かをしでかす、などということはなかった。これを、知恵によって恬《やす》らかな心を育てることと呼ぶ。このように知恵と恬《やす》らかな心が互いに育てあうならば、やがて人間の本性の中から、社会の調和と秩序が生まれてくるのである。

そもそも徳（道の働き）とは、人々を調和させる作用であり、道とは、人々に秩序を与える条理である。そして、この徳の、万民を暖《あたた》かく包容する一面が仁《じん》の教えとされたのであり、この道の、万民を筋目《すじめ》正しく秩序づける一面が義《ぎ》の教えとなったのである。義が明らか

になって、人々が互いに親しみあうのが忠《まごころ》、忠が内奥《ないおう》に満ち満ちてきて、本来の姿に立ち返るのが楽《がく》、信《まごころ》が顔つき・物腰《ものごし》に現れてきて、麗《うるわ》しい節度に適《かな》うのが礼《れい》である。とはいうものの、もし道・徳をさておいて、礼・楽ばかりを偏重して実施するならば、きっと天下は乱れるに違いない。あの為政者のやろうとしていることがこれであって、彼は礼楽で天下を正そうとするあまり、自己の徳を蒙《おお》い隠してしまう。およそ為政者の徳は、冒《おお》い隠してはならないものであり、もし冒《おお》い隠すならば、万物・万民が必ずそれぞれの本性を失うというとばっちりを受けて、その結果、天下が乱れることになるのである。

原　文

繕性於俗★、學以求復其初、滑欲於俗、思以求致其明。謂之蔽蒙之民。

古之治道者、以恬養知。〔知〕★生而无以知爲也。謂之以知養恬。知與恬交相養、而和理出其性。

夫德、和也。道、理也。德无不容、仁也。道无不理、義也。義明而物親、忠也。中純實而反乎情、樂也。信行容體而順乎文、禮也。禮樂徧行、則天下亂矣。彼正而蒙己德。德則不冒、冒則物必失其性也。

第二章　道と世間が疎外しあう、人類の歴史の不幸

昔のよき時代に生きた古人《こじん》は、万物の区別・けじめもまだ判然としない中にあって、当代の全ての人々とともに、穏《おだ》やかで拘《こだわ》らぬ生活を楽しんでいた。この時、陰陽二気の活動は和《やわ》らぎ落ち着き、鬼神《きしん》は冥界《めいかい》に鳴りを潜《ひそ》めて騒ぎもあえず、四季の運《めぐ》りにはめりはりがあって、全ての物が健《すこ》やかに成長し、生きとし生けるものが天寿を全《まっと》うしていた。人々に知恵がないではなかったが、それを用いる必要がなかった。真に完全な統一の実現していた時代であった。この時、誰一人、上位に立って作為を弄《ろう》する者はなく、常に万物・万民が自《みずか》ら生きていたのである。

ところが、根源の徳が衰え始めて、燧人《すいじん》・伏戯《ふくぎ》といった帝王が上位に立ち、始めて天下を統治するようになると、人々はなるほど従順にはなったけれども、かつての統一を失ってしまった。それから徳がまた衰えて、ついに神農《しんのう》・黄帝《こうてい》といった帝王が天下を統治する事態に立ち至った。すると、人々の生活はなるほど安定はしたけれども、かつての従順さを失ってしまった。それから徳がさらに衰えて、とうとう尭《ぎょう》・舜《しゅん》の両帝が天下を統治する局面を迎えた。彼らは自ら源《みなもと》となって統治と教化の流れを興《お》こし、人々の淳厚《じゅんこう》な真心《まごころ》を浅薄にし、素朴な本性《ほんせい》を飛散《ひさん》させ、道から離れておきながらそれを善と称し、徳をとげとげしくした上でそれを実践するようになった。こうして、人々は生まれながらの本性を捨て去って己《おのれ》の私心

に従い、その私心同士が互いに分別の知恵を逞《たくま》しくしたので、とても天下を安定させることができなくなった。そこで次に、彼らは、人々に文化という形式を貼りつけ、教養という飾りを加えたのであるが、文化の形式は人間本来の質朴さを根絶やしにし、教養の飾りは人間の淳厚《じゅんこう》な心を惑溺《わくでき》させてしまった。こうなった後、人々はついに何が何だかすっかり分からなくなって、己の本性のあるがままに立ち返り、その最初の姿に復帰《ふっき》することができなくなってしまったのである。

以上の事実から考えてみると、世間のあり方が実現すべき道を見失っているとともに、道もまた実現されるべき世間を見失っている。つまり、世間と道が互いに相手を見失って、離れ離れになっているのだ。こうなっては、道を体得した聖人がいたとしても、どうして世間に出てそこで腕を振るうことができようか。世間の方もまた、どうして道に支《ささ》えられて繁栄していくことができようか。道が世間の中で盛んに行われる望みはなく、世間が道によって繁栄する見通しもない。だから、聖人はわざわざ山林の奥深くに身を隠さなくても、その徳は世間に隠されているのだ。すでに徳が隠されている以上、今さら身を隠す必要もないのである。

原　文

古之人、在混芒之中、與一世而得澹漠焉。當是時也、陰陽和靜、鬼神不擾、四時得節、萬物不傷、羣生不夭。人雖有知、无所用之。此之謂至一。當是時也、莫之爲而常自然。

逮徳下衰、及燧人伏戯始爲天下。是故順而不一。徳又下衰、及神農黄帝始爲天下。是故安而不順。徳又下衰、及唐虞始爲天下。興治化之流、澆淳散朴、離道以善、險徳以行。然後去性而從於心、心與心識知、而不足以定天下。然後附之以文、益之以博、文滅質、博溺心。然後民始惑亂、无以反其性情、而復其初。

由是觀之、世喪道矣、道喪世矣。世與道交相喪也。道之人何由興乎世、世亦何由興乎道哉。道无以興乎世、世无以興乎道。雖聖人不在山林之中、其徳隱矣。隱故不自隱。

第三章　外物・世間にかかずらって自己の本性を喪《うしな》うまい

その昔、隠士《いんし》と言われた者は、我《われ》から身を隠して世間に姿を見せまいとしたのではない。我《われ》から口を閉《と》ざして何も言うまいとしたのではない。我《われ》から知恵を蔵《しま》いこんで働かすまいとしたのではない。たまたま乱世に生まれるという、時のめぐり合わせがひどく悪かったので、そうするより他なかったのである。もしよい時世にめぐり会って、天下に自分の道を思う存分行うことができるならば、人々を再び統一の世界に引き戻《もど》して、しかも何ら作為の形跡を後に残さず、また、もしよい時世にめぐり会えず、天下において自分の道が二進《にっち》も三進《さっち》もいかなくなるならば、独り根源の道を深く培《つちか》い、窮極の徳を安らかに抱いて、時節の到来をじっと待つがよい。そして、これこそが、我が身を安全に保つ方法なのである。

その昔、我が身を安全に保って天寿を全うした者は、辯舌《べんぜつ》を振るって自分の知恵を飾り立てたり、知恵をめぐらせて天下の万象を調べ上げたり、知恵を働かせて人々の抱くべき徳を究明したり、など全くしようとしなかった。独りすっくと自分の持ち場に立って、自分の本《ほん》性《せい》に立ち返っていた、ただそれだけのことだった。その他に、また何のなすべきことがあろうか。一体、道はもともと小ぢんまりとは行いえないもの、徳はもともと小賢《こざか》しくは知りえないもの。小賢しい知識は徳を傷つけるし、小ぢんまりとした行いは道を傷つける。だから、「我が身を正すのがイの一番。」と言うのである。このようにして、本来の楽しみが欠けるところなく備わるのを、我が意志の実現と言う。

その昔、我が意志の実現と言われていたのは、高位・高官に升《のぼ》って世に時《とき》めくことではなかった。本来の楽しみが欠けるところなく備わって、何一つこれに追加するもののない状態であった。ところが、今日の我が意志の実現と言うのは、高位・高官に升《のぼ》ることを意味する。しかし、たとえ高位・高官が我が身に得られたとしても、それは人間にとって天与の本性ではなく、物がたまたま外からやって来て我が身に寄生したまでのことだ。外からやって来て寄生するだけのものに対しては、その訪《おとず》れを拒むことはできないし、その立ち去るのを引き止めることもできない。だから、昔は、高位・高官に升《のぼ》ったからと言って、卑俗に迎合せずに振る舞わず、困窮・貧乏のどん底に落ちぶれたからと言って、勝手気ままに振る舞わず、どちらの境遇をもともに楽しんでいた。それ故、悩みは起こりようがなかったのだ。ところが、今日と来たら、我が身に寄生する外物でしかない地位・名誉が、一度《ひとたび》手元から離れでもしようものなら、もう鬱々《うつうつ》として楽しまない。これによって考えてみると、彼らに地位・名誉の楽しみがあったとしても、それは永続する楽しみであった例《ためし》がない。そこで、「外物にかかずらって自己を喪《うしな》い、世間になずんで本性を失ってしまった者、こういう人間たちのことを、逆立ちした民と呼ぶ。」と言うのである。

原文

古之所謂隱士者、非伏其身而弗見也。非閉其言而不出也。非藏其知而不發也。時命大謬也。當時命而大行乎天下、則反一無迹。不當時命而大窮乎天下、則深根寧極而待。此存身之道也。古之存身者、不以辯飾知、不以知窮天下、不以知窮德。危然處其所、而反其性已。又何爲哉。道固不小行、德固不小識。小識傷德、小行傷道。故曰、正己而已矣。樂全、之謂得志。

古之所謂得志者、非軒冕之謂也。謂其无以益其樂而已矣。今之所謂得志者、軒冕之謂也。軒冕在身、非性命也、物之儻來寄也。寄之其來不可圉、其去不可止。故不爲軒冕肆志、不爲窮約趨俗、其樂彼與此同。故无憂而已矣。今寄去則不樂。由是觀之、雖樂未嘗不荒也。故曰、喪己於物、失性於俗者、謂之倒置之民。

解説

「繕性」という篇題について、『経典釈文』は「以義名篇」とするが、篇首の二字を取って篇名としたものである。本篇は、上の刻意篇と関係が深く、同じグループの思想家たちによって書かれている。また、天地篇以下の三篇よりもやや後れて成立したようで、前漢初期の作であろう（刻意篇の「解説」を参照）。駢拇篇以下の三篇と同じ政治思想や歴史観が現れているのも、本篇の特徴である。

人間の本来的な「性」から、調和としての「徳」、また秩序としての「道」が生まれ、それらはやがて儒家の「仁・義・忠・楽・礼」となって展開するのであるが、そのようになっていくように、「知・恬」によって「性」を養おう、と訴えた文章である。

全篇が一章をなす文章である（陳景元・姚鼐）が、訳読の便宜上、三章に分けてみた。

秋水《しゅうすい》 第十七

総説

道家が「天」と「人」を対立的に把え、「天」を肯定し「人」を否定した事実は、よく知られている。荀子の「天人の分」は、これを踏まえて提起されたものである。それ故、一般に流布している、道家を天人相関・天人一致の思想と見なす見解は、初歩的な誤りを犯している。しかし、問題はその「天」とは何を指し、「人」とは何を指すかであろう。なぜなら、「天」と「人」は、定義の仕方いかんによっては、全く同じ現象が正反対に評価されることもあるからである。

一般的な傾向を言えば、初期道家の「人」は広く、その否定は厳しい。例えば、斉物論篇第一章の「聖人《せいじん》は由《よ》らずして、之を天に照らす。」は、人間の知を「人」と考えて否定し、それを撥無し尽くした即自的な斉同の世界を「天」とするものである。したがって、ここでは人間の知に基礎を置く道徳や政治など、一切の人為がトータルに否定されることになる。

本篇第一章の「天」と「人」はどうであろうか。作者の考える「天」の内容は、「安《あん》危《き》を察し、禍福《かふく》に寧《やす》んじ、去就《きよしゅう》を謹《つつし》む。」を可能にする、「道を知る」ことである。これが人為ではなく自然と評価されて肯定されている。だから、「人」は狭められ、その否定も緩やかになったと言うことができよう。そして、時の経過とともに従来の人為が「天」として許容されるようになるというのが、この学派の動いていった方向であった。

第一章　私は何をなすべきか、何をなさざるべきか——万物の自化の思想

折しも秋の大雨の季節がやって来て、ありとあらゆる川の水が一斉《いっせい》に黄河《こうが》に注ぎこんでいた。ふくれ上がったその流れは壮大そのもの、見晴《みは》るかす両岸の水際《みぎわ》も遠く隔たって、向こうに立っているのが牛であるか馬であるか、見分けがつかないほどであった。そこで、黄河の神河伯《かはく》は、うきうきとしてすっかり嬉しくなってしまい、天下中の善美《ぜんび》が全て我が身一つに集まったと思い上がった。さて、河伯は、黄河の流れに沿って東へ東へと進み、やがて北《ほっ》海《かい》に到達した。ところが、東を向いて眺《なが》めわたしたところ、いくら目を凝《こ》らしても大海原《おおうなばら》が広がるばかりで水の果ては見えない。

そこで、河伯は始めて顔向きを変えて振り返り、ぼんやりと空《うつろ》な目を北海の神北海若《ほっかいじゃく》の方に向けながら、次のように嘆くのであった。「世間の諺《ことわざ》にも、『百かそこらの道理を聞いて、俺《おれ》ほどの者はないと自惚《うぬぼ》れる。』とか言いますが、正《まさ》に私のことでした。それに、私は

以前、仲尼《ちゅうじ》（孔子の字《あざな》）の博識を取るに足らぬと見下《みくだ》したり、伯夷《はくい》（殷代末期の清廉《せいれん》な隠者）の節義を偏屈《へんくつ》だと蔑《さげす》んだりする者の議論を聞いて、その時は本当とも思いませんでした。しかし、今あなたの測り知れない大きさを目の当《ま》たりにして、上には上があるものだと教えられたのです。もし私がここを訪ねてあなたの門を叩《たた》かなかったとしたら、危ないところでした。私はいつまでも大道《たいどう》を心得た人たちの物笑いの種になっていたことでしょう。」

これを聞いて、北海若《ほっかいじゃく》は次のように答えた。「井《い》の中の蛙《かわず》に海のことを話しても仕方《しかた》がないというのは、蛙《かわず》が狭い自分の住処《すみか》になずんでいるからだ。夏の生命《いのち》しか持たない虫に氷のことを話しても仕方《しかた》がないというのは、夏の虫が自分の生きているわずかな時だけを全てと信じているからだ。それと同じく、見識の狭い人物に大道のことを話しても仕方がないというのは、彼が世間的な教えに縛りつけられているからだ。ところが、今君は狭い岸辺の間から抜け出して、大海原を見わたし、始めて己《おのれ》の矮小《わいしょう》さを思い知ったというわけだ。今の君なら、大道の理《ことわり》についてともに語りあえそうだね。

天下の水と呼ばれるものの内で、海より大きいものはない。よろずの川がここに流れこみ、いつ止《や》むとも分からないけれども、海は満ち溢れることがない。また、海底の奥深くに尾閭《びりょ》という大きな穴が開いており、絶えず水を排出して、いつ終わるとも知れないが、海は乾上《ひあ》がることがない。春・秋の季節によって変わることがなければ、洪水《こうずい》・旱魃《かんばつ》によって左右されることもないのだよ。この大海が長江《ちょうこう》・黄河の流れよりも遥《はる》かに巨大であるさまは、とても数量で表すことなどできはしないね。それなのに、この私は今まで一度たりとも、自分の大きさを大したものだと誇《ほこ》ったことがない。そのわけは、我が身といえども天地の間に形体を並べる万物の一つ、陰陽の気を授かって存在する一物でしかないので、私がこの広大な天地の間に存在する姿は、譬《たと》えてみれば、大きな山の中に小さな一つの石、一本の木があるようなもの、と心得ているからなのだ。このように、己の矮小さが目につくばかり、また何だって大したものだなどと思うものかね。

　それどころか、中国（中央の国）を取り囲む四方の海全体にしたところで、それが広大な天地の間に存在する姿は、あたかも一つの蟻塚《ありづか》が大きな沢の中にあるようなもの。またこの中国となると、それが四方の海の内に存在する姿は、あたかも一粒《ひとつぶ》の稊米《いぬびえ》が大きな穀物倉《こくもつぐら》の中にあるようなものではないか。さらに、中国の中に存在する物のことだが、その総数はざっと数えて万《まん》と言われる。人類はその中の一つにすぎない。その上、人間の社会や、それが営まれる九州（九つの州）は、五穀の実るところであり、舟・車の行き交《か》うところであるが、個々の人間はその一つに住まうにすぎない。してみると、一人の人間を中国に存在する万物と比べた場合、あたかも一本の細い毛先《けさき》が馬の身体《からだ》に生えているようなものではないかね。聖人として称えられる五帝《ごてい》（太古の聖王）がまつわりついて離れず、三王《さんおう》（夏・殷・周三代の聖王）が争いあって君臨しようとしたのも、仁徳《じんとく》のある人々が心配し、治世の実務家たちが骨を折ったのも、それもこれもみなこの小さな人間・社会のことでしかなかった。あの伯夷《はくい》とて、この人間・社会を見限って節義の士という名声を手に入れたにすぎず、あの仲《ちゅう》尼《じ》とて、この人間・社会についてしゃべって博識だともてはやされているにすぎない。それなのに、彼らが自分のことを大したものだと誇《ほこ》っているのは、君が先ほど自分の水を大したものだと誇っていたのと、似たようなものではないかね。」

河伯、「そうしますと、天地を大きなもの、細い毛先を小さなもの、と考えればよいのでしょうか。」

北海若《ほっかいじゃく》、「いや、そうではない。一体、物というものは、空間に広がる量は無限に大きく、時間に占める時は止《とど》まることがなく、物に与えられた本分には何の恒常不変性もなく、物の生死は反復、繰り返されて固定的なものは何一つない、こういう存在なのだ。だから、偉大な知者は、遠くの物と近くの物をともに眺《なが》めて、小さくてもつまらぬと見くびらず、大きくても大したものと感心しない。何となれば、万物の空間に広がる量の無限に大きいことを知っているからだ。彼は、現在の物と過去の物の両者に精通しているので、久しくやって来ないからといっていら立たず、短時に過ぎ去るからといってあわてない。何となれば、万物の時間に占める時の止まることがないことを辨《わきま》えているからだ。また彼は、物の満ちと欠けを合わせて観察するので、何かを得たからといって喜ばず、失ったからといって悲しまない。なぜなら、物に与えられた本分には何の恒常性もないと心得ているからだ。さらに彼は、生と死が一条の平坦な途《みち》であることを明《あき》らめているので、生まれて来ても喜ばず、死に逝《ゆ》く場合も禍《わざわ》いとは思わない。なぜなら、物の転生《てんせい》・輪廻《りんね》は反復、繰り返されて固定的なものは何一つないと悟《さと》っているからさ。

およそ人間の知っていることは、知らないことの多さに比べて及びもつかない。また、生きている時の長さは、生まれる以前の時の悠久さに比べて及びもつかない。このように極めて小さな知しか持たない人間が、極めて大きな世界のことを知り尽くそうとする。だから、惑乱して本来の自己を見失ってしまうのだ。このことから考えるなら、またどうして細い毛先を最も小さなものの極限と決めつけられよう。またどうして天地を最も大きな世界の窮極と決めつけられようぞ。」

河伯、「そうしますと、世間の論客たちが口々に言っております、『最小とは小ささの極致の、形を持たない状態のこと、最大とは大きさの極致の、外から囲むことのできない状態のこと。』という概念論が、真実を穿《うが》っていることになるのでしょうか。」

北海若、「いや、そうではない。一体、小さな物の立場に立って大きな物を視つめても見極められず、逆に大きな物の立場によって小さな物を視つめても目が届かない。それに、最小というのは小さな物のさらに微小な状態のこと、最大というのは大きな物の一層壮大な状態のことだ。これらの物は、もともと明らかに把えるのに適《ふさ》わしい立場が互いに異なっている。だから、たとえ最小・最大があったとしても、最小の物・最大の物たりえない人間には、それらは結局把えられないのだよ。それというのも、なにかを明らかに把えることは、よって立つ立場があって始めて可能となるのだからね。

また、そもそも小とか大とかいうのは、形を持った物を対象として言う性質だ。一方、形を持たない存在は、物の性質をもってしては分析できず、外から囲むことのできない存在は、物の性質をもってしては究明できない。それに、人間が言葉で論ずることができるのは、わずかに大きな物だけ、心で把えることができるのは、わずかに小さな物だけであり、反対に言葉で論ずることができないもの、心で察知することができないものは、小とか大とかいった物の性質に限定されない。だから、あの論客たちが言葉や心で論じている最大と最小、形を持たない状態と外から囲むことのできない状態などは、真実を穿《うが》っているはずがない、虚妄の代物《しろもの》なのだ。真の大きさというものは、これとは別の方向に求めなければならない。

こういうわけで、偉大な人物大人《たいじん》は、次のように振《ふ》る舞《ま》うのだ。――他人を害するような行動には出ないが、そうかといって恩愛《おんあい》を施すことを尊ぶわけではなく、利益目当てに動くようなことはしないが、そうかといって貧しい門番を蔑《さげす》むわけでもない。財貨《ざいか》を求めて争うことはないが、かといって謙譲《けんじょう》の美徳を誇るでもなく、仕事では他人を当てにしないが、かといって自力で食っていくのを威張るわけでもなく、また貪欲《どんよく》に身を汚《けが》すのを嫌がるわけでもない。その行いは世間と違っているけれども、さりとて奇矯《ききょう》を好むでなく、振《ふ》る舞《ま》いは大衆に調子を合わせることを旨としているけれども、さりとて頼《たの》んだお方へのおべんちゃらも嫌いではない。このような大人《たいじん》にとっては、世間的な高位・厚禄《こうろく》も励《はげ》みとはならないし、世間的な刑罰・恥辱《ちじょく》も辱ずかしめとはならない。なぜかと言えば、是《ぜ》と非《ひ》は分けることができず、小と大も区切ることができない、と心得ているからだ。私の聞いた言葉に、『道を体得した道人《どうじん》は世間に名声がなく、至上《しじょう》の徳には世間の徳が備わらず、偉大な大人《たいじん》には自己がない。』というのがあるが、これこそ是と非、小と大などの区別を棄て去った極致と言ってよかろうな。」

河伯、「しかし、物の世界の外に想定するにしても、物の世界の内に想定するにしても、どこかに貴《き》と賤《せん》、小と大を区別する基準というものがあるのではないでしょうか。」

北海若、「根源的な道の立場に立って観《み》るならば、万物に貴賤《きせん》の区別はなく、一つの物の立場に立って観《み》るならば、必ずみな自分を貴び他者を賤《いや》しむことになり、世間の評価を第一とする立場に立って観るならば、貴賤の区別は自分に関わりがないことになってしまう。同じ物の立場の中でも、差異という観点から観ていく時、自分が大きいと思うものに基づいてそれを大とするならば、万物は全て大でないものはないし、また小さいと思うものに基づいてそれを小とするならば、万物は全て小でないものはない。そこで、天地だとて稊粒《ひえつぶ》のように小さいとされ、細い毛先だとて丘山《きゅうざん》のように大きいとされうるのだと気づけば、差異というものの本質も観《み》えてくるだろう。存在性という観点から観ていく時、自分が有ると考えるものに基づいてそれを有《ゆう》とするならば、万物は全て有でないものはないし、また無いと思うものに基づいてそれを無《む》とするならば、万物は全て無でないものはない。そこで、東と西のように互いに依存しあっている存在の、一方が無くなれば他方も無くなるのだと気づけば、存在性というものの本質も決まってくるだろう。主義主張という観点から観ていく時、自分が正しいと信ずるものに基づいてそれを是《ぜ》とするならば、万物は全て是《ぜ》でないものはないし、また誤りと思うものに基づいてそれを非《ひ》とするならば、万物は全て非《ひ》でないものはない。そこで、聖人の尭《ぎょう》と暴君の桀《けつ》（夏の最後の王）がそれぞれ自分を正しいと肯定し、相手を誤りと否定していたはずだと気づけば、主義主張というものの本質もはっきりするだろう。

その昔、唐《とう》（国名）の尭帝《ぎょうてい》と虞《ぐ》（国名）の舜帝《しゅんてい》は位を譲ることによって平和の裏《うち》に帝王となったけれども、燕王《えんおう》の噲《かい》はその相《しょう》の子之《しし》に位を譲ることによって国を亡《ほろ》ぼした。殷《いん》（王朝の名）の湯王《とうおう》（殷の初代の王）と周《しゅう》（王朝の名）の武王《ぶおう》（周の初代の王）は武力に訴えて王位に即《つ》いたけれども、楚《そ》（国名）の白公《はくこう》（楚の王族）は武力に訴えて身を滅ぼした。そうしてみると、王位の争奪と禅譲の作法、尭《ぎょう》と桀《けつ》の振《ふ》る舞《ま》いは同じようなもので、どちらが貴ばれどちらが賤《いや》しまれるかは、時代の状況次第、こうと決まったものはないのだ。

また、家屋の梁《はり》や棟木《むなぎ》は、城壁を衝《つ》き破るのに用いることはできるが、小さな穴を塞《ふさ》ぐのには役立たない。これは器《うつわ》が違うということだ。騏驥《きき》や驊騮《かりゅう》といった速足《はやあし》の名馬は、一日に千里（約四〇〇キロメートル）を走ることもできるが、鼠を捕《つか》まえることにかけては狸狌《やまねこ》に及ばない。これは得手《えて》が違うということだ。鴟鵂《ふくろう》という鳥は、夜の暗がりで蚤《のみ》を取り細い毛先さえ見分けるが、真っ昼間に出てくると、いくら目を見開いても大きな丘山《きゅうざん》すら見えない。これは本性《ほんせい》が違うということだ。

だから、『思うに、是《ぜ》だけを大事にして非《ひ》のあることを無視し、治《ち》だけを大事にして乱《らん》のあることを無視するなら、それはまだ天地の理法、万物の実相に通じていない者である。』と言われる。これは、天だけを大事にして地のあることを無視し、陰だけを大事にして陽のあることを無視するようなものだ。うまくいかない考えであることは、明らかである。にもかかわらず、是《ぜ》とはかくかく、治《ち》とはしかじかと説き回って止《や》めようとしない者がいる。愚かでなければ、嘘《うそ》つきだね。

それに、尭・舜・禹などといった古代の帝王たちにしても、帝位の禅譲の方法が互いに異なっていたし、夏・殷・周の三代《さんだい》の聖王たちにしても、王位の継承の形式がそれぞれ違っていた。同じことを行っても、時勢に背き世間に逆《さか》らうならば、簒奪者《さんだつしゃ》呼ばわりされるのに対して、時勢に合致し世間に順《したが》うならば、正義の味方と称えられるというわけだ。ひっそりと沈黙を守りたまえ、河伯《かはく》よ。貴賤の区別がどこから出てくるのか、小大の差異がどこにあるのか、君に分かるはずがないのだからね。」

河伯、「そうだとすれば、私は何をなすべきでしょうか、何をなさずにいるべきでしょうか。自分の出処進退《しゅつしょしんたい》、挙措動作《きよそどうさ》は、結局どうしたらよいのでしょうか。」

北海若、「一言で言えば、根源の道の立場に立つことだね。道の立場から観《み》るならば、何が貴《とうと》く何が賤《いや》しいということはない。事物の世界のこうしたあり方のことを、文目《あやめ》も分かぬのっぺらぼうと言うのだが、君は貴賤を区別したいという自分の気持ちに拘《こだわ》ってはいけない。それでは道から離れるばかりだからだ。また、何が少なく何が多いということもない。万物のこうした姿のことを、無境界の曲《ま》がりくねりと呼ぶのだが、君は事を行うに当たって一方にばかり偏《かたよ》ってはならない。それでは道と食い違ってしまうからね。そこで、儼然《げんぜん》として君主が国家に君臨して公平を期するように、道は特定の者に私恩を施さず、ゆったりとして社神《しゃしん》が祭りに降臨して善男善女を等しく幸《さきわ》うように、道は特定の者に私福を施さない。また、広々として四方の空間が無限に広がっていくように、道はどこまでも行き止まることがなく、万物を遍《あまね》く包容して分け隔てなく、どの一物をも依怙贔屓《えこひいき》しないのだ。このような境地のことを、とらわれなき無方向と名づけるのだが、これを己《おのれ》の生き方とするがよかろう。もともと万物は区別のない同一の存在であり、そこに短い物も長い物もありはしないのだ。

道は終わりもなく始めもない、永遠に不変の存在であるが、物には死もあり生もあり、絶えず変化して止《や》まない。だから、物がたとえ成就したとしてもそれを頼みとはしない。欠けたり満ちたり、満ちたり欠けたり、一つ形に落ち着くことはないのだ。また、歳月の経過は阻《はば》むことができず、時間の推移は止めることができず、この中にあってあらゆる物は、栄枯《えいこ》盛衰《せいすい》を繰り返し、終わったかと思えばまた始まる。偉大な徳義の道を語り、あらゆる物の条理《ことわり》を論ずるとすれば、ざっとこんなところだろうか。

およそ人間がこの世に生きているありさまは、あたかも馬車馬《ばしやうま》が駆《か》け足《あし》し、速足《はやあし》するのに似て、一切が動きに連《つ》れて変わり、全てが時とともに移りゆく。だから、君の問うている、人間は何をなすべきか、何をなさざるべきか、などは問題にならないのだ。そもそも万物は、もともと自分で変化していくものなのだから。」

河伯、「しかしそれならば、人間は、なぜ道を貴ばなければならないのでしょうか。」

北海若、「それは、道を知ることができた者は、必ず万物の条理《ことわり》に通じ、条理《ことわり》に通ずることができた者は、必ず物に対する臨機応変の処置に明るくなり、臨機応変の処置に明るくなった者は、物によって傷つけられることがないからだ。

このような至上《しじょう》の徳（道の働き）を備えた人は、火も焼くことができず、水も溺《おぼ》れさせることができず、暑さ寒さも病《や》ませることができず、鳥・獣《けもの》も害を及ぼすことができない。だからといって、この人がこうした危険を軽視しているというのではない。物事の安危《あんき》を見極め、いかなる禍福《かふく》をも甘受し、己《おのれ》の出処進退《しゅつしょしんたい》を慎重にしているので、何ものもこの人に危害を加えることができない、という意味なのだ。

そこで、『本来の天《てん》は人間の内奥《ないおう》に備わり、作為の人《じん》はその外面《そとづら》を取り繕《つくろ》うが、至上《しじょう》の徳は天の側《がわ》にある。』とも言う。天《てん》の振《ふ》る舞《ま》いと人《じん》の行いの区別を知り、内奥の天を根本《もと》とし、至上の徳に落ち着いているならば、行きつ戻《もど》りつ伸びつ縮《ちぢ》みつ、この世に処していく融《ゆう》通無碍《ずうむげ》な生き方の中にも、根源に立ち返り窮極を語ることが可能となるのだ。」

「その天《てん》とは、どういうことでしょうか。人《じん》とは、どういうことでしょうか。」

北海若、「牛馬が四つ足に生まれついているのが、本来の天《てん》であり、馬の首におもがいを巻きつけたり、牛の鼻に鼻輪を通したりするのが、作為の人《じん》である。そこで、『作為の人《じん》を振り回し本来の天《てん》を滅ぼすな、人為の故《ことさら》を推し立てて必然の命《めい》を滅ぼすな、至上の徳を犠牲《にえ》にして世間の虚名を求めるな。』とも言うのだ。このように、本来の天・必然の命・至上の徳を大切に守って、失うことなく生きていくこと、これを、あるべき真《まこと》の姿に立ち返ったもの、と言うのだよ。」

原文

秋水時至、百川灌河。涇流之大、兩涘渚崖之閒、不辯牛馬。於是焉、河伯欣然自喜、以天下之美爲盡在己。順流而東行、至於北海、東面而視、不見水端。

於是焉、河伯始旋其面目、望洋向若而歎曰、野語有之、曰、聞道百、以爲莫己若者、我之謂也。且夫我嘗聞少仲尼之聞、而輕伯夷之義者、始吾弗信。今我睹子之難窮也。吾非至於子之門、則殆矣。吾長見笑於大方之家。

北海若曰、井鼃不可以語於海者、拘於虛也。夏蟲不可以語於冰者、篤於時也。曲士不可以語於道者、束於教也。今爾出於崖涘、觀於大海、乃知爾醜。爾將可與語大理矣。

天下之水、莫大於海。萬川歸之、不知何時止而不盈。尾閭泄之、不知何時已而不虛。春秋不變、水旱不知。此其過江河之流、不可爲量數。而吾未嘗以此自多者、自以比形於天地、而受氣於陰陽、吾在於天地之間、猶小石小木之在大山也。方存乎見少、又奚以自多。

計四海之在天地之閒也、不似礨空之在大澤乎。計中國之在海內、不似稊米之在太倉乎。號物之數謂之萬、人處一焉。人卒九州、穀食之所生、舟車之所通、人處一焉。此其比萬物也、不似豪末之在於馬體乎。五帝之所連、三王之所爭、仁人之所憂、任士之所勞、盡此矣。伯夷辭之以爲名、仲尼語之以爲博。此其自多也、不似爾向之自多於水乎。

河伯曰、然則吾大天地而小豪末、可乎。

北海若曰、否。夫物、量无窮、時无止、分无常、終始无故。是故大知觀於遠近。故小而不寡、大而不多。知量无窮。證曏今故。故遙而不悶、掇而不跂★。知時无止。察乎盈虛。故得而不喜、失而不憂。知分之无常也。明乎坦塗。故生而不說、死而不禍。知終始之不可故也。

計人之所知、不若其所不知。其生之時、不若未生之時。以其至小、求窮其至大之域。是故迷亂而不能自得也。由此觀之、又何以知豪末之足以定至細之倪、又何以知天地之足以窮至大之域。

河伯曰、世之議者皆曰、至精无形、至大不可圍。是信情乎。

北海若曰、夫自細視大者不盡、自大視細者不明。夫精小之微也、垺大之殷也。故異便。此勢之有也。

夫精粗者、期於有形者也。无形者、數之所不能分也。不可圍者、數之所不能窮也。可以言論者、物之粗也。可以意致者、物之精也。言之所不能論、意之所不能察致者、不期精粗焉。

是故大人之行、不出乎害人、不多仁恩。動不爲利、不賤門隷。貨財弗爭、不多辭讓。事焉不借人、不多食乎力、不賤貪汙。行殊乎俗、不多辟異。爲在從衆、不賤佞諂。世之爵祿不足以爲勸、戮恥不足以爲辱。知是非之不可爲分、細大之不可爲倪。聞曰、道人不聞、至德不得、大人无己。約分之至也。

河伯曰、若物之外、若物之內、惡至而倪貴賤、惡至而倪小大。

北海若曰、以道觀之、物无貴賤、以物觀之、自貴而相賤、以俗觀之、貴賤不在己。以差觀之、因其所大而大之、則萬物莫不大、因其所小而小之、則萬物莫不小。知天地之爲稊米也、知豪末之爲丘山也、則差數覩矣。以功觀之、因其所有而有之、則萬物莫不有、因其所无而无之、則萬物莫不无。知東西之相反、而不可以相无、則功分定矣。以趣觀之、因其所然而然之、則萬物莫不然、因其所非而非之、則萬物莫不非。知堯桀之自然而相非、則趣操覩矣。

昔者堯舜讓而帝、之噲讓而絕。湯武爭而王、白公爭而滅。由此觀之、爭讓之禮、堯桀之行、貴賤有時、未可以爲常也。

梁麗可以衝城、而不可以窒穴。言殊器也。騏驥驊騮、一日而馳千里、捕鼠不如狸狌。言殊技也。鴟鵂夜撮蚤察豪末、晝出瞋目而不見丘山。言殊性也。

故曰、蓋師是而无非、師治而无亂乎、是未明天地之理、萬物之情者也。是猶師天而无地、師陰而无陽。其不可行明矣。然且語而不舍、非愚則誣也。帝王殊禪、三代殊繼。差其時逆其俗者、謂之簒夫。當其時順其俗者、謂之義之徒。默默乎、河伯。女惡知貴賤之門、小大之家。

河伯曰、然則我何爲乎、何不爲乎。吾辭受趣舍、吾終奈何。

北海若曰、以道觀之、何貴何賤。是謂反衍。无拘而志、與道大蹇。何少何多。是謂謝施。无一而行、與道參差。嚴乎若國之有君、其无私德、繇繇乎若祭之有社、其无私福、泛泛乎其若四方之无窮、其无所畛域。兼懷萬物、其孰承翼。是謂无方。萬物一齊、孰短孰長。道无終始、物有死生、不恃其成。一虛一滿、不位乎其形。年不可擧、時不可止、消息盈虛、終則有始。是所以語大義之方、論萬物之理也。物之生也、若驟若馳、无動而不變、无時而不移。何爲乎、何不爲乎。夫固將自化。

河伯曰、然則何貴於道邪。

北海若曰、知道者、必達於理。達於理者、必明於權。明於權者、不以物害己。至德者、火弗能熱、水弗能溺、寒暑弗能害、禽獸弗能賊。非謂其薄之也。言察乎安危、寧於禍福、謹於去就、莫之能害也。故曰、天在內、人在外、德在乎天。知天人之行、本乎天、位乎得、蹢躅而屈伸、反要而語極。曰、何謂天、何謂人。

北海若曰、牛馬四足、是謂天。落馬首、穿牛鼻、是謂人。故曰、无以人滅天、无以故滅命、无以得殉名。謹守而勿失、是謂反其眞。

第二章　天機の根源にある無は、不勝《ふしょう》の故にかえって大勝を勝ち得る

夔《き》という一本足の獣は百の足を持つ蚿《むかで》のことを羨《うらや》み、蚿《むかで》は足なしで動く蛇《へび》のことを羨み、蛇は形を持たずに翔《かけ》る風のことを羨み、風は見るだけで遠くまで達する目のことを羨み、目は物を見ないでも思いめぐらす心のことを羨む、という。

ある時、夔《き》が蚿《むかで》に向かってたずねた。「私はこの一本足でぴょんぴょんと跳ねながら歩むので、とてもあなたのようにすいすいとは進めない。あなたは沢山の足を上手に使いこなしているが、一体、どんな風《ふう》に足を運んでいるのかね。」

蚿《むかで》が答えて、「いやいや、とんでもない。私はただ天から与えられた仕組みを、無心に動かしているにすぎません。あなたも、あの唾《つばき》というものを見たことがあるでしょう。一旦、口から吐き出されると、珠《たま》のように大きなものや、霧《きり》のように細かなものが、無心に入り乱れて舞い降りてきますが、その数は到底《とうてい》数えきれないほどですね。私も数えきれないほど沢山の足という、天与の仕組みを動かしていますが、どうしてこうなのか、そのわけは分からないのです。」

その蚿《むかで》が、今度は蛇に向かって、「私は沢山の足で歩いていますが、足のないあなたの速さに敵《かな》いません。どうしてなのでしょうか。」

蛇が答えて、「およそ天与の仕組みで動いているものは、取り易《か》えることができないの

だ。俺《おれ》が何だって足を使うものか。」

その蛇が、今度は風に向かって、「俺は背骨《せぼね》・脇腹《わきばら》を動かして進む。だから、まだ形のある有《ゆう》のようだ。ところが、君はひゅうひゅうと北の海から吹き起こり、ひゅうひゅうと南の海に吹きこんでいく。してみると、君は形のない無のようだが、どうしたわけなんだろう。」

風が答えて、「そうだ。確かにわしはひゅうひゅうと北の海から吹き起こり、南の海に吹きこむ。しかし、わしはわしを手で指さすものに対して、それを止《や》めさせることができないし、足で踏みつけるものに対しても、止めさせることができない。けれども、あの高く聳《そび》える大木をへし折ったり、立派な構えの屋敷を吹き飛ばしたりするのは、わしだからこそできる芸当だ。だから、多くの小さな負けがあればこそ、大きな勝ちを収めることができる。そして、このように大きな勝ちを収めることができるのは、ただ聖人だけだろうね。」

原　文

夔憐蚿、蚿憐蛇、蛇憐風、風憐目、目憐心。

夔謂蚿曰、吾以一足跉踔而行。予无如矣。今子之使萬足、獨奈何。

蚿曰、不然。子不見夫唾者乎。噴則大者如珠、小者如霧。雜而下者、不可勝數也。今予動吾天機、而不知其所以然。

蚿謂蛇曰、吾以衆足行、而不及子之无足、何也。

蛇曰、夫天機之所動、何可易邪。吾安用足哉。

蛇謂風曰、予動吾脊脅而行、則有★〈似〉似★〈有〉也。今子蓬蓬然起於北海、蓬蓬然入於南海、而似无有、何也。

風曰、然。予蓬蓬然起於北海、而入於南海也。然而指我則勝我、鰌我亦勝我。雖然、夫折大木、蜚大屋者、唯我能也。故以衆小不勝爲大勝也。爲大勝者、唯聖人能之。

第三章　聖人の勇について——窮通に命・時のあることを知った上で

孔子《こうし》が宋《そう》（国名）の匡《きょう》という町に出かけた折のこと、宋の人々が孔子の一行を幾重《いくえ》にも取り囲むという事態に立ち至った。しかし、孔子は独り琴を奏し歌を歌って、一向に止《や》めようともしなかった。

不審に思った弟子の子路《しろ》が孔子を部屋に訪ね、顔を見るなり、「何だってこんな時に、先生は音楽みたいなものを娯《たの》しんでおられるのですか。」

孔子、「由《ゆう》（子路の名）よ、こちらへ来たまえ。君に話してあげよう。私はずっと以前から自分の不遇を嫌ってきた。しかし、それから抜け出せないのは、必然の命《めい》というものだ。また、私はずっと以前から自分の栄達を願ってきた。しかし、それに手が届かないのは、めぐり合わせの時というものだ。その昔、聖王の尭《ぎょう》・舜《しゅん》の治世には、天下に不遇をかこつ者など一人としていなかったが、それは何も当時の人々の知恵が優れていたためではない。暴君の桀《けつ》（夏の最後の王）・紂《ちゅう》（殷の最後の王）の乱世には、天下に栄達を喜ぶ者など一人もいなかったが、それは何も当時の人々の知恵が劣っていたからではない。時のめぐり合わせで、たまたまそうなったまでのことだよ。

一体、水の中に入って蛟《みずち》や竜《りゅう》を恐れないのは、漁父《ぎょふ》の勇気であり、山林を踏み分けて兕《じ》（一角《いっかく》の野牛）や虎をものともしないのは、猟夫《りょうふ》の勇気であり、白刃《はくじん》が入り乱れる戦闘に直面して、死を生と等しく見て何とも思わないのは、烈士《れっし》の勇気だ。しかし、この程度の勇気では不十分で、我々はもっと上を見なければならぬ。不遇も必然の命《めい》、栄達もめぐり合わせの時と心得て、どんな危難に臨んでもびくともしないのが、聖人《せいじん》の勇気というものだ。由《ゆう》よ、まあ、落ち着いていたまえ。私の命《めい》もすでにこうと決まっているのだからね。」

それから間もなく、兵士を率《ひ》き連れた大将がやって来て、挨拶して言った。「あなたをあの乱暴者の陽虎《ようこ》（かつて匡《きょう》の町を荒らし回った乱暴者）と思ったものですから、取り囲みましたが、人違いと分かりました。失礼をお詫びして引き上げます。」

原　文

孔子遊於匡。宋人圍之數匝、而弦歌不惙。

子路入見曰、何夫子之娛也。

孔子曰、來、吾語女。我諱窮久矣、而不免命也。求通久矣、而不得時也。當堯舜、而天下无窮人、非知得也。當桀紂、而天下无通人、非知失也。時勢適然。

夫水行不避蛟龍者、漁父之勇也。陸行不避兕虎者、獵夫之勇也。白刃交於前、視死若生者、烈士之勇也。知窮之有命、知通之有時、臨大難而不懼者、聖人之勇也。由、處矣。吾命有所制矣。

无幾何、將甲者進、辭曰、以爲陽虎也。故圍之。今非也。請辭而退。

第四章　東海の大きな楽しみと井の中の蛙《かわず》

著名な論理学者の公孫竜《こうそんりゅう》（趙《ちょう》の哲学者）が、道家《どうか》の思想家である魏《ぎ》の公子牟《こうしぼう》にたずねて言った。「私は、若い頃から上古の聖王の道を勉強し、成人してからは仁義の行いに精通しました。また、同一と相異は同じであるとか、堅さと白さの感覚は統一できないとかの難しい論理学にも手を染め、世間の不然《それでない》と言っていることが実は然《それ》であることで、世間の不可《よくない》としているものが実は可《よい》ものだ、などといった哲学的分析をも修めました。こうして、あらゆる学者先生の知識をへこませ、多くの辯者《べんじゃ》・論客の舌先《したさき》をやりこめて、我ながら最高の境地に達したと自惚《うぬぼ》れていました。ところが、今、荘子《そうじ》（戦国時代の思想家、本書の作者）の議論を聞きますと、ぼんやりと何が何だか分からなくなりました。私の議論が彼に及ばないのでしょうか、それとも私の知識が彼に敵《かな》わないのでしょうか。こうなっては口の利きようがありません。どうしたらよいか、教えていただけませんか。」

魏《ぎ》の公子牟《こうしぼう》は、脇息《おしまづき》にもたれて話を聞いていたが、大きなため息をつき、天を仰《あお》いで笑いながら答えて言った。「あなたもきっとあの井《い》の中の蛙《かわず》の話を聞いたことがあるだろう。

蛙《かわず》がある時、東海の大海原に住む鱉《すっぽん》に向かって、『ああ、楽しいなあ。井戸を跳《と》び出しては井桁《いげた》の上を跳《は》ね回り、中に入っては破《やぶ》れ瓦《がわら》の岸辺で一休みする。水に飛びこめば両腋《りょうわき》まで水に浸《つ》かりその上に頤《あご》を乗せ、泥を蹶《け》ろうとすると足がめりこみ踝《くるぶし》まで埋《う》まる。あたりの虷《ぼうふら》・蟹《かに》や科斗《おたまじゃくし》などといった連中を見回しても、私に敵《かな》う者は誰一人いないのです。それに、これだけの穴の水を独り占めして、井戸の中のあらゆる楽しみを我が物とする、これは全くこたえられませんよ。あなたもたまにはやって来て、この中で遊んでみてはいかがですか。』

誘いを受けた東海の鱉《すっぽん》が出かけて行って、さて井戸の中に入ろうとしたところ、左の足がまだ入りきらない内に、右の膝《ひざ》がもうつかえるという始末。そこで、鱉《すっぽん》は後ずさりして退《しりぞ》き、蛙《かわず》に海のことを話すのだった。『そもそも私の住む東海の大海原は、千里（約四〇〇キロメートル）の長さといったところでその大きさを表すことはできず、千仞《か》（約一六〇〇メートル）の高さといったところでその深さを尽くすことはできない。その昔、夏（王朝の名）の禹王《うおう》（夏の初代の王）の時代に、十年間で九回も洪水《こうずい》が出たけれども、海の水はそのために増えもせず、殷《いん》（王朝の名）の湯王《とうおう》（殷の初代の王）の時代に、八年間で七回も旱魃《かんばつ》に見舞われたけれども、水際《みぎわ》はそのために下がりもしなかった。このように何百年・何千年経《た》とうと変化することがなく、洪水・旱魃に出会おうと増減することがないというのが、東海の大きな楽しみというものだね。』これを聞いて井《い》の中の蛙《かわず》は、ぎょぎょっと驚き、くらくらっとして何が何だか分からなくなってしまった。――とまあ、こういう話だがね。

その上、一体、是《ぜ》と非《ひ》を区別するだけの知力も持ちあわせていないくせに、荘子《そうじ》の思想をかじってみたいなどと思うのは、言ってみれば蚊《か》が山を背負い、商蚷《やすで》が黄河を渡ろうとするようなもので、身のほど知らずもいいとこだよ。また、そもそも根源的で霊妙な道の哲学を論ずるほどの知恵もないくせに、その場限りの点数をかせいで独り悦《えつ》に入っているなどというのは、どう見たって井《い》の中の蛙《かわず》だね。

さらに、あの荘子という人は、今や地下の奥底の黄泉《こうせん》にまで足を踏み入れ、天上の彼方《かなた》の大皇《たいこう》にまで翔《か》け登ろうという存在なのだ。南となく北となく、さあっと四方に広がっていくかと思えば、人間の認識を越えた根源に身を潜《ひそ》め、東となく西となくどこにあっても、道との奥深い冥合から身を起こしつつ、最後は万物に自由に疏通する大道に返っていく。それなのに、あなたは、くらくらっと我を失ったまま目を光らして荘子という存在を追いかけ回し、舌先三寸で彼を把えようとしている。これではまるで、葦《よし》の髄《ずい》から天井をのぞき、錐《きり》を突っ立てて大地を測るようなものだ。何とも小さな了見ではないか。さあ、もう帰りたまえ。

ついでに言っておくが、あなたもあの燕《えん》（国名）の寿陵《じゆりよう》（燕の邑名）という村の若者が、都会風の歩き方を習おうと趙《ちよう》の都邯鄲《かんたん》に出かけて行った話を聞いたことがあるだろう。その若者は、まだ都会風の歩き方を身に着けない内に、これまでの歩き方も忘れてしまい、ただもう四つん這《ば》いになって村に帰る他《ほか》なかったという。さて、あなたのことだが、さっさと帰らないと、荘子の思想が身に着かないばかりか、これまでの知識さえ忘れ、あなたの得意とする技さえなくしてしまうぞ。」

公孫竜《こうそんりゅう》は、口を開けたまま閉じることもできず、舌を上に挙げたまま下げることもできず、ついに一目散に逃げ出した。

原文

公孫龍問於魏牟曰、龍少學先王之道、長而明仁義之行、合同異、離堅白、然不然、可不可、困百家之知、窮衆口之辯。吾自以爲至達已。今吾聞莊子之言、汒焉異之。不知論之不及與、知之弗若與。今吾无所開吾喙。敢問其方。

公子牟隱机大息、仰天而笑曰、子獨不聞夫埳井之鼃乎。謂東海之鱉曰、吾樂與。吾跳梁乎井幹之上、入休乎缺甃之崖。赴水則接腋持頤、蹶泥則没足滅跗。還虷蟹與科斗、莫吾能若也。且夫擅一壑之水、而跨跱埳井之樂、此亦至矣。夫子奚不時來入觀乎。

東海之鱉、左足未入、而右膝已縶矣。於是逡巡★〈巡〉而卻、告之海曰、夫千里之遠、不足以擧其大、千仞之高、不足以極其深。禹之時、十年九潦、而水弗爲加益。湯之時、八年七旱、而崖不爲加損。夫不爲頃久推移、不以多少進退者、此亦東海之大樂也。於是埳井之鼃聞之、適適然驚、規規然自失也。

且夫知不知是非之竟、而猶欲觀於莊子之言、是猶使蚉負山、商蚷馳河也。必不勝任矣。且夫知不知論極妙之言、而自適一時之利者、是非埳井之鼃與。

且彼方跐黃泉、而登大皇。无南无北、奭然四解、淪於不測、无東无西、始於玄冥、反於大通。子乃規規然而求之以察、索之以辯。是直用管闚天、用錐指地也。不亦小乎。子往矣。

且子獨不聞夫壽陵餘子之學行於邯鄲與。未得國能、又失其故行矣、直匍匐而歸耳。今子不去、將忘子之故、失子之業。

公孫龍口呿而不合、舌擧而不下、乃逸而走。

第五章　私は泥にまみれて生きる一匹の亀でありたい

かつて荘子《そうじ》（戦国時代の思想家、本書の作者）が濮水《ぼくすい》（衛《えい》の川）のほとりで、独り釣糸《つりいと》を垂れていた。そんなところへ、楚《そ》（国名）の国王が、大夫《たいふ》二人を使者に立てて先行させ、内意を伝えさせようとした。「ご面倒ながら、国の政治を司《つかさ》どる宰相にご就任願いたい。」

すると、荘子は釣竿《つりざお》を手にしたまま、振り向きもせず、「聞くところによると、楚の国には死んで三千年にもなるという神聖な亀がいて、王はこれを袱紗《ふくさ》で包み竹箱《たけばこ》に収めて、先祖の廟堂《みたまや》の中に大切に蔵《しま》っておられるとか。ところでおたずねするが、この亀にしてみれば、殺されて甲羅《こうら》を残して大切にされたかっただろうか、それとも生き長らえて尻尾《しっぽ》を泥の中に引きずっていたかっただろうか。」

二人の大夫《たいふ》は口をそろえて、「それは、やはり生き長らえて尻尾を泥の中に引きずっていたかったでしょう。」

荘子、「帰って下さい。私も尻尾を泥の中に引きずっていたいと思うのです。」

原　文

莊子釣於濮水。楚王使大夫二人往先焉。曰、願以竟内累矣。

莊子持竿不顧曰、吾聞楚有神龜、死已三千歳矣。王巾笥而藏之廟堂之上。此龜者、寧其死爲留骨而貴乎、寧其生而曳★尾於塗中乎。

二大夫曰、寧生而曳★尾塗中。

莊子曰、往矣。吾將曳★尾於塗中。

第六章　宰相の位はあたかも腐った鼠のようなもの

論理学者の恵子《けいし》（名家の思想家）は梁国《りょうこく》（魏《ぎ》に同じ）の宰相であった。ある時、荘子《そうじ》（戦国時代の思想家、本書の作者）が彼に会おうと出かけて行ったが、恵子に告げ口する者がいて、こうささやいた。「荘子がやって来るのは、あなたに代わって宰相の位に就《つ》こうという魂胆ですぜ。」

これを聞いて恵子はすっかり恐怖感にとらわれ、荘子を捕《と》らえようと梁《りょう》の国中を三日三晩にわたって捜索させた。

荘子は自《みずか》ら出向いて恵子に会い、次のように言うのであった。「南の地に一羽の鳥がいて、名は鵷鶵《おおとり》と言うのだが、君は知っているかな。そもそもこの鵷鶵《おおとり》という鳥は、遥《はる》か南の海を飛び立って、北の海の果てを目指して飛んでいく。その途中、麗《うるわ》しい梧桐《あおぎり》の木でなければ止まらず、めでたい楝《おうち》の実でなければ食わず、清らかな甘泉《かんせん》の水でなければ飲まないという、高貴な存在だ。さて、ある時、一羽の鴟《とび》が腐った鼠を手に入れた。そこへ件《くだん》の鵷鶵《おおとり》がまたま通りかかった。すると、獲物を奪われることを恐れた鴟《とび》は、振り仰いでぐっとにらみ、一声『かあーっ』とどなりつけたというのさ。今、君は、手に入れた梁国《りょうこく》の宰相の位を奪われることを恐れて、この私を『かあーっ』とどなりつけるつもりかね。」

原　文

惠子相梁。莊子往見之。或謂惠子曰、莊子來、欲代子相。於是惠子恐、搜於國中三日三夜。莊子往見之曰、南方有鳥、其名鵷鶵。子知之乎。夫鵷鶵發於南海、而飛於北海。非梧桐不止、非練實不食、非醴泉不飲。於是鴟得腐鼠、鵷鶵過之。仰而視曰、嚇。今子欲以子之梁國、而嚇我邪。

第七章　魚の楽しみ、私は直観によってそれが分かった

荘子《そうじ》（本書の作者）が、論理学者の恵子《けいし》（名家の思想家）と一緒に連れ立って濠水《ごうすい》（川の名）にかかる石橋の上をぶらついた。荘子は橋の下に目をやって恵子に、「儵魚《はや》がゆったりと泳ぎ回っているよ。魚も楽しんでいるのだね。」

これを聞いて恵子が論じ立てた。「あなたは魚でもないのに、どうして魚が楽しんでいると分かるのです。」

荘子、「そう言う君は私でもないのに、どうして私に、魚が楽しんでいるのが分からないと、分かるのだね。」

恵子、「なるほど私はあなたでないから、確かにあなたのことは分からない。しかし、あなたが魚でないことも確かだから、あなたに魚が楽しんでいるのが分からないのは、間違いありません。」

荘子、「何を屁理屈《へりくつ》ばかり言っているのだい。それでは、誰にも他者のことは分からないということになるよ。そこのところを、根本に立ち返って考えてみようか。君は、今、『どうして魚が楽しんでいると分かるのです。』と言ったが、それは君がちゃんと、私に魚が楽しんでいることが分かっている、と分かっているからこそ、こう問いつめたに違いない。とすれば、私に魚が楽しんでいることが分かっていることを、君も認めているのではないかね。現に私はさっき濠水《ごうすい》の上から、魚が楽しんでいると分かったのだよ。」

原文

荘子與恵子遊於濠梁之上。荘子曰、儵魚出游從容。是魚樂也。
恵子曰、子非魚。安知魚之樂。
荘子曰、子非我。安知我不知魚之樂。

惠子曰、我非子、固不知子矣。子固非魚也、子之不知魚之樂全矣。

莊子曰、請循其本。子曰、女安知魚樂云者、既已知吾知之而問我。我知之濠上也。

解説

「秋水」という篇題について、『釈文』は「借物名篇」とするが、篇首の二字を取って篇名としたものである。本篇は、潘基慶『南華経集註』は寓言・盗跖の両篇とともに斉物論篇の布衍とし、武内義雄は天地・天道・天運・刻意・繕性・天下の諸篇とともに秦漢の際にできたものとし、羅根沢は達生・山木・田子方・寓言の諸篇とともに荘子派の作品とし、葉国慶は達生・山木・人間世・知北遊・則陽・田子方の諸篇とともに学荘者が戦国末期〜前漢初期に作ったものとし、関鋒は至楽以下の六篇とともに荘子後学の篇章とし、張恒寿『荘子新探』（湖北人民出版社、一九八三）は至楽以下の五篇とともに荘子派の作品とする。しかし、これらの諸説は、非常に緩やかな結びつきに着目したグループ分けであるにすぎず、どれも今一つ説得力に欠ける。

本篇の各章は、相互にそれほど緊密な繋がりを持っておらず（武内義雄）、それ故羅根沢・関鋒らが荘子派の作であるとまとめる（福永光司・金谷治もこれに近い）のには、無理がある。しかし、第五章〜第七章には意識的に荘子説話が集めてある。また、王夫之が逍遥遊・斉物論両篇を布衍したとし（銭穆『荘子纂箋』・李勉も同じ）、潘基慶・林雲銘・羅根沢・葉国慶・関鋒らが斉物論篇を布衍したとし、曹礎基『荘子浅注』（中華書局、一九八二）が逍遥遊篇を布衍したとするのは、いずれも第一章を念頭に置いて言うのであろうが、これを本篇全体にまで推及するのは、やはり無理と思う。雄篇の第一章を除けば、他は短篇を寄せ集めたものと言って構わない（武内義雄）。

第一章は、逍遥遊篇第一章・斉物論篇第一章などを踏まえて（王夫之を参照）、新しい思想を展開した問答である（関鋒・福永光司・赤塚忠『荘子』下〔集英社、一九七七〕・張恒寿）。褚伯秀・朱得之は逍遥遊篇の影響を強調するが、ここには否定的超出の「遊」の思想はなく、それ故どちらかと言えば万物斉同の哲学が基礎になっている（林雲銘・羅根沢・関鋒）。その「新しい思想」とは、万物斉同的な「无」の相対化、知識論から実践論への展開、知識論的「万物斉同」から存在論的「万物斉同」への移行、「无為」の提唱、「道」に基づく知行は「人」ではなく「天」であるとする主張、などである。その成立年代は荀子以後の戦国最末期と考えられる。

第二章は、「天機」（天与の仕組み）の根源にある「无」が、「衆《おお》くの小《しょう》なる不勝《ふしょう》」の故に、かえって「大勝」を勝ち得ることを論ずる。『老子』の主要部分とほぼ同時の、戦国末期〜前漢初期の作であろう。第三章は、孔子の匡における災厄を題材にして、窮通に「命・時」のあることを知った「聖人の勇」について述べる。これも荀子以後の戦国最末期の作であろう。第四章は、趣旨は天地篇第九章に近いが、荘子を「是非の竟」を知る者として高く評価している点が注目される。戦国末期以降の作に違いない。第五章は、政治権力と養生を対立的に把えて、後者を取る。やはり戦国末期の文章であろう。第六章・第七章は、ともに荘子・恵子問答である。前者は逍遥遊篇第一章を踏まえて政治を軽蔑する荘子を、後者は論理学によるのではなく直観によって対象を把えることを重視する荘子を、それぞれ描いている。いずれも戦国後期～末期の作ではなかろうか。

至楽《しらく》　第十八

総　説

人間一人一人の個性や能力は互いに異なっており、しかもそれらは人間の努力ではどうすることもできない、運命的に定まったものであるので、名誉だの正義だのといった実現すべき価値を自己の個性や能力の外に無理に掲げて努力するのは、止《や》めた方がよいとする主張は、本書『荘子』にしばしば現れる思想である。——本篇第五章の「命《めい》は成る所有りて、形は適《てき》する所有り。」や「名は実に止《とど》まり、義は適《てき》に設《もう》く。」も、その一つと認められる。

この思想の先駆は、駢拇篇第二章の「鶴《つる》の脛《あし》は長しと雖《いえど》も、之を断《た》てば則《すなわ》ち悲しむ。故に性《せい》として長きは断つ所に非《あら》ず。」や、秋水篇第一章の「鴟鵂《しきゆう》は夜に蚤《のみ》を撮《と》り豪末《ごうまつ》を察するも、昼に出《い》ずれば目を瞋《いか》らせども丘山《きゆうざん》を見ず。性《せい》を殊《こと》にするを言うなり。」などである。前者は、儒家の唱える「仁義」「礼楽」を非難しつつ、その対極にある「性」を重んずべきことを主張し、後者は、世界の全一性を分解してはならないことを言うために、鴟鵂《しきゆう》などにおける得手・不得手の並存を論じたものであって、どちらもまだ一つ一つの「物」の個性・能力の相異という考えには至っていない。本篇第五章は以上の両者を踏まえてそれを発展させた新しい思想であるが、それと同時に、引用した両者のレベルでは対立していた儒家の荀子の「分」の思想に、本篇第五章が相当に接近していることが注目される。

第一章　無為は絶対の楽しみ、無為はオールマイティー

この天下に絶対の楽しみというものがあるのだろうか、それともないのだろうか。我が身を安らかに保《たも》つことのできる道があるのだろうか、それともないのだろうか。今、私は、何を行い何を止《や》め、何を避け何に身を置き、何に従い何を去り、何を楽しみ何を悪《にく》んだらよいのだろうか。

およそ天下の人々が尊重するものと言えば、財産・高貴・長生き・名声の四つであり、楽しみとして求めるものと言えば、安逸・美食・美服・美女・音楽の五つである。反対に、嫌悪するものは、貧乏・微賤《びせん》・若死に・悪評の四つであり、苦痛として避けるものは、身に安逸が得られず、口に美食が味わえず、体に美服がまとえず、目に美女が見られず、耳に音楽が聞かれないことの五つである。もしこれらのものが得られなければ、ひどくふさぎこんで懼《おそ》れるのだから、これらで身体を養おうというのは、愚かなことではないか。

一体、財産のある者は、身を苦しめてせっせと働き、多くの財産を貯《た》めこむけれども、全

てを使いきれるわけではない。これで身体を養おうというのは、的はずれというものだ。また、身分の高貴な者は、夜《よ》を日に継《つ》いで休む暇《いとま》もあらばこそ、政治の善し悪しに心を砕《くだ》く。これで身体を養おうというのは、間の抜けた話だ。人間が生きるということは、他でもない、悲しみとともに生きるということである。だから、長生きする者は、精神もうろうの状態で、長々と悲しみ続けながら死ぬこともできない。何という苦しみであろう。これで身体を養おうというのは、見当違いというものだ。

さらに名声のことであるが、正義のために我が身を犠牲にする烈士《れつし》は、天下の人々からこぞって善と誉《ほ》め称《たた》えられる。しかし、身を安らかに保つことはできないのである。だから私は、人々の善と誉《ほ》め称《たた》えるものが本当に善であるのか、それとも悪であるのか、疑わしいと思う。もし善であると見なすならば、我が身を安らかに保つことができないのだ、それでも善なのであろうか。もし悪であると見なすならば、人々の生命《いのち》を安らかに保つことができるのだ、それは悪ではないはずである。それで、「君主への忠義の諫《いさ》めは聴かれない。退《しりぞ》き下がって善を争うまいぞ。」と言うのである。その証拠に、あの伍子胥《ごししょ》（呉王夫差《ごおうふさ》の忠臣）は夫差に善を無理強《むりじ》いしたために、身体を切り刻まれる憂き目を見た。しかし、無理強いしなかったならば、烈士という善の名声も揚がらなかったことであろう。こうしてみると、本当の善はあるのだろうか、それともないのだろうか。

そこで、世間の人々の尊重して行っていることと、楽しみとして求めているものについて述べれば、私には、彼らの楽しみが本当に楽しいのか、あるいは本当は楽しくないのか、益々《ますます》疑わしく思われる。あの世間の人々の楽しみを求めるありさまを観てみると、こぞって群《むれ》をなして走り出し獲物に向かってまっしぐら、まるでそれが得られないのを懼《おそ》れているかのようだ。こんなにまでして口々に「楽しい、楽しい。」と言っているが、私には本当の楽しみとは思えない。だからといって、本当の楽しみでないと思うわけでもないのだけれども。こうしてみると、一体、本当の楽しみというものはあるのだろうか、それともないのだろうか。私の考えでは、人間の作為を加えない無為《むい》こそが本当の楽しみであると思う。ところが、これがまた世間の人々にとって、大層苦痛なことなのである。それ故、「至上の楽しみには世間の楽しみがなく、至上の名誉は世間の名誉を越えている。」と言うのだ。

同じように、天下には是《ぜ》と非《ひ》の判断が夥《おびただ》しく存在していて、何が本当の是であり何が本当の非であるかは、なかなか決めることができない。しかしながら、無為の境地に立てば、本当の是と本当の非を決めることができる。そして、至上の楽しみを享受し、我が身を安らかに保つのも、ただ無為の境地に立って始めて何とか可能となるのである。このことについて、もう少し述べてみたい。さて、天は無為であるからこそ青く澄《す》み、地は無為であるからこそじっと動かず、こうして両者の無為が結びあって、ここに一切の万物が生い立つのだ。暗々《くらぐら》とぼんやりとして、どこから出てくるか分からぬことよ。ぼんやりと暗々《くらぐら》として、姿《すがた》形《かたち》も見えぬことよ。一切の万物はわらわらと、みな無為によって殖えていくことよ。そこで、「天地は無為、何一つ為さないが、それ故かえって全能で、どんなことでも成し遂げる。」と言うのである。この世の中に、誰か無為を把えることのできる人はいないだろうか。

原文

天下有至樂、无有哉。有可以活身者、无有哉。今奚爲奚據、奚避奚處、奚就奚去、奚樂奚惡。夫天下之所尊者、富貴壽善也。所樂者、身安厚味美服好色音聲也。所下者、貧賤夭惡也。所苦者、身不得安逸、口不得厚味、形不得美服、目不得好色、耳不得音聲。若不得者、則大憂以懼。其爲形也、亦愚哉。

夫富者、苦身疾作、多積財而不得盡用。其爲形也、亦外矣。夫貴者、夜以繼日、思慮善否。其爲形也、亦疏★矣。人之生也、與憂倶生。壽者惛惛、久憂不死。何之苦也。其爲形也、亦遠矣。列士爲天下見善矣、未足以活身。吾未知善之誠善邪、誠不善邪。若以爲善矣、不足活身。以爲不善矣、足以活人。故曰、忠諫不聽、蹲循勿爭。故夫子胥爭之以殘其形。不爭名亦不成。誠有善、无有哉。

今俗之所爲、與其所樂、吾又未知樂之果樂邪、果不樂邪。吾觀夫俗之所樂、擧羣趣者、誙誙然如將不得已。而皆曰樂者、吾未之樂也。亦未之不樂也。果有樂、无有哉。吾以无爲誠樂矣。又俗之所大苦也。故曰、至樂无樂、至譽无譽。

天下是非、果未可定也。雖然、无爲可以定是非。至樂活身、唯无爲幾存。請嘗試言之。天无爲以之淸、地无爲以之寧。故兩无爲相合、萬物皆化。芒乎芴乎、而无從出乎。芴乎芒乎、而无有象乎。萬物職職、皆從无爲殖。故曰、天地无爲也、而无不爲也。人也孰能得无爲哉。

第二章　荘子は妻の死に遭い、盆を叩《たた》いて歌った

荘子《そうじ》（道家の思想家、本書の作者）の妻が死んだ。恵子《けいし》（名家の思想家）が弔問《ちょうもん》に出かけて行ったところ、荘子は折しも両足を投げ出してだらしなく坐り、盆《ほとぎ》を叩《たた》いて歌っている。驚いた恵子が、「夫婦となって連れ添い、一緒に子供を育て、年を重ねた仲だろう。死んで哭泣《こっきゅう》しないというだけでも非礼なのに、その上盆《ほとぎ》を叩《たた》いて歌うとは、ひどすぎるのではないかね。」

荘子、「いや、そうではない。これが死んだ当座は、私だって胸にぐっと来ないではおれなかった。しかし、気を取り直して、これの始まりというものをつらつら考えてみると、もともと生命はなかった。いや、生命がなかったばかりではない、もともと身体もなかった。いや、身体がなかっただけではない、もともと気（身体を形作る元素）すらなかったのだよ。もともとは何か暗々《くらぐら》ぼんやりとした得体《えたい》の知れない物の中に、一切が混じりあっていたのだが、そこに変化が起こってこれの気が生まれ、気に変化が起こってこれの身体が生まれ、身体に変化が起こってこれの生命が生まれた。そして、今またこれに変化が起こって死に赴いたというわけだ。これらは春夏秋冬の四季の運《めぐ》りと同じことを、互いに繰り返しているだけのこと。この人が宇宙という巨大な部屋ですやすやと眠ろうとしている、ちょうどその時、私が取りすがっておんおんと哭泣の葬礼を行うというのでは、我ながら命《めい》（世界の必

然律）に暗いことだと思われて、それで止《や》めてしまったのだよ。」

原　文

莊子妻死。惠子弔之。莊子則方箕踞、鼓盆而歌。
惠子曰、與人居、長子老身。死不哭、亦足矣。又鼓盆而歌、不亦甚乎。
莊子曰、不然。是其始死也、我獨何能无槩然。察其始、而本无生。非徒无生也、而本无形。非徒无形也、而本无氣。雜乎芒芴之閒、變而有氣。氣變而有形、形變而有生、今又變而之死。是相與爲春秋冬夏四時行也。人且偃然寢於巨室、而我噭噭然隨而哭之、自以爲不通乎命。故止也。

第三章　人間の死は他物への転生であり、嫌ってはならない

支離叔《しりしゆく》（肢体不自由者の叔《しゆく》）という人と、滑介叔《こつかいしゆく》（精神錯乱者の叔《しゆく》）という人が、ある日のこと連れ立って、冥界《めいかい》の王の支配している冥伯《めいはく》の丘、死者の霊魂の集まる崐崘《こんろん》（西方の聖山）の丘《おか》、人類の生みの親である黄帝《こうてい》（最古の帝王）が静かに休《いこ》うあたりに遊んだ。ところがどうしたことか、急に滑介叔の左腕に一本の柳《やなぎ》の木が生《は》えてきた。驚いてくらくらとなり、心中これを嫌がっている風であった。

支離叔、「君はそれが嫌かね。」

滑介叔、「何の、何が嫌なものか。大体、生命というものは借り物で、人間はこれを暫《しばら》く借りて生きているのだ。譬《たと》えてみれば、生命は塵芥《ちりあくた》のようなもの、死生の変化は昼夜《ちゅうや》の交代のようなものだね。それに、私と君はこの地に遊んで、万物の転生《てんせい》をこの目で見てきたところだが、今度はその万物の転生が私に訪れて、私の身を柳《やなぎ》の木に変えようとしているというわけだ。何でまた嫌がるものかね。」

原　文

支離叔與滑介叔、觀於冥伯之丘、崐崘之虛、黃帝之所休。俄而柳生其左肘。其意蹷蹷然惡之。

支離叔曰、子惡之乎。

滑介叔曰、亡、予何惡。生者假借也、假之而生。生者塵垢也、死生爲晝夜。且吾與子觀化、而化及我。我又何惡焉。

第四章　荘子と髑髏との問答——死について

ある時、荘子《そうじ》（道家の思想家、本書の作者）は楚《そ》（南方の国名）に旅をした。道中、すっかり肉が落ちてかさかさに乾《ひ》からびた、しかし形のまだしっかりしている一つの髑髏《しゃれこうべ》を見つけた。荘子は、手にしていた馬の箠《むち》でぴしりと一箠《ひとむち》くれると、やおら髑髏《しゃれこうべ》に向かって問いかけた。「貴公《きこう》は生前、嗜欲《しよく》を恣《ほしいまま》にして度を過ごし、そのためにこんな姿になったのか。それとも祖国滅亡の事件に出くわし、お仕置《しお》きを受けて死罪に処され、そのためにこんな姿になったのか。それとも貴公が悪事を働き、父母妻子に愧《はじ》を遺《のこ》すことを愧《は》じて、自《みずか》らこんな姿になったのか。それとも飢えや凍えに苦《ここ》しんで、それでこんな姿になったのか。さもなければ、貴公の寿命に始めから定めがあって、それが尽きたためにこんな姿になったのだろう。」

こうしゃべり終わると、荘子は髑髏《しやれこうべ》を引き寄せ、それを枕にして眠った。

その夜中、髑髏《しやれこうべ》が荘子の夢枕《ゆめまくら》に立って、「そなたのまくし立てるさまは、論客先生にそっくりで、なかなか上手なものだったな。しかし、ごちゃごちゃとそなたの言い立てたところは、いずれも生きている人間の苦しみだ。死んでしまえば、そんなものは消えてなくなる。どうだ、一つ死の論理でも聞いてみるか。」

荘子、「話してみたまえ。」

髑髏《しやれこうべ》、「死の世界は、上に立つ君主もおらなければ、下に仕える臣下もおらぬ、平等な社会だ。また春夏秋冬、四季折々の労役からも解放されておる。なにしろ、ゆったりと無窮《むきゆう》の天地を己《おのれ》の春夏秋冬としながら、天地とともに永遠の歳月を送ることができるのだからな。南面《なんめん》して天下を統治する帝王の楽しみとて、これに敵《かな》うことはないのだよ。」

荘子は、とても本当のこととは思えなかったので、「では聞くが、もしも私が人間の生死を司《つかさ》どる神司命《しめい》に頼みこんで、もう一度貴公の身体を生き返らせ、骨・肉・皮膚を元どおりにした上で、貴公を父母妻子や郷里の友人のところに帰れるように取り計らってやるとすれば、貴公もこれを望むだろう。」
髑髏《しゃれこうべ》は、深く眉をしかめ、鼻にしわを寄せて、「南面《なんめん》して天下を統治する帝王の楽しみを上回る、死の世界の絶対の楽しみを捨てて、再び生きた人間社会の苦しみを味わうことなぞ、わしは真《ま》っ平《ぴら》ご免だな。」

原文

莊子之楚、見空髑髏髐然有形。撽以馬捶、因而問之。曰、夫子貪生失理、而爲此乎。將子有亡國之事、斧鉞之誅、而爲此乎。將子有不善之行、愧遺父母妻子之醜、而爲此乎。將子有凍餒之患、而爲此乎。將子之春秋故及此乎。

於是語卒、援髑髏、枕而臥。

夜半髑髏見夢曰、子之談者、似辯士。諸子所言、皆生人之累也。死則无此矣。子欲聞死之説乎。

莊子曰、然。

髑髏曰、死无君於上、无臣於下、亦无四時之事。從然以天地爲春秋。雖南面王樂、不能過也。

莊子不信曰、吾使司命復生子形、爲子骨肉肌膚、反子父母妻子、閭里知識、子欲之乎。

髑髏深矉蹙頞曰、吾安能弃南面王樂、而復爲人間之勞乎。

第五章　なすべき正義は己の得意とする能力に適《ふさ》わしく設けよう

孔子《こうし》の弟子の顔淵《がんえん》が、ある時、東は斉《せい》（国名）を目指して旅立って行った。先生の孔子は浮かぬ顔であった。

もう一人の弟子の子貢《しこう》が、そんな孔子を気づかい教堂の座席から下りて、次のようにたずねた。「質問があります。回《かい》（顔淵《がんえん》の名）が東方の斉《せい》の国に旅立って行ってからというもの、先生には心配そうなお顔をしておられますが、どうしたわけでしょうか。」

孔子が答えた。「君、善いことをたずねてくれたね。その昔、斉の宰相の管子《かんし》（春秋時代の斉の相）にこんな名言がある。私の非常に感銘を受けた言葉で、『小さな袋は小さく包み、大きな物を包めない。短い紐《ひも》は浅く汲み、深い井戸から水を汲めない。』というのだが、この言葉の意味は、一つ一つの物に与えられた必然の命《めい》にはこうと決まったものがあり、その大小・長短などの形体にはそれぞれ適不適《てきふてき》・得手不得手《えてふえて》がある、ということだ。それらは、決して人がいじって増減できるものではない。今、私が心配しているのは、顔回が斉侯《せいこう》（斉の君主）に向かって、古《いにしえ》の聖王の尭《ぎょう》・舜《しゅん》や黄帝《こうてい》の道を並べ立て、さらに遡《さかのぼ》って燧人《すいじん》・神農《しんのう》（ともに太古の聖人）の教えまで引っぱり出すのではないか。そうなると斉侯《せいこう》は、聖人たちの道が自分にも備わっているはずだとして己《おのれ》の内面に求めようとするだろうが、そんなものは見つからない。見つからなければ頭が混乱し、混乱すると人間というものは人殺しさえやりかねない。このことを私は心配しているのだよ。

それに、君もきっと聞いたことがあるだろう。その昔、一羽の海鳥《かいちょう》が我が魯国《ろこく》（孔子の生国）の郊外に舞い降りてきた。これを喜ばれた魯侯《ろこう》（魯の君主）は、親しく迎えに出て霊廟《みたまや》に宴席を設けられ、音楽に昔舜《しゅん》の作った九韶《きゅうしょう》の雅楽を奏《そう》するやら、食膳に三牲《さんせい》の肉をそろえた太牢《たいろう》（牛・羊・豚を具えた最上の料理）のご馳走を並べるやら。ところが、海鳥は目を白黒させて悲しみ、一切れの肉も食おうとせず、一杯の酒も飲もうとせず、三日で死んでしまった、とこういう話だ。これは、魯侯《ろこう》が自分を満足させるやり方で鳥を養い、鳥を満足させるやり方で鳥を養わなかったからだ。大体、鳥を満足させるやり方で鳥を養おうというのなら、これを深い森林に放《はな》ち、広い原野で遊ばせ、大川・広湖に浮かばせ、鰌《どじょう》・鰷《はや》を食《く》わせて、仲間の列を追って舞い降り、のんびりと落ち着いている、こんな風にさせるのがよろしい。何しろあの鳥と来たら、もう人の話し声が大嫌いなのだ。まして、あんなじゃかじゃかと騒がしい鳴り物を聞かされては、たまったものではなかろうな。

その昔、黄帝の編んだ咸池《かんち》の楽《がく》や、舜《しゅん》の作った九韶《きゅうしょう》の楽も、確かに偉大な文化であるには違いないが、しかしこれを、蓬生《よもぎう》の洞庭《どうてい》（今の洞庭湖《どうていこ》周辺）の原野くんだりに持ちこんで賑々《にぎにぎ》しく鳴りわたらせでもしようものなら、鳥はこれを聞いて飛び立ち、獣《けもの》はこれを聞いて走り出し、魚はこれを聞いて水中深く潜《もぐ》ってしまう。荆蛮《けいばん》（洞庭湖周辺地方の一族名）の民にしたところで、これを聞いて、ただみんなで周《まわ》りを取り囲んで眺《なが》めているだけのことだろうよ。それに、魚は水中にいれば生きていけるが、人間は水中にいれば死んでしまう。このように、先ほど来《らい》の色々な物は、まこと互いに異なった存在なので、好き嫌いももともと異なっている。それで、三皇《さんこう》・五帝《ごてい》といった古代の聖王たちも、得意とする能力が一人一人違っていたし、成し遂げた事業が一人一人異なっていたわけだ。このように考えてくると、最も望ましい生き方は、与えられる名誉を己《おのれ》の実際の姿を越えて求めず、なすべき正義を己の得意な能力に適《ふさ》わしく設ける、ということでなければなるまい。この理想的な生き方のことを、道の条理がどこまでも伸びて、幸いがしっかりと摑《つか》まれる、とも言うのだよ。」

原文

顏淵東之齊。孔子有憂色。

子貢下席而問曰、小子敢問、回東之齊、夫子有憂色。何邪。

孔子曰、善哉、女問。昔者管子有言、丘甚善之。曰、褚小者不可以懷大、綆短者不可以汲深。夫若是者、以爲命有所成、而形有所適也。夫不可損益。吾恐回與齊侯言堯舜黃帝之道、而重以燧人神農之言。彼將內求於己而不得。不得則惑。人惑則死。

且女獨不聞邪。昔者海鳥止於魯郊。魯侯御而觴之于廟、奏九韶以爲樂、具太牢以爲膳。鳥乃眩視憂悲、不敢食一臠、不敢飲一杯、三日而死。此以己養養鳥也、非以鳥養養鳥也。夫以鳥養養鳥者、宜栖之深林、遊之壇陸、浮之江湖、食之鰌鰷、隨行列而止、委蛇而處。彼唯人言之惡聞。奚以夫譊譊爲乎。

咸池九韶之樂、張之洞庭之野、鳥聞之而飛、獸聞之而走、魚聞之而下入、人卒聞之、相與還而觀之。魚處水而生、人處水而死。彼必相與異、其好惡故異也。故先聖不一其能、不同其事。

名止於實、義設於適。是之謂條達而福持。

第六章　列子と髑髏との問答——万物の転生・輪廻について

かつて列子《れっし》（春秋時代の鄭《てい》の哲学者）は旅に出て、途中、道端《みちばた》で食事を取った。見れば、百年も経《へ》たかと思われる古ぼけた一つの髑髏《しゃれこうべ》が転《ころ》がっている。列子はあたりの蓬《よもぎ》を一本抜き取ると、それで髑髏《しゃれこうべ》を指さしながら、次のように言うのだった。「おい、髑髏《しゃれこうべ》よ。君が本当のところ死に絶えたわけではなく、まだ生まれ変わってもいないという、万物転生《ばんぶつてんせい》の理法《ことわり》を分かっているのは、ただ私と君の二人だけだろうな。君は死を悲しんでいないし、私は生を喜んでいないのだからね。

一体、万物の生死の原因となる種《たね》（気《き》）には、生成《せいせい》の働きが具わっている。それが水の中に置かれた場合は㡭《けい》という水草となり、水辺《みずべ》の湿地に置かれた場合は鼃蠙《がま》の衣《ころも》という青苔《あおごけ》となり、丘陵地《きゅうりょうち》で生ずると陵舄《おおばこ》という草となる。さて、この陵舄《おおばこ》は糞壌《くそつち》の中で育つと烏足《からすのあし》（草の名）となり、烏足《からすのあし》は地中でその根が蠐螬《すくもむし》（虫の名）となり、地上でその葉が胡蝶《こちょう》となる。胡蝶《こちょう》は暫《しば》くすると変化して虫となり、竈《かまど》の下《した》に生ずる。その形は脱皮したばかりの虫に似ており、その名を鴝掇《おかまこおろぎ》と言う。この鴝掇《おかまこおろぎ》は千日ほどで鳥となり、その名を乾余骨《かささぎ》と言う。乾余骨《かささぎ》の口から吐き出す唾《つばき》は斯弥《しみ》という虫となり、斯弥《しみ》は食醯《かつおむし》（虫の名）となる。また、頤輅《いろ》（羽虫《はむし》の一種）と呼ばれる羽虫がこの食醯《かつおむし》から生まれ、他に黄軦《こがねむし》（虫の名）が九猷《きくいむし》（虫の名）から、瞀芮《ぶよ》（虫の名）が腐蠸《うりばえ》（虫の名）からそれぞれ生まれる。さらに、羊奚《ようけい》（草の名）という蕪菁《かぶ》の一種は、筍《たけのこ》の出なくなった老いた竹と交わって青寧《たけねむし》（虫の名）を生む。この青寧《たけねむし》は豹《ひょう》を生み、豹は馬を生み、馬は人類を生むが、その人類もまたもとに戻《もど》って生成《せいせい》の働き（気）の中に返るのだ。こうして万物は、いずれもみな生成《せいせい》の働きの中から生まれ出て、やがて再びその生成の働きの中に返って死を迎える、この転生《てんせい》・輪《りん》廻《ね》を永遠に繰り返しているのだね。」

原文

列子行食於道、從見百歳髑髏。攓蓬而指之曰、唯予與女、知而未嘗死、未嘗生也。若果養乎、予果歡乎。

種有幾。得水則爲㡭、得水土之際、則爲鼃蠙之衣、生於陵屯、則爲陵舄。陵舄得鬱棲、則爲烏足、烏足之根爲蠐螬、其葉爲胡蝶。胡蝶胥也化而爲蟲、生於竈下。其狀若脫、其名爲鴝掇。鴝掇千日爲鳥、其名爲乾餘骨。乾餘骨之沫爲斯彌、斯彌爲食醯。頤輅生乎食醯、黃軦生乎九猷、瞀芮生乎腐蠸。羊奚比乎不箰久竹生青寧、青寧生程、程生馬、馬生人。人又反入於機。萬物皆出於機、皆入於機。

「至楽」という篇題について、『経典釈文』は「以義名篇」とするが、篇首の近くにある二字を取って篇名としたものであろう。本篇は、潘基慶は繕性・外物・譲王の三篇とともに逍遥遊篇の布衍とし、林雲銘は田子方・知北遊の両篇とともに大宗師篇の布衍とし、武内義雄は達生・山木・田子方・知北遊・寓言・列御寇の諸篇とともに荘周に最も近い時代の後学の手に出たものとし、羅根沢は知北遊・庚桑楚の両篇とともに老子派の作とし、葉国慶は徐无鬼・外物・列御寇の三篇とともに荘学を衍した者の作とし、関鋒・張恒寿にもそれぞれグループ分けの説がある（秋水篇の「解説」に既述）。しかし、これらのグループ分けの諸説は、いずれも同一グループと見なす徴表が不明確であるために、ほとんど説得力がない。本篇の各章も、相互に緊密な繋がりがあるとは認められないが、第二〜第四・第六の四章は転化による生死の問題を取り扱った問答を集めており、この点で林雲銘・関鋒・張恒寿が本篇を大宗師篇に関係づけることに一理はある。

第一章は、羅根沢が「死」を至楽としている（王夫之に由来）ので老子派の作と見たのに対して、関鋒は「无楽」を至楽としていると批判して（この点は関鋒が正しい）、逍遥遊篇の布衍であると見、さらに張恒寿は内篇との差異を強調して荘子派の作でないと言い、また老子派の作でもないとする。作者の言う至楽とは、正しくは「天地」の「无為」のことであり、人間がそれを把えることによって「天地」の「為さざる无き」オールマイティーを自己のものとするというのが、本章のテーマである。『老子』と共通する点の多い、戦国末期の作と考えられる。

第二〜第四・第六の四章は、上述のように生死の問題を論じている。第二章は「気」概念を導入している点が注意を引く。第三章は、大宗師篇と同じ「化」の思想を説いたもの。第四章は、人間が死を恐れなくてもよいことを逆説的に述べる。第六章は、万物の転生・輪廻を具体的に描いた文章。以上はいずれも戦国末期〜前漢初期の作であろう。第五章は、自己の能力以上の（殊に政治的な）仕事に手を出さないようにと勧める。前漢初期の作ではなかろうか。

なお、武内義雄は第四章〜第六章を五十二篇本の馬捶篇の文章であろうと推している（孫志祖『読書脞録続篇』・翁元圻『困学紀聞注』に由来する説）。

以下『荘子　全現代語訳』(下)に続く

本書は『荘子　全訳注』(上)(講談社学術文庫、二〇一四)の【読み下し】・【注釈】を割愛し再構成しました。

池田知久（いけだ　ともひさ）

1942年生まれ。東京大学文学部卒業。同大学院博士課程中退。東京大学教授，大東文化大学教授などを歴任。現在，中国山東大学教授・東京大学名誉教授。専門は中国思想史。編著書に，『訳注「淮南子」』『馬王堆漢墓帛書五行篇研究』『諸子百家文選』『老荘思想』『郭店楚簡儒教研究』『占いの創造力 現代中国周易論文集』『老子』『中国思想文化事典』（共編）などがある。

講談社学術文庫

定価はカバーに表示してあります。

荘子《そうじ》　全現代語訳（上）

池田知久《いけだともひさ》　訳

2017年５月11日　第１刷発行
2024年５月17日　第５刷発行

発行者　森田浩章
発行所　株式会社講談社
東京都文京区音羽 2-12-21 〒112-8001
電話　編集（03）5395-3512
販売（03）5395-5817
業務（03）5395-3615

装　幀　蟹江征治
印　刷　株式会社ＫＰＳプロダクツ
製　本　株式会社国宝社
本文データ制作　講談社デジタル製作

ISBN978-4-06-292429-0

「講談社学術文庫」の刊行に当たって

これは、学術をポケットに入れることをモットーとして生まれた文庫である。学術は少年の心を養い、成年の心を満たす。その学術がポケットにはいる形で、万人のものになることは、生涯教育をうたう現代の理想である。

こうした考え方は、学術を巨大な城のように見る世間の常識に反するかもしれない。また、一部の人たちからは、学術の権威をおとすものと非難されるかもしれない。しかし、それはいずれも学術の新しい在り方を解しないものといわざるをえない。

学術は、まず魔術への挑戦から始まった。やがて、いわゆる常識をつぎつぎに改めていった。学術の権威は、幾百年、幾千年にわたる、苦しい戦いの成果である。こうしてきずきあげられた城が、一見して近づきがたいものにうつるのは、そのためである。しかし、学術の権威を、その形の上だけで判断してはならない。その生成のあとをかえりみれば、その根は常に人々の生活の中にあった。学術が大きな力たりうるのはそのためであって、生活をはなれた学術は、どこにもない。

開かれた社会といわれる現代にとって、これはまったく自明である。生活と学術との間に、もし距離があるとすれば、何をおいてもこれを埋めねばならない。もしこの距離が形の上の迷信からきているとすれば、その迷信をうち破らねばならぬ。

学術文庫は、内外の迷信を打破し、学術のために新しい天地をひらく意図をもって生まれた。文庫という小さい形と、学術という壮大な城とが、完全に両立するためには、なおいくらかの時を必要とするであろう。しかし、学術をポケットにした社会が、人間の生活にとってより豊かな社会であることは、たしかである。そうした社会の実現のために、文庫の世界に新しいジャンルを加えることができれば幸いである。

一九七六年六月

野間省一